KB268704

틈나는 대로 세계 여행

김재관 지음

가림출판사

틈나는 대로 세계 여행

김재관 지음

가림출판사

개인으로서 160여 개국을 여행한다는 것은 그리 쉬운 일이 아니다. 그 중에서 이 책에 실린 나라들은 우리 나라 사람들이 흔히 가는 여행지라기보다는 오지에 가까운 나라들이다. 특히 일부 오지는 한국인으로서 처음 발을 들여놓기도 한 곳이다. 이 책을 읽다 보면 저자가 단순한 관광이 아니라 그 나라의 역사와 문화를 배우는 자세로 여행했음을 느낄 수 있다. 다른 나라를 알고 다른 문화를 알고자 하는 노력은 결국 자신의 정신세계를 풍요롭게 한다. 책의 제목처럼 '틈나는 대로 세계 여행'을 한 김재관 박사는 결코 없어지지 않을 마음의 재산을 축적했다는 면에서 부러움을 사기에 충분하다. 독자들은 이 책을 통하여 간접적인 체험을 공유할 수 있을 것이다. 또한 이 책을 장차 하게 될 해외 여행의 길잡이로 삼을 수도 있고, 이미 다녀온 여행지에 대해서는 그 감상의 폭과 깊이를 더할 수 있을 것이다.

2005년 8월

경기대학교 관광학부 교수 · 경영학 박사 이 재 곤

감정평가사라는 전문 직종에 있다 보니 다소 시간적인 여유가 있어 1978년부터 세계 여행을 할 수 있게 되었다. 또 틈나는 대로 다니다 보니 지금까지 대략 160여 개국을 다녀오게 되었다. 나름대로 귀중한 경험이었고 새롭게 안 사실도 많았다. 여행의 즐거움은 무엇보다도 몰랐던 것을 배우는 데 있는 것 같다. 세계 문화유적을 중심으로 각국의 문화를 접하는 데 중점을 두고 여행한 것은 그런 취향 때문이기도 하다.

여행을 시작한 지도 20년이 훌쩍 넘었다. 주변의 권유도 있었지만 이제 한 차례 정리할 시기가 된 것 같아 그간의 여행담을 한 권의 책으로 묶어 내기로 결심했다. 유럽, 미국, 일본 등과 같이 기존의 여행 관련 서적에서 많이 다루고 있는 나라들은 일단 제쳐 두고 찾는 이가 비교적 많지 않은 나라들을 대상

으로 삼았다. 그동안 월간 『산』, 감정평가협회지 『촉석루』 등
을 비롯한 여러 잡지에 게재했던 기행문을 발췌 정리하고 미흡
한 부분을 보충하니 그런대로 책다운 꼴을 갖추게 되었다.
　누구나 쉽게 읽고 뭔가 얻을 수 있도록 하는 데 목표를 두고
여행지에 대한 기본적인 지식을 소개하되 지나치게 전문적이
면서 어느 책에나 있는 내용들은 가급적 피했다.

　필자의 원고를 멋진 책으로 꾸며 주신 가림출판사 강선희 사
장님과 실무 처리를 위해 수고해 주신 이선희 부장을 비롯한
직원 분들께 감사의 말씀을 전한다. 또한 20여 년 간의 세계
여행을 두고 남편인 필자에게도 불평 한마디 없이 내조해 준
아내 하나연에게도 고마움을 보낸다.

2005년 8월

감정평가사 · 여행 전문가　김 재 관

C O N T E N T S

CONTENTS

C O N T E N T S

CHAPTER 01

고대 문화유산의 보고

중동

- ◆ 요르단
- ◆ 시리아
- ◆ 이란
- ◆ 이라크
- ◆ 레바논

중동 하면 분쟁이라는 단어가 곧바로 떠오른다. 이어서 회교라는 종교가 뇌리에 스치며 코란과 칼의 이미지가 그려진다. 이들은 호전성의 상징물로 인식되기도 한다. 온갖 테러의 온상, 석유와 황량한 사막, 엄격한 율법 등이 마치 중동을 대변하는 언어들인 양 줄줄이 이어진다. 때로는 부인을 넷 이상 거느리고 살 수 있다 하여 일부 남성들의 부러움을 사기도 하는 지역이다.

그러나 여행을 하다보면 그동안 우리가 얼마나 사물의 일면만을 보아 왔던가를 실감하게 된다. 또한 우리가 보고 들어온 것들이 얼마나 편협한 정보에 불과했던가를 절실히 느끼게 된다. 요르단, 시리아, 이란, 이라크, 레바논을 둘러보며 필자는 중동을 바라보는 새로운 눈을 뜨게 되었다.

1

고대 문화유산이 산재한 사막의 진주

요르단

문화 탐방의 일환으로 중동 국가들 중 요르단을 가장 먼저 찾았다. 요르단은 지금부터 5000년 전, 아브라함과 그의 조카 롯 시절에 남과 북을 잇는 고속도로가 만들어져 당시에 전략적으로 가장 중요한 자원인 물과 소금, 구리, 미네랄 등을 운송하는 길목이었다.

또한 페트라라는 불멸의 고대 도시가 지금까지 남아 있고 성경에 나오는 모세의 묘, 소돔과 고모라, 야곱강 등이 있는 고대 인류 문화의 현장이다. 그리스에 있는 아크로폴리스와 파르테논 신전보다 더 크고 웅장한 그리스, 로마시대의 도시 제라시를 비롯한 수많은 고대 인류문명의 유적지가 산재해 있다.

≪ 일부일처제를 고수하는 회교국

1월의 추운 기온 속에 요르단의 암만에 도착했다. 새벽 4시 30

분에 내린 퀸 알리아 국제공항은 규모 면에선 내세울 게 없지만 상당히 현대화되고 세련된 모습을 갖추고 있었다. 현지 가이드 는 문화 탐방에 앞서 요르단에 대한 우리의 오해를 불식시켜 주 었다.

남자들은 회교 율법상 아내를 4명 이상 둘 수도 있지만, 21세 기의 길목에서 문화 민족임을 자처하는 지금은 철저한 일부일 처제를 고수하고 있단다. 테러리스트라는 말 또한 서방 세계가 일방적으로 지칭하는 용어일 뿐이란다. 이스라엘의 패권주의에 대항하는 자신들을 테러리스트라 부르는 것은 서구에서 정치 · 경제적으로 막강한 영향력을 행사하고 있는 유대 집단의 시각 에서 비롯된 것이지 자신들은 결코 테러리스트가 아니라 한다. 약자의 설움이 묻어나는 설명에 고개가 절로 끄덕여졌다.

요르단의 첫 코스인 제라시를 탐방하고 오후 늦게 암만 시내 로 돌아와 박물관과 암몬성, 로마극장, 시장 등을 두루 둘러보 았다.

암만 시내에는 로마시대의 극장이 있다. 중동의 여타 여행지 에서도 그리스시대와 로마시대의 극장들을 볼 수 있다. 그리스 시대의 극장과 로마시대의 극장은 그 형태가 다르다. 그리스시 대의 극장은 관중석이 완전히 둥근 형태이고, 로마시대의 극장 은 관중석이 반달형이다. 암만 시내에서 보는 극장은 반달형으 로 로마시대에 건설되었다는 것을 알 수 있다.

호텔에 돌아오니 저녁 8시경. 현지 가이드가 이곳의 미식가들 이 즐겨 찾는다는 양갈비구이를 권한다. 여행자의 특권 중에서 빼놓을 수 없는 것이 먹는 즐거움이다. 특히 현지 음식에 대한 기대로 설레는 마음을 지그시 누르며 식당으로 향할 때의 기분은 여행자가 아니고는 느껴볼 수 없을 것이다.

호텔에서 승용차로 20여 분을 달려 도착한 식당에는 고기 굽는 연기가 자욱하다. 올리브 기름에 소금과 풋고추를 갈아 넣은 소스에 찍어 먹는 양갈비구이 맛은 정말 일품이다. 5명이 양갈비 3kg 정도면 충분한 양이고 가격은 45달러로 맛에 비하면 대단히 싼 편이다. 암만에 가는 이들에게 양갈비구이 맛을 꼭 음미해 볼 것을 추천한다.

≪ 로마시대의 유적을 완벽하게 갖춘 도시

우리 일행의 첫 방문지는 '1000개의 기둥 도시' 라는 별명을 얻을 정도로 기둥이 많이 남아 있는 제라시다. 암만 시내에서 리무진 버스로 45분 거리에 있는 제라시는 그리스, 로마시대의 10개의 위성도시(decapolis) 중 하나로 한때 보석, 비단, 상아 등의 교역이 이루어지던 대상들의 경유지였다.

🐻 **요르단** 서아시아 아라비아 반도 북서부에 있는 나라로 정식 명칭은 요르단하심 왕국이다. 나라 이름은 요르단 강에서 유래한다. 면적은 9만 7740km²로 남한보다 조금 작고, 인구는 530여만 명이다. 북쪽은 시리아, 북동쪽은 이라크, 남동쪽은 사우디아라비아, 서쪽은 이스라엘과 사해로 둘러싸여 있다. 수도는 암만. 종교는 이슬람교.
지형은 크게 서부 산지, 요르단 계곡, 동부 사막으로 나뉜다. 국토의 80% 이상이 사막 또는 반사막이다. 수도 암만은 요르단 계곡 동부 모아브 산지의 해발 763m인 구릉지대에 있다. 4계절이 뚜렷하지만 바람이 불어 체감 온도는 우리나라보다 추운 듯하다. 4~10월에는 비가 내리지 않고, 여름에는 40℃ 정도로 매우 무덥다. 겨울에는 비가 많이 오는 편이나 매우 춥고 산지에는 눈도 내린다.

고대 로마시대에 건설된 고대 도시 제라시의 거대한 기둥들.

흥망성쇠에 예외는 없는 법인가. 제라시의 번성은 B.C. 2세기까지 거슬러 올라간다. 대상도시(隊商都市)로서 가장 번성하던 제라시는 그 이후 쇠퇴의 길로 접어들었다가 A.D. 6세기경 다시 번영을 누렸지만 로마 제국의 멸망과 지진으로 인하여 폐허가 되었다. 최근에 비로소 완벽에 가까운 발굴로 원형이 복구되어 이탈리아 외에서 로마시대의 유적을 완벽하게 갖춘 도시로 명성을 얻게 되었다. 대표적인 유적은 거대한 기둥과 아치, 고대 마차 경주장인 히포드럼, 제우스 신전, 아트미스 신전 등이다.

줄을 지어 늘어서 있는 거대한 기둥들은 비록 앙상한 뼈대에 불과하지만 그 위용은 여전히 사람을 압도한다. 500개가 넘는 거대한 기둥들이 중앙의 길을 두고 양측에 줄지어 서 있다. A.D. 1세기에 처음 건설할 때는 이오니아 양식이었으나 후에 재건축할 때 코린트식으로 지어져 지금까지 내려오고 있다. 거대한 기둥들이 800m에 달하는 길에 웅장하게 늘어서 있으니 그야말로 장관이 아닐 수 없다. 보는 이마다 탄성을 지르는 것을 보며 아쉬움을 안고 발길을 돌린다.

아치는 일명 하드리안 승리의 아치라고도 한다. A.D. 129년 로마의 황제 하드리안의 방문을 기념해서 세워진 것으로, 황토색 석물이 시 성곽 외벽에 건립되어 있다. 그렇게 웅장하고 장엄하지는 않지만 중앙에 큰 아치를 두고 좌우 양측에 보다 작은 아치가 나란히 서로 조화를 이루고 있다. 위아래의 주춧대와 기둥 사이에 로마인의 전통 장식인 아칸더스 잎을 본뜬 장식이 아름다움의 극치를 이루고 있다.

비잔틴 제국의 대표적 문화 장소라 할 수 있는 히포드럼(Hippodrome)은 B.C. 1세기부터 3세기 사이에 건립된 것으로 여겨진다. 지금은 광장이지만 원래 검투 경기장이었으며 4세기에 검투가 금지된 이래 마차 경기장으로 사용되었다. 길이 245m, 폭 51m의 규모를 자랑하며 제라시의 고고학적 건축 유물들 중 별다른 흠이 없이 보존돼 있는 가장 큰 건물이다. 히포드럼의 벽은 바위의 외벽을 파서 만든 것으로, 비잔티움시대에는 부분적으로 공동묘지로 사용된 흔적이 발견되었다.

그리스 신화의 최고신인 제우스를 모신 제우스 신전은 확실한 건축 연대는 알 수 없지만 고대 수세기에 걸쳐 지어진 것만큼은 확실하다. 그리스시대에 건축이 시작되어 로마시대로 이어졌는데 높이 15m의 코린트 양식의 원주가 주위를 에워싸고 있다. 8~9세기 사이에 대지진으로 신전은 파괴되고 현재는 일부분만 남아 있다.

제우스 신전이 남성을 상징한다면 아르테미스 신전은 여성을 상징한다. 세계 7대 불가사의에 속하는 아르테미스 신전은 A.D. 2세기에 건립되었으며 제라시에서 가장 인상적인 건축물로 손꼽을 수 있다. 이 신전 역시 코린트 양식의 원주가 전면을 에워싸고 있는 것이 특징이다. 제라시는 이 외에도 수많은 유적지가 산재해 있다.

제라시 탐방만 하더라도 꼬박 7시간의 강행군이었다. 마침 우리가 여행하는 기간이 회교국가의 라마단(금식) 기간이어서 외국인을 제외하고 내국인은 오전 5시부터 오후 5시 50분까지는 음식을 일체 입에 대지 않았다. 외국인에게도 술은 금하도록 되어 있어 식당에서는 술 주문은 일체 사절이었다.

필자와 같은 주당에게는 참을 수 없는 일이라 서울에서 가지고 간 팩소주 하나를 몰래 실례하고 나니 여행이라기보다는 트래킹이라고 할 수 있는 제라시 탐방의 피로가 싹 가시는 듯하다.

≪ 중동사막에 웬 그랜드캐니언?

이튿날 암만의 아침은 우리 나라 초겨울 날씨로 하늘은 쾌청하다 못해 사파이어 보석빛이다. 리무진 버스로도 와디브무지브까지는 1시간 30여 분 거리. 와디브무지브는 거대한 물줄기라는 뜻인데, 태고 적엔 아르논(Arnon)이라고 불렀다. 이 물줄기는 대협곡을 경유해서 사해 쪽으로 빠져 들어간다고 한다. 길이 25km, 폭 5~6km의 대장관은 가히 요르단판 그랜드캐니언이라고 해도 손색이 없을 듯하다.

케락 성은 12세기 중반에 십자군이 지은 훌륭한 요새로 고도

1000m 위치에 있다. 성 외부의 문은 내부에서 밖으로 화살을 쏠 수 있는 좁은 틈새를 제외하고는 모두 폐쇄되어 있다. 중세 기독교인의 십자군들이 회교도의 공격을 물리치기 위해 지은 성이어서 십자군 성이란 이름이 붙여졌다. 성 꼭대기에서 아래를 내려다보면 이 성이 사해와 저 멀리 요르단을 감싸안은 듯한 형세다. 한때 전쟁의 함성이 들끓었을 요새에 지금은 여행객들의 발걸음이 몰려들고 있으니 기나긴 시간의 흐름이 느껴지는 듯하다.

다음은 폭 2km에 길이 19km의 사막지대 와디럼. 유명한 영화 '아라비아의 로렌스' 촬영지로, 방문객들은 스크린 속에 빨려 들어가 시대를 거슬러 올라가는 듯한 느낌에 젖는다. 바위와 깨끗한 모래가 진황색, 주황색, 검푸른 색 등 각양각색의 희한한 색깔들로 어우러져 있다.

이곳 모래 사막 길은 미로와도 같아 이 길이 저 길, 저 길이 이 길 같아서 개별 행동은 위험할 듯하다. 그래서 현지인들의 제의에 따라 숙달된 로컬 가이드와 함께 무개차를 렌트하여 2시간 정도 구석구석 누볐다. 마치 아프리카에서 동물 사파리 투어를 하는 듯한 기분이었다. B.C. 4000년쯤으로 추정되는 천연 동굴 바위에서 사람의 형상과 동물 형상이 조각되어 있는 것을 보면

와디럼. 영화 '아라비아의 로렌스' 촬영지로 유명하다.

서 이 나라가 그 먼 옛날 인류 문화의 발상지였음을 새삼 되새겨 본다.

내일 일정이 꽉 차 있어 개인적인 쇼핑이라든지 구경거리를 놓칠 듯 싶어 일행 한 명과 시가지 이곳저곳을 1시간 반 정도 돌아봤다. 쇼핑이래야 가까운 홍해에서 잡힌 작은 조개로 만든 전기 스탠드와 목걸이 정도였지만 이곳의 기념품으로는 충분하다 싶다.

다음날 아침의 모닝콜은 새벽 5시 30분. 아침식사를 마치고 걸어서 20여 분 거리인 홍해의 아카바 비취를 산책했다. 에메랄드 빛의 넘실대는 파도는 너무나도 아름답다. 혼자 걷기에는 너무 아까워 연인이라도 있어 팔짱을 끼고 걸으며 이 싱그러운 공기를 만끽한다면 얼마나 행복할까, 하는 생각이 들었다. 지나친 낭만일까?

우리 일행은 최근에 복원한 아카바 성과 뉴모스크 등을 둘러본 후 이 나라의 유일한 항구 도시인 아카바를 뒤로하며 레바논 트래킹 여행의 최고 하이라이트라고 할 수 있는 페트라로 향한다.

바위산에 건축된 페트라의 유적(일명 보물창고)

≪ 2000년 역사의 장밋빛 도시, 페트라

페트라는 헬레니즘시대와 로마 제국시대에 걸쳐 아랍 왕국의 중심지였던 고대 도시이고, 동서 방향으로 모세 계곡이 관통하는 해안 단구 위의 도시다.

전설에 의하면 모세 계곡은 이스라엘의 지도자 모세가 바위를 칠 때 용솟음쳤다는 곳 중의 하나다. 전체가 빨간색과 보라색의 사암 절벽으로 둘러싸여 있어서 이 때문에 페트라는 빨간 장밋빛 도시라는 별칭을 얻었다. 페트라는 그리스어로 '바위'라는 뜻인데, 성서에 나오는 셀라(Cellen)가 바뀐 것이 아닌가 싶다.

이곳에 갈 때에는 대개 동쪽에서 좁은 시크(Siq) 계곡을 따라 간다. 아랍족의 하나인 나바테아인이 이 도시를 점령하고 자신들의 수도로 삼았던 B.C. 312년 이전의 페트라의 실체는 거의 알려져 있지 않다. 106년 로마인들이 나바테아인을 몰아낸 뒤에도 페트라는 로마 치하의 아라비아 지방에 편입되어 계속 번영했으나 무역로가 바뀌자 상업이 점차 쇠퇴했다.

이어 6세기경에는 지진으로 많은 건물이 사라지고 7세기경에는 이슬람 제국이 침입한 뒤 역사의 무대에서 사라졌다가 마침내 1812년 스위스 작가 요한루트 비히부르크 하르트가 여행 중에 발견하였고, 1958년부터 영국 고고학 대학 예루살렘 분교와 미국 동양학 대학의 조사단이 로마 통치 이전 시대의 페트라에 관해 많은 사실들을 알아냈다. 페트라의 한 가지 특징은 바위 속을 깊이 파 들어가지 않고 바위 정상에 건축물들을 지었다는 것이다. 또한 요새화된 여러 방어 진지는 후세에 십자군들이 고쳐 만든 것으로 추측된다.

드디어 페트라에 도착했다. 자연과 고대 선조들이 이룩해 놓은 경이로움이 눈앞에 펼쳐진다. 현지인의 설명에 의하면 전체를 돌아보는 데 5일 정도 소요된다는데 우리들의 트래킹 일정은 단 하루(8시간)이므로 준비해 간 망원경으로 주위를 관찰하면서 하루 일정을 끝내자고 한다. 그래도 한국인으로서 하루 종일 페트라를 트래킹한 사람은 우리 일행들이 처음이라니 은근히 자부심이 느껴진다.

우리 일행은 현지인의 안내에 따라 준비해 간 간식과 점심 도시락을 당나귀에 가득 싣고 트래킹을 시작했다. 트래킹은 주마간산 격으로 이루어졌지만 55개 유적 중에서 대표적인 몇 곳만 소개한다.

시크(Siq) : 페트라의 진입로에 있는 바위 계곡의 이름으로서 약 2km 길이에 폭이 3~4m인 바위 절벽 계곡이다. 그 절벽 높이 2m의 바위 사이로 페트라 시가지까지 물을 공급하기 위해 고대인들은 운하를 만들어 놓았다고 한다. 지금은 상당히 부식되어 당시의 흔적들만 만날 수 있지만 고대인들의 능력에는 한계가 없다는 느낌이 든다. 시크에서 꼬불꼬불한 길을 따라가면 갑자기 길의 폭이 좁아졌다 넓어졌다 한다.

보물창고(The Treasury) : 갑자기 전면에 장엄한 보물창고가 불쑥 나타난다. 높이 40m, 폭이 28m인 이 보물창고는 돌이 부식되지 않아 페트라의 그 어느 유적지보다도 완벽에 가깝게 남아 있다. 접면의 원주는 코르티안 양식이 가미된, 웅장하고 아름다운 보물창고. 기능 면에서는 묘비, 사원, 대영묘로 사용되어졌다는 설이 있으며 지어진 연대는 로마의 황제 아레타스 3세(B.C. 84~56년)에서부터 하드리안 황제(A.D.117~138년)의 집권시대가 아닌가 추측된다.

극장(Theatre) : 보물창고에서 산골짜기 쪽으로 차츰 올라가다 보면 오른쪽에 위치해 있다. B.C. 1세기경에 산의 바위를 완전히 파서 만들었고 33줄의 원형 의자에 관객 3000명을 수용할 수 있는 로마 스타일의 원형 극장이었으나 상당히 부식되어 있다.

항아리 단지형 무덤(Urn Tomb) : 극장 북동쪽 바위 정상쯤에 찬란히 이어져 있는 무덤들로, 이들을 바라보고 있자니 마치 A.D. 1~2세기로 타임머신을 타고 여행하는 느낌이 든다. 무덤 건설에 힘쓴 매리초스 황제를 위해 A.D. 70년경에 만들어진 것으로 알려지고 있다. 접면은 현관과 4개의 웅장한 기둥이 서로 어우러져 있으며, 내부는 바위를 깎아 다듬은 환상적인 색채가 어우러져 있다.

데어(Deir) : 일명 앗데이르의 나바테아인 암굴사원. 페트라에서 보물 창고와 함께 가장 유명한 유적이다. A.D. 1세기말 나바테아 통치 기간 동안 라벨 2세에 의해 종교 의식을 위해 만들어진 것으로 알려져 있다. 접면은 어타의 사원보다도 미려하고 휘황찬란한 기둥과 돌문이 있어 건물 전체의 장대함이 돋보인다. 그 장려함 앞에서 우리 여행객들은 웬지 한낱 미물에 불과한 존재로 여겨진다.

페트라 방문은 문화 탐방이라기보다 트래킹이라는 말이 더 합당할 듯하다. 우리는 5시간 만인 오후 2시 30분에 산 정상에 도착했다. 때늦은 점심에 정신적, 육체적 에너지를 발산하다 보니 시장이 반찬이라, 가지고 간 도시락도 마파람에 게 눈 감추듯 먹어 치웠다.

잠시 휴식을 취하며 심신의 피로를 달랜 후 바로 하산하여 대기하고 있는 버스까지는 낙타로 이동했다. 페트라는 정말 위대한 인류 문화의 보고다. 이집트의 피라미드, 인도의 타지마할, 중국의 막고굴도 유명하지만 페트라 또한 인류 문화유산으로 손색이 없다. 기회를 내어 꼭 한 번 더 오고 싶은 마음이 간절하다.

다음날, 우기라서 그런지 요르단에는 비가 계속 내리고 있다.

비를 뚫고 움케이(Umqay) 움말지말(Ummal Jimal)에 도착했다. B.C. 4세기 말에 건설된 곳으로 그리스의 철학자 메니더스와 필로더머스, 그리고 시인 메리아걸이 태어난 곳이다.

이곳엔 두 개의 원형극장 바시리카, 쿼드리포티커스가 있다. 보존 상태는 그다지 좋지 않지만, 고대 선인들이 만들어 놓은 인류 문화유산이다. 원형극장 정상에서 바라다 보면 앞쪽으로 고란 공원과 티베리어스 호수, 요르단 계곡이 한눈에 들어온다. 바라보고 있자니 페트라에서의 피로가 일순간에 가시는 듯하다.

≪ 소돔과 고모라, 모세의 느보산

다음날, 요르단에서의 문화 탐방 마지막 날이다. 소돔과 고모라, 느보산을 차례로 가 보기로 하였다. 소돔과 고모라는 자동차에서 내리지 않고 먼발치에서 준비해 간 망원경으로 주위를 살펴보면서 현지 가이드의 설명을 들었다.

소돔과 고모라는 구약성서 창세기에 나오는 악명 높은 죄악의 도시들이다. 오늘날에는 요르단과 이스라엘의 국경 근처인 사해 남단 부근의 반도 지역이자 알리 산의 남부 지역으로 물이 나지막하게 고여 있는 곳으로 구약성서에 의하면 이 도시들은 아드마, 스보임, 소알(벨라) 등과 함께 5개의 평원 도시들로 이루어져 있었다.

성서에는 죄악으로 인해 '유황과 불'로 멸망당한 것으로 묘

주위 인근 100m 내에 모세의 무덤이
있다는 전설에 따른 모세의 기념비.

사되어 있는데 B.C. 1900년경 단층 지대인 그레이트 리프트
벨리의 사해 지역에서 일어난 지진에 의해 파괴된 것으로 추측
된다. 유황과 불은 중동 지역이라면 어느 곳이든 매장이 가능
했던 석유와 가스가 지진에 의해 불타오른 것이고, 그런 이유
로 도시들이 황폐화됐다는 것이 현대인들이 받아들일 수 있는
역사적 사실이다.

　수간(獸姦) 또는 남색(男色)을 의미하는 'Sodomy' 이라는 용
어는 소돔이라는 도시 이름에서 온 말이라 한다. 한 나라의 태평
성대가 계속되면 로마 역사에서 볼 수 있는 바와 마찬가지로 목
욕 문화가 발달하고 다음엔 자연히 탕 속에서 알몸을 서로 맞대
는 일이 벌어진다. 그러면서 이성간은 말할 것도 없고 동성간에
도 성행위를 즐기다 보니 사람들의 정신은 피폐해지고 나라는
외침을 받는 것 이상으로 쇠하게 된다. 당시 소돔과 고모라도 크

게 번성했다가 망했으니까 소돔에서도 동물과의 성교, 남색이 만연했으리라는 추측에서 'Sodomy' 란 말이 나왔다는 것이다.

그러나 현재 이곳에서는 소돔과 고모라의 특이한 흔적은 찾을 수 없다. 돌아오는 길에 가까운 박물관에서 소돔과 고모라의 옛터에서 발견되었다는 B.C. 2000년경의 사람 뼈와 항아리를 보았을 뿐이다. 먼 과거에 대해 쓸쓸한 연민만을 느끼며.

이어 요르단에서 마지막 고대 문화 탐방지인 느보산으로 향했다. 해발 835m의 느보산은 구약성서에 나오는 출애굽 여정의 마지막 기착지다. 40년 동안 광야의 방랑생활을 청산하고 하나님께서 약속하신 가나안으로 들어가기 직전에 모세는 이곳에서 가나안 땅을 바라보고 숨을 거두게 된다. 따라서 유대교와 기독교인들에겐 대단히 중요한 산이다.

우리가 서 있는 수도원 주변 가까이 어딘가에 모세의 시신이 매장된 것으로 추측되고 있다. 이곳이 세상에 알려지기 시작한 것은 1933년 프란체스코 수도회의 한 신학생에 의해 우연히 발견되면서부터이고 점진적인 복구 과정을 거쳐 현재에 이르렀다고 한다. 모세의 죽음을 추모하는 석판이 여행객의 눈길을 끈다.

벌써 저녁 노을이 주위를 물들이기 시작한다. 지금까지 너무나도 몰랐던 요르단을 이번 여행에서 피부로 가까이 접하고 새로운 사실을 알게 되니 마음이 벅차 올랐다. 외국인 특히 우리 한국인 일행에게 각별한 배려와 친절을 베풀어 준 요르단 국민과 관광청에 고마운 마음이 든다. 때마침 펼쳐지는 노을이 정겹기 그지없다.

시리아

요르단의 수도 암만에서 출발해서 시리아의 수도 다마스쿠스까지는 리무진 버스로 4시간 거리다. 외국에 나가면 누구나 애국자가 된다고 하지만 우리 차를 타고 여행을 하니 뿌듯한 느낌이다.

시리아에는 고대 그리스와 로마시대의 고대 도시인 팔미라, 보스라가 있고 수도 다마스쿠스엔 그 유명한 아라비아 성, 성 요한의 머리칼이 있다는 오마야드 모스크 등 수많은 고대 인류 문화 유적지가 곳곳에 널려 있다. 가히 인류학과 고고학의 메카라는 이름이 무색하지 않다.

팔미라. 팔미라는 지리적 중요성 때문인지 주변의 변화무쌍한 제국들, 즉 아시리아 · 페르시아 · 로마 · 이슬람 등의 흥망성쇠와 운명을 같이 했다.

≪ 다마스쿠스로 가는 길

　시리아로 향하는 길에 현지인 여행사 매니저한테 오리엔테이션을 받았다. 시리아는 지금도 우리 나라와는 미수교국이지만 한국의 민간 투자는 얼마든지 환영하고 있단다. 그리고 상사 주재원을 제외한 일반 한국인 관광객으로는 우리 일행이 처음이라고 한다.

　어느덧 요르단과 시리아의 국경에 도착했다. 입국을 위한 비자 발급 수속을 받는데, 일행 중 한 사람이 또 말썽이다. 여권에 이스라엘 비자가 찍혀 있어 입국을 허가할 수 없다는 것이다. 4시간 가량의 끈질긴 설득과 단체관광이라는 점을 강조하면서 간신히 입국 비자를 받아냈다.

　드디어 다마스쿠스 거리로 접어드니 온통 아사드 대통령의 초상화가 우리를 맞는다. 시리아는 회교 국가로는 북한과 단독 수교한 나라인데, 아사드는 북한의 김일성과 매우 가까운 사이였다고 한다. 김일성의 개인 우상화를 배웠는지 거리 곳곳에 그와 그의 아들 초상화가 마치 도배된 듯이 붙어 있다.

정면에서 바라본
팔미라의 벨 신전.

간간이 우리 나라 대기업들의 선전용 간판도 눈에 띄고, 한국 자동차들이 거리를 누비고 있다. 우리 나라 차가 여기선 고급 승용차라는 말에 가슴이 뿌듯하다.

예부터 '동양의 진주'로 불렸던 다마스쿠스는 시리아의 수도이자 최대 도시로 인구는 150여만 명이다. B.C. 5000년 전부터 아시아와 지중해를 잇는 교역의 중심지였고, 페르시아 제국의 중심지였던 적도 있다. 알렉산더 대왕의 침입 이후에는 그리스 식민 도시로서 중심 역할을 하다가 로마 비잔틴 제국 세력하에서 번영을 누렸다. 13세기에는 몽골의 침입으로 대부분 파괴되었으나 맘루크 왕조와 오트만 제국 때에 다시 번성하였다. 그러다 635년 이슬람 세력에 편입되면서 바그다드와 더불어 제국의 중심지로서 많은 모스크가 건립되었다. 시리아가 고대 인류 문화유산의 메카라면 다마스커스는 메카 중의 메카다.

칼튼 호텔에 여장을 풀고 다마스커스 대사원, 다마스커스 국립박물관, 올드시티 등을 차례로 둘러보기로 했다. 이곳도 4계절이 뚜렷한데 마침 겨울이라 쌀쌀하기 그지없다.

다마스커스 대사원은 일명 오마야드 모스크다. A.D. 705~715년 오마야드 왕조의 칼리프 알왈리드 1세가 지은 석조 건축물로, 이슬람 사원 중 가장 오래된 건물이다. 1세기경에는 제우스 신전이었고, 그 후엔 세례요한 교회가 있었던 곳으로 알려져 있다. 세례요한의 머리칼을 비롯해 기독교인과 이슬람교도들이 숭배하는 성인의 유물들을 보관하고 있는 성소이기도 하다.

이 모스크는 거대한 직사각형으로 가로는 157m, 세로는 100m에 이른다. 가느다란 원주를 떠받친 아치로 구성된 아케이드가 넓은 안뜰을 둘러싸고 있고 내외 벽은 로마 비잔틴 양식의 모자이크로 되어 있다. 14세기에는 티무르가 이끄는 몽골인들에 의해 파괴된 뒤 다시 건립되었으나 1893년 화재로 불타는 수난을 당해 원래의 화려한 모습은 온전히 남아 있지 않다. 하지만 깊은 인상을 주는 기념비적 건물로 이방인의 눈길을 끌기에는 충분하다.

다마스커스 국립박물관은 1919년에 창립되었으며 전면엔 녹색 정원이, 뒷면에는 시리아 대학이 자리 잡은 조용한 장소에 있다. 주요 소장품으로는 팔미라의 모자이크를 비롯한 출토품과 각 전시실의 소상(小像) 및 공예품이 유명한데 모두 학술적으로 높은 가치를 지닌 유품들로 알려져 있다.

올드시티는 2000년 전 로마시대의 성벽으로 둘러싸여 있다. 성벽 안의 구시가가 올드 다마스쿠스다. 성 안에는 옛 모습을 간직한 채 수많은 상품들이 즐비하다. 올리브와 과일들, 상감무늬를 넣은 목공예품, 공기를 넣은 유리 제품 등 다양하기 그지없다. 강행군하면서 유적지들을 탐방하다가 중간에 잠시 휴식 겸해서 편하게 둘러볼 수 있는 곳이다.

🐻 **시리아**　아시아에 있는 나라로 정식명칭은 시리아 아랍 공화국. 면적은 18만 5180km²로 인구는 1300만 명. 북쪽은 터키, 동쪽에서 남쪽으로 이라크 · 요르단 · 이스라엘이 이어지고, 서쪽은 지중해와 레바논에 접한다. 시리아라는 이름은 예로부터 동부 지중해 연안 북부를 가리키는 명칭이며 그 범위는 시대에 따라 다르지만 지금의 시리아 · 레바논 · 요르단 · 이스라엘과 터키의 일부에 걸쳐 있다. 이러한 나라들은 지리적 · 역사적으로도 밀접하게 결부되어 있어 시리아는 이 지역의 나라들을 구성원으로 하는 연방국가를 만들겠다는 대(大)시리아 구상을 펼치고 있다. 수도는 다마스쿠스. 아랍 제국을 여행할 때 이집트와 요르단(이스라엘과 평화협정 체결)을 제외한 나라에 들어갈 때는 절대로 여권에 이스라엘 비자가 찍혀 있어서는 안 된다.

≪ 사막의 여왕 팔미라

팔미라(Palmyra)의 옛 이름은 '타드모르'로, B.C. 19세기 경의 고대 도시 마리에서 발견된 토판에 그 이름이 언급되어 있는 만큼 그 역사가 오래되었음을 알 수 있다. 성경에는 다윗의 아들 솔로몬이 하맛소바를 쳐서 취한 후 광야에 다드몰(타드모르)을 건설했다고 기록되어 있다. 솔로몬은 무역로를 관할하기 위해 타드모르를 요새화해서 아랍족의 침입으로부터 이곳을 방어했다. 팔미라의 지리적 중요성 때문인가 조용한 사막 한가운데 있으면서도 팔미라는 주변의 변화무쌍한 제국들, 즉 아시리아, 페르시아 · 알렉산드로스 대왕 · 셀류키드 왕조 · 로마 · 이슬람 등의 흥망성쇠와 운명을 함께 했다.

팔미라는 시리아의 수도 다마스쿠스에서 북동쪽으로 230km에 있으며, 지중해의 고대 도시 비블루스나 트리폴리에서는 이곳 팔미라를 거쳐 곧바로 유프라테스와 티그리스로 연결되어 바벨론을 거쳐 페르시아로 연결된다. 그래서 이 팔미라 길은 중동 지역과 인도나 중국을 잇는 유일한 통로였다.

이곳은 페트라(요르단의 고대 도시)가 쇠퇴하던 시기인 129년 경에 로마의 하드리아누스 황제가 방문한 후 자유시가 되고 카라칼라 황제시대에 식민도시의 지위를 얻어 세금이 면제된 후 3세기에 전성기를 맞는다. 이어 잠시 로마의 종속을 벗어나 독립을 맞으나 272년 아우렐리아누스 황제 때 다시 로마에 종속되고 그 후 계속 다마스쿠스와 유프라테스를 잇는 포장도로였던 스트라타디오 클레시아나의 주요 연결지 역할을 했다. 그 후 634년에 초대 이슬람 칼리프 아부바크로(632~634년 재위)에게 정복되었다.

팔미라는 고대 도시의 도로망 계획이 명확히 드러난다. 동서로 뻗은 중심가에는 거대한 진입로 시설과 함께 분수, 조각, 꽃밭 등이 설치된 3개의 공원이 있으며 남쪽에는 광장 원형 극장이 있다. 이 외 다른 유적으로는 '디오클라시아누스의 진지'라고 하는 거대한 복합 건물과 벨아르하볼아글리볼을 모신 팔미라인들의 성소가 있다.

건축의 경우 1000여 개가 넘는 거대한 원주를 포함한 거의 모든 유물들은 코린트 양식임을 알 수 있다. 벨 신전에서 3km 남쪽에 우뚝 서 있는 아라비아 성과 벨 신전 가까이 있는 역사 민속박물관도 눈여겨 볼 만한 곳이다.

팔미라는 너무나 방대한 고대 유적지에다가 역사의 숨은 사실들도 너무 많아서 필자의 미숙한 필력과 단견(短見)으로는 그 방대함을 글로 풀어낼 수 없어 아쉽기 그지없다.

≪ 난생 처음 만나 보는 진도 5도의 지진

다음날, 아침 6시에 기상해서 식사를 마치고 버스로 오전에 홈스를 경유해 마로로, 그리고 오후엔 알레포로 일정을 잡았다. 차를 타고 달리는데 창 밖은 우박에다 눈과 비까지 범벅이 되어 쏟아져 내려 고속도로 옆 개울로 흥건히 넘치고 있다.

창 밖으로 펼쳐진 홈스는 큰 평원이다. 이곳에선 농산물 시장

▲ **정면 좌측에서 바라본 팔미라의 벨 신전.** 지중해의 고대 도시 비블루스나 트리폴리는 이곳 팔미라를 거쳐 페르시아로 연결된다. 그래서 이 팔미라 길은 중동 지역과 인도나 중국을 잇는 유일한 통로였다.

고대 팔미라인들의 무덤.

으로 목화, 곡물, 과일, 채소가 거래되며 제분, 모직을 비롯한 섬유 직조, 시멘트 생산 등이 이루어진다. 볼거리 중의 하나는 지름이 10~22m나 되는 세계에서 가장 큰 목재 물레방아 틀이다. 이것들은 식수와 관개용수를 공급하는 수로로 물을 끌어올리기 위해 14세기에 세워졌고 원래는 32개였으나 지금은 몇 개만 사용되고 있다.

　이곳에서 점심식사를 끝내고 알레포에 도착했다. 인구 150만의 제2의 산업 도시로 수도 다마스쿠스와 쌍벽을 이룬다. 이곳의 볼거리는 우마이야 대사원과 715년에 건립된 성채, 국립박물관, 유서 깊은 알레포 바자르다. 국립박물관에는 시리아 북부의 고대 유적지인 이르슬란, 타시, 하마 등지와 지금까지 발굴이 계속되고 있는 마리, 아인다라 등지에서 발견된 자료들이 소장되어 있다.

　715년에 건립된 성채를 둘러보고 난 후 바로 길 건너편으로 접어들면 바로 그 유서 깊은 전통 바자르다. 중동을 대표하는 전통 바자르로, 규모도 엄청나고 없는 것이 없다. 우리 나라 1950, 1960년대의 재래 시장과 흡사해 나이가 지긋한 이들이라면 향수를 느낄 수 있는 분위기를 이루고 있다. 한쪽에선 약장사의 외침, 또 한쪽에선 생선장사의 외침, 이렇게 갖가지 외침 소리가 시장 안을 떠들썩하게 한다. 기념으로 철물점에서 생선구이 석쇠를 하나 구입했는데 가스레인지에서 생선 굽기에 안성맞춤이다. 소재는 알루미늄인데 생선이 타지도 않고 희한하다고 하여 집사람도 좋아한다.

　오늘의 탐방은 여기서 끝내고 이 나라 제2의 도시에서 제일 훌륭하다는 차바 참 페레이스 호텔 27층 스카이라운지에서 생음악을 들으며 식사를 즐겼다. 그런데 난데없이 식탁이 기울어지고 샹들리에가 부딪히면서 몸을 가눌 수 없는 진동이 3, 4초 간격으로 4번 정도 일어났다. 지진이라는 것을 직감하는 순간, '이렇게 죽는구나' 하는 생각이 들었다. 이곳이 세계적으로 유명한 지진 다발 지역이라는 사실을 알고 있던 터였다. 나중에 알고 보니 진도 5도였다. 난생 처음 만나 보는 진도 5도의 진동은 지금 생각해도 아찔하기만 하다.

다음날, 이 나라의 마지막 탐방지인 보스라에 도착했다. 1334년 파라오 아케나톤 기록 보관소에 의하면, 이집트의 파라오 토투모스 3세의 기록문에도 언급된 찬란한 고대 도시의 하나다. A.D. 106년 로마에 정복되기 전에는 나베티안의 도시로 알려져 있으며 몇 세기를 두고 로마와 비잔티움, 이슬람이 만나는 곳이기도 하다.

이곳의 수많은 유적지 중에 로마 극장은 단연 뛰어난 볼거리다. B.C. 2세기경에 로마에 의해 건설된 원형극장으로, 거대함과 웅상함 년에서 지금까시 많이 본 로마 극장들에 비해 손색이 없었다. 또 이 극장은 로마시대의 10개 위성 도시에 세워진 극장들 중에서 이탈리아의 수도 로마에 있는 원형극장을 제외하고는 가장 완벽에 가깝도록 보존이 잘된 극장이다.

시리아 여행은 아쉽게도 여기서 끝을 맺고 이란으로 가기 위해 다시 다마스쿠스로 방향을 틀었다.

3 2500년 역사를 지닌 페르시아 왕국

이란

우리는 흔히 이란을 두고 모래, 낙타, 작열하는 태양만을 떠올린다. 그러나 이는 그만큼 우리가 이 나라를 너무 몰랐다는 증거가 돼 버리고 만다. 미국의 실존주의 철학자 존 듀이의 말을 빌려 보면, 살아 있는 지식은 직접 현지에서 체험하는 것만큼 중요한 것은 없다. 백문이 불여일견이라는 말과 통하는데, 이란을 두루 돌아보면서 그 말을 되씹어 보았다. 이 나라를 지금까지 얼마나 몰랐던가 자성하면서.

이란의 고대 도시 시라츠에는 고대 그리스, 로마 문화 이전 페르시아 제국 때 다리우스 왕이 건설한 봄의 궁전 페르세폴리스가 있다. 이스파한에는 유네스코가 인류 문화유산으로 지정한 이맘 모스크가 위용을 자랑한다. 또한 페르시아인의 정서와 정취를 만끽할 수 있는 올드 바자르를 곳곳에서 볼 수 있다.

테헤란에 소재하는 페르시아 대모스크.

≪ 술 좋아하는 이들에겐 괴로운 나라

시리아 다마스쿠스 국제공항에서 이란의 수도 테헤란 국제공항까지는 비행기로 3시간 거리다. 오후 늦게 도착해서 이틀 동안 묵을 홈바 호텔에 체크인 했다.

저녁식사를 할 때 음료수 대신 맥주를 주문하니 술은 절대 팔 수 없다고 한다. 라마단(금식기간)이 끝나도 호텔에서조차 술은 일체 마실 수 없다고. 요르단과 시리아에서는 그래도 호텔에서는 술을 마실 수 있었는데…. 여행의 피로도 풀 겸 객지에서의 쓸쓸함도 달랠 겸 한두 잔 마시는 술을 외부적 요인에 의해 마실 수 없다는 건 여행의 흥취를 깨는 게 아닌가. 하시만 로마에선 로마법을 따르라 하지 않았던가. 이란에선 이란법을 따르는 것이 여행자의 기본 예의니 간절한 술 생각을 달래어 잠재울 수밖에….

다음날 아침, 우리처럼 4계절이 뚜렷한 이란은 마침 겨울철이라 기온이 쌀쌀했다. 1400m 고원에 있는 테헤란은 하늘이 높고 참으로 맑다. 산에는 눈도 쌓여 있어서 흔히 모래와 낙타, 작열하는 태양만을 떠올렸던 인식의 오류를 수정하지 않을 수 없었다.

테헤란의 오전 탐방지는 고고학 박물관, 카펫 박물관, 호메이니옹 모스크. 차창에서 바라보이는 2500년 역사를 지닌 페르시아 왕국 이란의 수도는 고색 창연한 옛 건물들과 경제 발전을 꿈꾸며 치솟는 건물들이 조화를 이루고 있는 듯했다. 처음 도착한 고고학 박물관에는 선사시대 유적부터 사산조 페르시아시대의 유적이 전시되어 있는데, 특히 페르세폴리스, 수사 등지에서 출토된 중요한 유물들이 소장되어 있었다.

이스파한의 이맘 광장.

　다음으로 방문한 카펫 박물관에는 세계적으로 유명한 카펫이 전시되어 있었는데 이란의 오래된 전통 페르시아 카펫은 각 지역마다 디자인과 색깔이 조금씩 달랐다. 각양각색의 카펫을 둘러보고 있자니 날아다니는 양탄자가 등장하는 '신밧드의 모험'이 떠올라 혼자서 미소를 머금고 말았다.

　이어서 방문한 호메이니옹의 모스크는 1979년 이슬람 혁명과 함께 팔레비 왕을 쫓아내고 정권을 잡은 호메이니옹이 1989년에 사망했을 때 국민들의 성금을 모아서 건립한 묘로 성역이기도 하다. 지방에서 호메이니옹의 묘를 찾은 이란인들은 유리 방안에 모셔져 있는 묘를 향해 기도하고 성금도 넣는다고 한다.

　현지식으로 점심을 끝내고 향한 곳은 보르제아자디 자유기념탑. 1971년에 건립된 기념탑으로, 페르시아 제국 건국 2500주년을 기념하는 조형물이자 테헤란에서 가장 돋보이는 건축물이다. 다음 탐방지는 이란의 이슬람 철학 중심지인 세파살 마스지드.

이스파한의 브리지.

1878년에 건립된 이슬람 대학으로, 페르시아 건축 양식과 타일을 이용한 건물 장식이 우수한 사원으로 알려지고 있다. 멀리 말레이시아, 인도네시아 등지에서 이슬람교에 대한 체계적인 율법과 학문을 배우기 위해 사람들이 유학을 온다고 한다. 이 외 대표적인 중요 건물로는 바하르스탄 궁전(의회가 있는 곳), 나이바란 궁전 등이 있다.

🐻 **이란** 이란의 정식국명은 이란 이슬람 공화국. 국토 면적은 164만 8000Km^{2}로 아시아에서 네 번째로 큰 나라이고 인구는 약 620만 명이다. 수도 테헤란은 카스피 해에서 100km 떨어진 엘브르즈 남쪽 경사면에 자리잡고 있다. 테헤란은 1220년 몽골족에 의해 파괴된 고대 이란의 수도 레이를 뒤이은 곳이다. 유행을 선도하는 현대식 시가지는 북쪽에 있으며 구시가지는 남쪽에 있다. 테헤란은 팔레비 왕조시절에는 중동의 파리(Paris)라 불릴 만큼 화려한 도시였으나 호메이니옹의 이슬람 혁명 이후 그 화려함은 빛을 잃었다. 이란에선 술은 절대 마실 수 없고 지참해도 안 된다. 외국인이라도 여자는 식당에서도 코트를 입고 차도르를 쓰거나 긴 스카프로 머리와 얼굴을 감싸야 한다.

≪ 다리우스의 유명한 기도문

　다음날, 이란의 고대유적지 탐방의 최절정이라 할 수 있는 시라츠로 가기 위해 비행기를 타고 남쪽으로 1시간쯤 날아갔다. 시라츠 공항에서 북동쪽으로 51km에 있는 사크로스 산 밑에는 그 유명한 페르세폴리스(Persepolis)가 있다. 페르세폴리스는 다리우스 1세가 건립한 왕궁 도시로, 왕궁의 규모는 13만 5000m²에 달한다.

　다리우스 1세는 동쪽으로 아프가니스탄과 인도까지, 서쪽으로 이스라엘 · 이집트 · 알제리까지 정복하고 국토를 28개 도로 나누어 큰 왕궁 도시 세 곳을 건립했는데 페르세폴리스는 그 중 하나다. B.C. 518년 시라츠에 봄의 거리로 페르세폴리스를 세운 것은 이곳이 봄에 20℃를 유지하는 지역이기 때문이고 그래서 이 궁전을 일명 '봄의 궁전'이라고도 한다.

다리우스 대왕에게 바치는 각국의 조공행렬 부조.

　페르세폴리스는 거대한 단구(段丘) 위에 서 있는 것이 특징이다. 단구의 동쪽은 쿠에라마트(자비의 산)와 맞닿아 있고 나머지 세 방향에는 산사태를 막기 위한 옹벽이 쌓여 있는데 옹벽의 높이는 땅의 경사도에

다리우스 대왕 때의 거대한 건축유물들.

따라 4~12m로 다양하다. 서쪽에는 웅장한 이중 계단이 있어서 111단의 완만한 돌계단을 두 번 올라가면 꼭대기가 나온다.

단구 위에는 근처 화산에서 가져온 암회색의 화산암으로 지은 거대한 건물들의 유적이 수없이 남아 있다. 화산암을 대리석에 못지 않을 만큼 매끄럽고 단단하게 다듬은 다음 한 치의 오차도 없이 정확하게 잘라서 접착제도 바르지 않고 차곡차곡 쌓아 올렸는데 그 대부분이 지금도 제자리에 남아 있다.

특히 놀라운 것은 왕의 알현실이다. 12m의 축대 위에 16m나 되는 돌기둥 72개가 장엄하게 도열해 있고, 연회장·침소·보물창고 등은 180여 년이나 걸려 건립된 것이다. 그러나 알렉산드로스 대왕의 침략과 함께 불타버린 페르세폴리스는 상당 부분이 파괴되고 지금 남아 있는 것은 일부 기둥과 조로아스터교의 아후라마즈다 신이 사탄과 싸우는 모습, 다리우스 1세의 모습, 각국의 조공 행렬 등의 부조 등이다. 또한 가장 오래된 비문으로 남쪽 옹벽에 새겨져 있는 다리우스의 유명한 기도문도 남아 있다. "신이여, 이 나라를 적과 굶주림과 어리석음으로부터 보호하소서."

≪ 이슬람 문화의 꽃, 모자이크

시라츠의 페르세폴리스를 뒤로하고 저녁 늦게 30분간의 비행 끝에 이스파한에 도착했다. 호텔이라기보다 모자이크로 장식된

거대한 회교 사원을 연상케 하는 이 나라의 최고급 호텔 중 하나
인 아바시 호텔에 여장을 풀었다. 다음날 스케줄이 꽉 차 있어 5
시 30분에 모닝콜을 부탁하고 잠자리에 들었다.

다음날, 새벽 6시 30분에 식사를 마치고 곧장 탐방 길에 나섰
다. 이스파한은 해발 1575m의 고지대에 자리 잡은 도시로, 테헤
란과 시라츠의 중간쯤이다.

이 도시의 볼거리는 이맘 모스크, 이맘 광장, 올드 바자르, 이
스파한 브리지 등이다. 이맘 모스크는 사압바스 통치시대에 건
립된 모스크로 이란 관광의 절정이라 할 수 있다. 모스크는 안쪽
에는 높이 38m, 바깥쪽에는 높이 54m의 돔 2개가 광장 입구로
부터 오른쪽으로 꺾여 메카를 향해 우뚝 서 있다. 돔과 하니콤
양식의 탑 무늬 타일, 피앙스 도자기로 이루어진 모자이크는 화
려함의 극치를 보여준다. 이맘 모스크는 유네스코에 의해 인류
문화유산으로 지정된 곳이기도 하다.

이맘 광장은 이스파한의 심장으로 불리는데 길이 500m, 폭
165m의 웅장한 직사각형 공간으로 20에이커 면적의 방
대함을 자랑한다. 규모 면에서는
중국 북경의 천안
문 광장 다음으로
세계에서 2번째로
큰 규모의 광장이다.

이맘 광장에도 이란
의 모든 사원과 마찬가
지로 바자르가 있다.
100% 실크를 뽑아 내는

이란의 고대 도시 시라츠에 있는
여름궁전인 페르세폴리스.

이스파한의 이맘 모스크.

수공 카펫과 수공예품을 비롯한 온갖 잡다한 용품이 이곳 시민들과 관광객들의 눈을 즐겁게 해준다. 기념으로 소품 몇 점 사 두는 것도 여행의 즐거움 중 하나다.

이스파한에는 사막을 적셔 주는 자안데루 강이 흐르고 강 위에는 알리베르디한교, 파제교 등 역사적인 다리가 5개 있다. 그 다리들 아래에는 찻집들이 늘어서 있다. 강물에 비춰 일렁이는 가로등 빛에 이국의 낭만을 실어 발산하면서 차 한 잔 마시는 것도 꽤 괜찮은 일이다.

숨 가쁘게 돌아본 중동 3개국의 역사 문화 탐방은 이로써 막을 내렸다. 이번 탐방을 계기로 중동 국가들에 대한 인식을 바로잡을 수 있었고, 또 고대 문화유산을 직접 보고 확인하게 된 것은 행운이었다.

4 고대 메소포타미아 문화 탐방지

이라크

이라크 하면 가장 먼저 떠오르는 것이 전쟁이다. 특히 21세기 벽두에 감행된 미국의 침략은 전 세계를 전쟁의 공포로 얼룩지게 만들었고 인류의 앞날에 대해 어두운 그림자를 드리웠다. 최근의 전쟁 외에도 1980년의 이라크-이란 전쟁, 1990년의 걸프 전쟁 등 끊이지 않는 전쟁의 한가운데에서 이라크는 상처를 받고 있었다.

고대 도시 크레쉬폰(Cresiphon)에 있는 건축들.

문명국임을 자처하는 미국이 첨단무기를 동원하여 폭격한 이라크는 아이러니하게도 인류문명의 발상지다. 세계 최초로 문자가 기록되고 도시가 형성됐던 메소포타미아문명의 발상지이다.

1990년대 말에 1차로 이란, 시리아, 요르단을 탐방하고 나서 그 후속 탐방으로 어려운 관광 비자 수속을 마치고 준비를 하다보니 2년이란 시간이 흘렀다. 21세기 벽두의 전쟁이 휩쓸기 전에 이루어진 10일 간의 메소포타미아문명지 탐방을 회고해 본다.

≪ 경제난과 에이즈 검사

요르단의 수도 암만에서 이라크의 수도 바그다드까지는 육로로 1000km이나 걸프 전쟁 이후 전 항로가 UN에 의해 폐쇄되어 있으므로 육로로만 입국할 수 있다. 바그다드까지 도착하는 시간은 입국 절차를 합해 16시간 정도. 차를 타고 달리는 고속도로의 주변은 황량한 사막이 대부분이다. 노면은 예상 외로 잘 다듬어져 있어 우리가 탄 리무진 버스의 속도계를 보니 시속 100km 이상을 달리고 있다. 암만에서 5시간 가량 달려 이라크와의 국경 입국 심사대에 도착했다.

들던 그대로 돈은 말할 것도 없고 카메라, 비디오 일체까지 모든 물품이 세관 심사의 대상이었다. 세관 심사를 받는 데만 3시간쯤 걸렸다. 그러나 그것으로 끝난 게 아니었다. 에이즈 혈액검사를 받으란다. 그것도 1인당 50달러를 내고. 불쾌하기 짝이 없어 항의를 하니 서구의 오염된 병균이 신성한 알라 신을 받드는 이라크 공화국에 만연되는 것을 예방하는 것이란다. 주사 바늘을 혹시 재생해서 사용하는 것은 아닌가 몹시 걱정했는데 자세히 보니 다행히도 일회용 바늘이었다.

주사를 맞고 돌아서는데 닥터가 이야기나 나누잔다. 난 이런저런 사람이라며 시시콜콜 자기 얘기를 하면서 국적이 어디냐고 묻는다. 대충 말을 받아주고 나가려 하는데 이라크를 잘 다녀오라면서 지중해식(백인들의 인사법) 인사로 자기 얼굴에 내 얼굴을 맞댄다. 그렇게 친근하게 나오니 입국하면서 내내 느낀 불쾌감이 이내 사라져 버렸다.

나중에 안 일이지만 에이즈 검사는 입국시 외국인으로부터 돈을 받아내기 위한 명목이고 형식이란다. 결과를 알려면 15일 이상 걸려야 되는데 단 30분 만에 판정한다니 이런 엉터리가 어디 있나! 다소 미심쩍은 사람은 바그다드 국립의료원에서 정밀 검사를 한다나? 쓴웃음이 절로 나올 일이다. 이 나라 공무원(화이트 칼라)의 봉급이 미화로 3달러, 기술직은 10달러라니 1인당 50달러의 검사비는 엄청난 거금이다. '도둑질도 명목이 있어야만 가능한 것이겠지' 하고 쓴웃음을 지으며 이 나라의 어려운 경제 여건을 이해하는 쪽으로 마음을 돌릴 수밖에.

국경 출입국 관리소에서 바그다드까지는 꼬박 7시간을 달려야 하는 거리다. 현지인의 말에 따르면, 1990년 걸프 전쟁 이후 관광 비자(단체 16명 이상만이 관광 비자 가능)로 입국해서 여행하는 단체 관광객은 우리가 처음이란다. 일행 모두가 의아해 하며 믿거나 말거나 하고 넘어갔지만, 나중에 우루 지역의 수메르 유적을 탐방하면서 때문은 관광청 공식 일기장에서 사실임을 확인했다.

요르단의 암만에서 바그다드까지 장장 16시간의 버스 승차는 전투라는 표현이 나을 듯 싶었다. 호텔에 여장을 풀고 간단히 식사를 끝낸 후 샤워를 마치고 서울에서 가져온 팩 소주 몇 잔을 마시고 곧장 잠자리에 들었다.

이튿날 바그다드의 하늘은 구름 한 점 없고 파랬다. 호텔 테라스에서 유구한 역사와 숨결을 간직하고 있는 티그리스 강을 굽어보고 있자니 신기루인가 싶어 현실감이 느껴지지 않았다.

🐫**이라크** 정식명칭은 이라크 공화국. 이라크는 페르시아어로 '저지'를 의미한다. 북쪽은 터키, 서쪽은 시리아와 요르단, 동쪽은 이란, 남쪽은 사우디아라비아와 쿠웨이트에 접하고 있으며 면적은 43만 5000km², 인구는 1800만 명이다. 수도는 바그다드. 기후는 건조하고 여름철은 더위가 극심해서 바그다드의 7월 평균 기온은 34℃. 1921년 7월 8일 이 나라 제2의 도시 바스라는 한때 58.8℃로 세계 관측 사상 최고 기록을 올리기도 했다.

≪ 바그다드는 어떤 도시인가?

티그리스 강 서안의 티그리스, 유프라테스 두 하천을 잇는 몇 줄기의 운하가 있는 평야에 위치한 바그다드는 8세기 말에서 9세기경에 걸쳐 당나라의 장안(長安), 동로마의 콘스탄티노플에 버금가는 세계 최대의 대도시가 되었다. 해륙의 통상로가 집중되고 아프리카, 아시아, 북유럽 등지의 물자 집산지가 되어 막대한 부를 축적했다. 또 이슬람 문화의 대중심지가 되어 학문과 예술을 꽃 피우고 세계 최상급의 학원(學院)과 병원 등도 세워졌고 시의 중심엔 왕궁이 자리 잡고 있다.

티그리스 강을 가로지르는 슈하다 브리지 저편으로 무스탄시리아 대학이 보인다.

그러나 1258년 몽골군의 침입을 받아 시가지의 태반이 폐허가 되었고, 1401년에 다시 티무르의 공략을 받아 크게 파괴되고, 16세기부터는 오스만투르크의 영토가 되어 20세기 초까지 지방 도시의 지위에 머물러 있었다. 1917년에 영국군에 의해 점령되었다가 1921년 이라크의 독립과 더불어 수도가 되었다.

13세기 건축물로는 아바시드 궁과 이슬람 법과대학 등이 남아 있다. 수백 년 가량 된 모스크의 미나레트가 상당수 있으며, 문화생활의 많은 부분은 수니파와 시아파 이슬람교도를 중심으로 이루어진다. 바그다드 대학교(1957년)와 역사 · 민속 박물관이 몇 군데 있고, 이슬람 – 아랍 역사서와 문학서를 소장한 알아우카프 도서관(1928년)과 바그다드 대학교의 중앙도서관이 유명하다.

무스탄시리야 대학(Mustansiriya School) : 바그다드의 상징 중 하나인 슈하다 브리지(Shuhada Bridge) 가까이, 티그리스 강이 내려다보이는 전망 좋은 곳에 있는 대학교. 건물은 반직사각형의 13세기 건물로, 전체 면적은 3000m²가 넘고 2층에 학생 기숙사와 강의실, 도서관, 부엌, 욕실, 병원 부속 약제실이 있다. 도서관에는 한때 8만여 권의 책이 소장되었다고 한다. 아름다운 정원이 딸려 있는 집은 코란과 전통 신학을 연구하는 자들을 위한 곳이었다. 아바시드 왕조 때는 신학, 천문학, 수학, 약학, 의학 분야에서 이슬람 최고의 대학으로 명성을 날렸다.

아바시드 팰리스(Abbasid Palace, 일명 칼리프 궁전) : 12세기경에 칼리프가 건립한 궁전. 안마당이 중앙에 있는 2층집 구조로 아름다운 벽돌 아치와 조화를 이룬다. 천장과 내면을 벽돌로 쌓아 치장한 것이 특이하며, 건축 구조와 방법이 무스탄시리야 대학과 비슷하다. 일부는 부분적으로 보수되어 있지만, 아랍 국가들의 이슬람 역사를 정확하게 묘사해 주는 무대의 한 장면이다.

이라크 박물관(Iraq Museum) : 이라크만큼 고고학적 자료가 풍부한 곳도 얼마 없다는 것은 식견을 가진 사람이라면 다 인정하는 사실이다. 그런데 흥분과 기대로 막상 안내인을 따라 박물관으로 들어서니 전시되어 있는 것이라곤 바빌로니아 함무라비 대왕의 비명 모조품(원본은 루브르 박물관에 소장), 바빌로니아와 아시리아가 평화조약을 체결했다는 대리석 석단과 몇몇 유물뿐이다. 유사 이전의 메소포타미아의 역동적인 유물이나 수메르인,

아카디아인, 바빌로니아인, 아시리아인, 칼디아인, 파르티아인, 사산인 그리고 아바시아인의 유물들은 없고 이들이 있었던 빈 방에는 꼬리표만 붙어 있다. 중요 유물은 사담 후세인의 대통령궁으로 옮겼단다. 미국을 다 주어도 맞바꿀 수 없다는 찬란한 고대 유물이 이송되어져 있는 대통령궁은 미국을 비롯한 다국적군이 폭격을 하지 못할 거라는 계산이란다. 패권과 권력이 무엇인지 이 찬란한 고대 유물마저 전쟁의 방패로 이용되어진다 하니 씁쓸하기만 한데, 미군의 바그다드 공습에서 그 유적들이 살아남았을지 궁금하다.

이라크 박물관 앞에서 .중요 유물들은 당시 후세인 대통령 궁으로 옮겨져 있었다.

사담 후세인 타워(일명 바그다드 타워) : 높이 54m의 이 탑은 아름다운 이슬람 돔으로 이루어져 있고 바그다드 시가지를 한눈에 조망할 수 있다. 타워의 레스토랑에서 한 잔의 적포도주를 마시면서 바라보는, 휘황찬란한 네온을 받아 반짝이는 시가지의 파노라마가 티그리스 강과 함께 어우러진다. 이 나라가 언제 전쟁을 치렀는지, 또 사실상 지금도 전시 체제인데도 그 모든 현실을 잊고 평화로운 메소포타미아의 고대 문명 속을 거니는 환상 속에서 빠져들게 한다.

≪ 아라비안 나이트, 알리바바와 40인의 도적

바그다드 시내 투어를 마치고 아가르고프 지구라트(Agargouf Zigguart)로 가는 길에 가이드가 손짓하는 곳으로 눈을 돌리니 저곳이 바로 꿈 많았던 소년시절 우리들의 가슴을 설레게 했던 『아라비안 나이트』, 『알리바바와 40인의 도적』과 같은 이야기의 본고장이란다. 보이는 것이라고는 가로수와 그 뒤로는 다국적군의 폭격으로 인한 상흔이 일그러져 보일 뿐 남아있는 것이라곤 아무것도 없다. 씁쓸했지만, 그래, 유(有)한 것보다는 무(無)의 허공이 바로 아라비안 나이트가 아니겠는가, 한마디가 입술에 맴돈다.

아가르고프는 바그다드 시내에서 북서쪽으로 30km 거리에 위치하며 자동차로는 30여 분 거리다. 3400년 전에 쿠리갈주(Kurigalzu)왕에 의해 자연석 회석을 깔아서 건설되었고, 물은 유

🐾 고대 국가들의 흥망성쇠를 지켜본 땅

이라크는 역사적으로 B.C. 4000년경으로 거슬러 올라가면 선사시대의 유적도 많이 남아 있고 수메르, 바빌로니아, 아시리아 등의 고대 국가들이 흥망성쇠를 거듭했다. 아케메네스조 페르시아, 알렉산드로스 대왕, 사산조 페르시아 등 외부의 침입과 정복도 받았고 7세기 중기에는 아라비아 반도에서 출현한 이슬람 교단이 침입해서 그 세력하에 들어가기도 했다. 8세기 중반에 시작된 압바스조(朝) 시대에는 쿠파, 바그다드 등이 수도가 되어 이슬람 여러 나라의 중심지로서의 중요한 지위를 누렸다. 그러나 11세기 중기 이후에는 셀주크·몽골·티무르의 지배를 받았으며, 1534년부터 제1차 세계대전에 이르기까지 약 400년에 걸쳐 오스만투르크 제국의 속주가 되었다.

제1차 세계대전 때에는 페르시아 만으로 영국이 침공해서 전화를 입었으며, 전후에는 영국의 위임 통치령이 되어 이에 반항하는 독립운동이 무르익어 1932년 메카 하심가의 파이살을 국왕으로 마침내 독립을 이룩했다. 그 후 1948년 7월 군부에서 혁명이 일어나 파이살 3세 등은 군부에 의해 살해되고 군주제가 무너졌으며, 군사 쿠데타가 계속 일어나다가 1968년 사회주의 바트당이 정권을 잡았다.

1970년부터 바트당 지도자 사담 후세인의 통치 아래 국가의 산업화와 사회복지 개선에 막대한 석유 세입을 사용하였으나, 1980년 이란을 침공하여 이란과의 진퇴양난의 전쟁에 말려들게 되었다. 이 전쟁은 1988년 중단되었다. 곧이어 사담 후세인의 쿠웨이트 침공으로 시작된 이른바 걸프 전쟁은 연합군의 참가로 패해 엄청난 손실을 입었다. 그 후 사회주의 복지국가로서의 이상은 환상으로 변하고 인민 대중은 현재까지 고달픈 삶을 영위하고 있다. 현재 남북한 모두 이 나라와는 외교 관계가 없다.

프라테스강의 지류를 끌어들여 사용한다. 이 지구라트(聖塔)는 메소포타미아의 대(大)신전들 중에서 가장 큰 것으로, 부분적으로 파손되어 있지만 높이가 57m, 바닥이 69×67m나 되는 인공산이다. 아래 평지는 고대적 그대로이고 외벽 벽돌은 보강한 것이며, 안쪽으로 외벽 위에 높이 내밀고 있는 것은 오리지널 진흙돌이다. 습기와 누수로부터 보호하기 위해 구조물과 함께 이루어져 있는 매트 재료가 7줄, 8줄로 사용되어 있는 것도 볼 수 있다.

하트라 유적. 하트라는 B.C. 1세기경 종교 도시로서 발족하여 훗날 군시가지와 대상들의 휴식지 역할도 했으며 3세기 중엽 침략을 받아 붕괴될 때까지 전략적 요충지로 번영을 누렸다.

≪ 쿠르드족 여인과의 하룻밤

　호텔에 도착해서 샤워를 마치고 시계를 보니 자정이 넘었다. 잠자리에 드는데 밖에서 노크 소리가 난다. 이 시간에 웬 노크인가 싶어 조심스럽게 문을 여니 미모의 아가씨가 조그만 과일 바구니를 들고는 내 방에서 같이 먹어도 되겠느냐고 한다. 잠시 머뭇거리다가 OK를 한 뒤 의자를 내밀어 안게 하고 같이 과일을 먹는데 도깨비에 홀린 것 같다. 가지고 있던 소주를 한 잔 마시니 마음이 안정되어 그녀에게도 한 잔 권하니 'Very Good'을 연발하며 자기 소개를 한다.

　쿠르드족 출신으로 양친은 전쟁으로 반신불구가 되어 있고 형제가 5남매인데 국내 사정이 어려워 자기도 가끔 필자와 같은 외국 사람이 있는 호텔 독방을 돌아다니면서 과일을 판다는 것이다. 그래서 과일 값으로 10달러를 내놓으니 과일 값은 받지 않을 테니 시간도 늦고 했으니 여기에서 하룻밤 묶고 싶단다. 물론 소파에서 자겠단다. 순간 난감했지만 애원조 부탁이라 그녀를 싱글 베드에서 자게 하고 담요 한 장을 덮고 소파에서는 필자가 자기로 했는데 그녀는 굳이 싫다고 한다. 실랑이 끝에 싱글 베드가 예상외로 넓어서 같이 눕기로 했는데 영 잠이 오질 않는다. 그녀도 같은 눈치였다. 프로 근성으로 몸을 파는 여자일까? 전쟁의 한 부산물일까? 말 그대로 먹고 살기가 힘들어서? 다음날 새벽, 50달러를 주니 너무 고맙다는 말과 함께 총총히 사라진다.

≪ 하트라 유적지

바그다드에서 오전에 떠나 이곳에 도착하니 오전 11시다. 리무진 버스로 4시간 거리인 이라크 북부 모술의 남남서쪽에 위치한, 파르티아시대의 대표적 원형 유적이다. B.C. 1세기경 종교도시로 발족해서 훗날 군시가지와 대상들의 휴식지 역할도 했으며 3세기 중엽 침략을 받아 붕괴될 때까지 전략적 요충지로 번영을 누렸다. 종교 중심지답게 수메르 - 아카드의 신 네로갈, 그리스 신 헤르메스, 아랍의 신 아타르가티스, 아라비아의 신 라트와샤미야, 대다수의 셈족이 섬기는 샤마 신의 신전이 세워졌으며 당시 로마와는 건축, 조각술, 금속공예, 전쟁 예술 분야에서 자웅을 겨루는 사이였다. 이곳은 또한 시리아의 팔미라, 요르단의 페트라, 레바논의 발벡이 그랬듯이 대아랍 도시 체인의 또 하나의 연결고리 지점이었다.

우선 이곳에 오면 장애물처럼 쌓여진 3km의 흙더미가 눈에 들어온다. 멀리 500m 밖에 거대한 돌로 지어진 성채와 기울어져 비스듬한 4개의 출입구를 볼 수 있다. 이어 석조로 된 둥근 아치로 이루어진 동쪽 공동묘지 쪽에는 최근에 복구한 현관이 있고 직사각형의 건물 다음에는 거대한 사원이 있다. 동쪽 통로로 들어가면 사원의 4분의 3을 차지하는 웅대한 안뜰이 나온다. 오른편 벽면 옆쪽의 기둥과 계단의 방은 신성한 장소(성역)다. 오른쪽에도 또 하나의 성역이 있다. 중앙의 것은 이 나라의 사나트루그(Sanatrug) I세에 의해 건립된 것으로 신과 악사가 종교적인 이야기를 말하는 크나큰 조각 장식 띠가 붙어 있다. 동측 외부에서 오른쪽에는 장식이 없는 여신(Shahiro) 사원이 주의를

끌고, 남측으로 들어서면 거대한 대리석으로 포장된 노면이 있고, 벽면에는 하트라의 주요 종교 소재인 독수리가 기하학적인 디자인으로 장식되어 있다.

남측에는 접면에 큰 구덩이가 있는데 일부 학자들은 당시의 인공적인 연못이었을 것이라 믿고 있다. 도시를 둘러보면서 거리를 조금 벗어나면 최근에 발견된 출입구와 동측 출입구를 볼 수 있다. 가이드의 말에 의하면 도시 곳곳에서 많은 대리석과 석회암 조각이 출토되는 것으로 보아 건축 조각에 있어서는 고대 오리엔트(파르티아)와 헬레니즘(로마)의 전통이 함께 융합되어 있는 점에서 팔미라 등과 기본적으로 일치한다고 한다.

≪ 사마라 유적지

하트라 유적지를 탐방하고 가까운 마을 식당에 도착하니 오후 1시 30분. 가이드는 점심식사를 끝내면 남쪽으로 2시간을 달려 사마라(Samarra)로 간다고 한다. 일행 중 몇몇이 아무리 문화 탐방이라 해도 그렇지 이라크에 차 타는 연습하러 왔느냐며 불평을 터뜨린다. 오늘만 참으면 우리의 최종 엘도라도인 고대 메소포타미아의 정수를 한눈에 만끽할 수 있는 바빌로니아와 나시리아의 우르가 기다리고 있다는 미사여구로 분위기를 띄워보지만 이라크 여정은 확실히 강행군이다.

　오후 5시쯤에 목적지에 도착했다. 사미라는 아바시드 왕조 (Abbasid 朝) 칼리프 알 무타심(Al-Mutasim)이 836년에 새로 도시를 지어 수도를 옮긴 곳이다. 50여 년 후에 다시 바그다드로 수도가 옮겨졌지만 짧은 기간에도 불구하고 이곳에서 꽃핀 예술, 문학, 과학 등은 아랍 역사에서 한 장을 차지했다.

　사마라의 고대 유적은 티그리스 강의 동쪽 둑을 끼고 있는데 대표적인 것은 대모스크, 달팽이 첨탑, 블크와라 플레이스 모스크(Bolkwara Place Ma'shouq) 등이다.

대모스크(Great Mosque) : 당당하고 장엄한 이 모스크는 한때 이슬람 세계에서 가장 큰 모스크로 A.D. 852년 벽돌과 흙으로 칼리프 알 무타와킬(Al-Mutawakkil)이 완성한 것이다. 직사각형 풍에 면적 240×160m, 벽 높이 10m, 두께 2.65m로 44개 탑에 의해 떠 받혀지고, 모스크 머리 쪽 부분은 메카를 향하고 있다.

달팽이 첨탑(Spiral Minaret) : 대모스크의 첨탑은 달팽이 모양처럼 생겼다 해서 달팽이 첨탑이라고 부르는데 대모스크 북쪽 27m 거리에 있으며 높이 52m다. 나선형으로 난 길을 따라 정상에 올라 바라다보면 메소포타미아의 고대와 현대를 한눈에 보는 황홀감에 도취된다.

아스카리 성지(Askari Shrine) : 이곳 이슬람의 최고 지도자 이맘 알리 알 하디와 그의 아들 알 아스카리가 36m 높이의 첨탑 옆에 있는 68m 높이의 황금 돔 아래에 안장되어 있다. 황금으로 상감된 황금 돔에서 빚어 나오는 듯한 찬란한 금빛은 이곳이 성묘여서가 아니라 그 화려한 섬광에 주눅이 들면서 머리를 숙일 수밖에 없을 듯하다. 이슬람 양대 산맥인 수니파와 시아파 중 시아파에 속하는 알 아스카리를 중시하는 신도들에게는 사우디아라비아의 메카에 버금가는 성스러운 곳이다.

세계 고대 7대 불가사의에 속하는 공중정원. B.C. 500년경 신바빌로니아의 네부카드네자르 2세가 고향을 그리워하는 왕비 아미티스의 시름을 달래주기 위하여 수도인 바빌론에 건설했다고 한다.

≪ 세계 고대 7대 불가사의 하나,
바빌론의 공중정원

　백문이 불여일견이라 했듯이 문화 탐방 여행이란 직접 찾아가 보고 고대인들이 쌓아 놓은 그 신비스러움을 만끽하는 데 의미가 있는 법! 새벽 5시에 모닝콜! 그래도 이번 여행의 최대 하이라이트라고 할 수 있는 바빌론을 생각하니 기분이 들뜬다.

　바빌론(Babylon)은 바그다드 남쪽으로 32km에 있다. 바빌론의 성벽과 해자(Moat)가 눈앞에 그 웅장함을 드러내고 복구된 이시타르 여신(바빌로니아와 아시리아의 사랑과 풍요의 여신)의 문(실제 이시타르 문의 절반 크기의 모형), 행진의 거리가 불쑥 나타날 것만 같다. 고대 문명의 현장으로 들어서는 필자는 그 모습에 뛰는 가슴과 흥분을 억누를 수가 없었다.

　바빌론은 너무나 방대하여 탐방한 곳 전체를 다 기록할 수가 없어 가장 중요한 몇몇 유적지만을 골라서 탐방했다.

바빌론은 유프라테스 강이 남북으로 관통하고 있는 위치다. 해자와 2중 벽으로 둘러싸여 있으며 외벽은 16km 길이에 안쪽으로 8km 뻗은 큰 폭의 거리는 벽돌과 역청으로 포장되어 있다. 가장 먼저 눈에 띄는 것은 이스타르 문을 통해 들어가는 행진(행렬)의 거리다. 역청으로 포장되어 있는 이 유적에선 지금도 과거의 영광이 회자되고 있다.

다음은 왕좌가 있는 곳으로 현관과 다양한 방들에 의해 5개의 안뜰이 둘러싸여 있는 거리 서편에 네브카드네자르 궁전(190×300m)이 있다. 고증에 의해 복원한 것이라지만, 엄청난 규모에 일행 모두가 탄성을 지를 수밖에!

공중정원(일명 The Hanging Gardens)은 고대 세계의 7대 불가사의 중 하나로 궁전의 부속 건물인 석빙고 인근 위에 있다. 지금은 그 흔적만 볼 수 있으며 신바빌로니아, 칼데아인의 네부카드네자르 2세(재위 B.C. 605~562년)가 왕비 아미티스를 위하여 B.C. 500년경에 건설한 것이다. 여러 단계의 테라스로 된 노대에 성토하고 수목을 심어 마치 삼림으로 뒤덮인 작은 산과 같았다고 한다.

행진의 거리 동쪽에는 최근 재건한 것으로 닌 마크의 사원(Nin Makh's Temple) 사원을 비롯하여 이스타르 문 북쪽에는 현무암으로 된 실물보다 큰 사자 상을 볼 수 있다. 역사학자들은 히타이트에서 만든 것을 그 옛날에 바빌론으로 옮겨온 것이 아닌가 보고 있다. 미완성 조각이지만 3600년 전에 만들어진 조각이 수십 세기가 지난 지금까지 파손된 흔적 없이 원형 그대로 보존되어 있다는 것이 놀랍다.

이스타르 문 벽면에는 황소와 용이 장식되어 있다. 황소는 폭풍의 신 아다드(Adad)의 상징이고, 용은 신의 우두머리 마르두크(Marduk)의 상징이다. 하지만 이는 모두 모조품들이다. 궁전과 게이트(Gate), 행진의 거리에 장식되어 있던 상징물의 진품은 독일 탐험팀 제 1차 세계대전 전에 바빌론을 발굴하고 그대로 독일로 가져가 베를린 박물관에 보관하고 있다.

한 가지 아쉬운 점이 있다면, 성서에서 대홍수 후에 바빌로니아 땅에 세웠다는 바벨탑은 전설 속의 흔적만 있었다는 것이다.

🐱 고대 도시 바빌론

전설적인 고대 도시 바빌론은 유명한 역사학자들과 여행가들에 의해 풍부하고 장엄하게 소개되어졌다. 바빌론은 원래 신의 문을 의미하는 것으로 이 이름은 B.C. 2350년 무렵의 아카드시대부터 알려졌으나 역사적으로 중요하게 된 것은 아무르인이 이 곳을 거점으로 한 B.C. 19세기부터이고, 바빌론 제1왕조를 연 함무라비 대왕(재위 B.C. 1728~1686년) 때 대제국의 중심지로 가장 번영했다. 아시리아시대에도 제국 남부의 요충지였으나 바빌론이 세계의 중심으로 번영을 누린 것은 칼테아조 신(新) 바빌로니아 시대의 네부카드네자르 2세(재위 B.C. 605~562년)의 치세에서였다. 역사가 헤로도토스가 말한 바빌론도 이 때의 것이며 발굴의 대부분도 이 시기에 속한다.

B.C. 331년 바빌론을 점령한 알렉산드로스 대왕은 바빌론의 특권을 보장하고 신전의 복구를 명령하였다. 대왕은 B.C. 323년 바빌론을 대제국의 수도로 삼을 계획을 갖고 있었으나 네부카드네자르 궁전에서 죽었다. 대왕의 정복으로 바빌론은 그리스의 천문학에 힘입어 비약적으로 발전할 수 있었다. 대왕이 죽은 후 장군들의 권력투쟁을 거쳐 바빌론은 B.C. 312년 셀레우코스 왕조에게 넘어갔으나 티그리스 강변에 새로이 셀레우코스 왕국의 수도 셀레우키아가 건설되고 바빌론의 주민들이 B.C. 275년 그 곳으로 이주하게 되자 바빌론의 지위는 많이 약화되었다.

≪ 길가메시 설화의 대홍수 이야기

달의 신 난나의 지구라트. 안쪽으로 기울
어진 벽과 계단의 경사는 시선을 위로 끄
는 효과를 발휘한다.

우르(Ur)는 고대 메소포타미아(수메르) 남부에 있었던 고대 도
시다. 바빌론에서 동남쪽으로 약 225km, 리무진 버스로 3시간
거리에 위치한다.

이곳에서 처음 탐방한 유적지는 월신(月神) 난나의 지구라트
(聖塔)다. 가장 뛰어난 건축물로 진흙 벽돌을 견고하게 쌓아 올
린 뒤 표면은 구운 벽돌을 역청으로 붙여 만든 3층짜리 계단식
피라미드 형식이다. 지구라트 꼭대기에는 작은 신전이 있는데 ,
신전은 우르의 수호자이자 신들의 왕이기도 한 달의 신 난나의
침실이다. 지구라트의 밑변은 가로 46m, 세로 64m이며 높이는
약 12m. 얇은 버팀벽이 붙은 3면의 벽은 깎아지른 듯 서 있다.

동북쪽 정면에는 각각 100개의 계단으로 된 거대한 층계가 3개 있는데 하나는 건물 가운데를 따라 각 방향으로 앞으로 튀어 나와 있고 나머지 둘은 벽에 기대어 만들어졌다. 3개의 층계는 1층 테라스와 2층 테라스 사이에 있는 입구에서 만난다.

이 입구에 맨 위층 테라스와 작은 신전의 문으로 통하는 계단이 놓여 있다. 왕조의 시조인 우르 남무가 세운 지구라트 밑 부분은 놀라울 만큼 보존이 잘되어 있다. 지구라트가 세워진 시기는 4400여 년 전. 제3왕조의 유적은 B.C. 3000년경의 수메르 건축가들이 기둥, 아치, 볼트, 돔 등 건축의 모든 기본 형태를 잘 알고 있었음을 말해 주는데 지구라트야말로 그 극치를 보여주고 있다.

안쪽으로 기울어진 벽과 각도는 면밀히 계산된 연속적인 각 층의 높이와 함께 시선을 안으로 또는 위로 끌게 만든다. 또 계단 경사가 이 효과를 더욱 강조해 거대한 구조 전체를 종교적인 초점이 되는 신전에 눈길이 머물게 한다. 놀랍게도 이 구조물에는 직선이 하나도 없다. 바닥에서 꼭대기까지, 모퉁이에서 모퉁이까지 모든 벽은 볼록한 곡선을 이루고 있다. 결국 지구라트 건축가는 뒤에 아테네의 파르테논 신전 건축가들이 재발견했던 엔타시스 원리를 적용한 것으로 알려지고 있다.

지구라트에서 또 한 번 가슴이 설렌 것은 설형문자(일명 쐐기문자)를 봤다는 것이다. 지금부터 B.C. 2000년대에 그림을 단순한 선으로 그리기 시작했는데, 끝이 경사진 첨필로 말랑말랑한 점토판에 눌러썼기 때문에 쐐기 모양으로 되었다. 이 전 시기의 설형문자가 위에서 아래로, 즉 세로 형태로 쓰여진 데 비해 이 시기에는 왼쪽에서 오른쪽으로 씌어졌으며 설형문자 부호는 행렬에 표시되어 있는 것이 특이하다.

이곳 현지 가이드는 메소포타미아 수메르 고고학에 대해서만큼은 상당한 수준의 지식을 가진 사람이었다. 가이드한테서 바빌론의 포로, 창세기에 나오는 노아의 방주와 흡사한 고대 수메르(B.C. 2500년)의 길가메시 설화(현존하는 것은 2000행)에 나오는 삽화, 다시 말하면 '대홍수'의 이야기를 들었다.

길가메시는 친구 엥키두가 죽은 후 영원한 생명을 찾아 헤매다가 불사의 인간인 우트나피슈팀을 찾아간다. 그러나 그에게서 들을 수 있었던 것은 신들이 대홍수를 일으켜 인간들을 멸망시키려 했을 때 에아의 조언에 따라 커다란 방주를 만듦으로써 가족, 일부 동물들과 함께 살아날 수 있었다는 이야기뿐이었다. 이 대홍수 이야기는 구약성서의 창세기 제8장에 나오는 노아의 홍수 이야기와 공통점이 있다.

🐫 바빌론의 포로(유수)

바빌론의 포로(B.C. 597~B.C. 537년)는 이스라엘의 유다 왕국 사람들이 신 바빌로니아 시대에 바빌론으로 포로가 되어 간 사건이다. 신 바빌로니아왕 네브카드네자르 2세는 B.C. 601년 유다 왕국에 침입해서 예루살렘을 함락시키고 상층계급을 바빌론에 포로로 데려갔다. 이것이 첫 번째 포로다(B.C. 597). 두 번째는 B.C. 586년에 예루살렘이 함락되고 당시의 왕인 제데키아(시드키야)는 예리코(여리고)지역에서 붙잡혀 맹인이 되었으며 예루살렘은 완전히 파괴되었고 대부분의 주민이 바빌론에 납치되었다. 세 번째는 B.C. 582년의 일로, 유다의 모든 도시가 파괴되고 주민도 포로가 되었다.

포로의 수는 부녀자를 포함하여 4만 5000명 이상으로 추정된다. 당시 유다의 총인구는 25만 명 이상으로 추정되며 포로들은 왕국 사회의 중핵인 귀족, 군인, 공인(工人) 등이었다. 이들의 포로생활은 페르시아의 키로스 2세가 B.C. 538년에 귀환을 허용할 때까지 계속되었다. 유다에서 잡혀온 포로들은 바빌론에서 종교적 자유는 허용되었지만 예루살렘 신전에서와 같은 제의는 상실되었고 그 대신 안식일 예배가 중심이 되어 회당에서의 율법 낭독과 기도를 중심으로 하는 새로운 예배 의식이 시작되었다. 또한 이 시기에 모세시대에서 그들의 시대까지의 역사가 성서의 신명기에서 열왕기까지 편찬되었다. 세기 후반에 느헤미야, 에즈라 등이 귀국하면서 새로운 법전이 나오고 민족이 재건되었으며 유대교가 성립하였다.

바빌론 포로는 이스라엘 민족에겐 일대 시련이었으나 반세기 동안에 포로들은 온갖 고난을 겪으면서 바빌로니아 문화에 접하여 구약성서의 근간이 되었던 헤브라이어로 된 여러 문서의 집성을 보게 되었고 팔레스타인에서의 유대인 공동체 회복에 원동력이 되기도 했다.

이스라엘의 유다 왕국 사람들은 신(新) 바빌로니아시대에 바빌론으로 포로로 끌려 갔다(바빌론의 포로 사건). 유다인들은 혹독한 포로생활 중에 신 바빌로니아인에게 구전으로 내려오던 수메르인의 5000년 전의 이야기(길가메시 설화 등)를 귀담아 듣고는 유다 역사의 일부분인 노아의 방주를 수메르인의 대홍수 이야기를 모방해서 만들어냈다고 한다. 현재는 세계의 석학들과 지식인들에게 정설로 받아들여지고 있다고 한다.

≪ 에덴 동산과 갈대집

우르에서 차를 타고 3시간 만에 이 나라 제2의 도시 바스라에 도착했다. 강행군에 지친 일행들은 잠시 쉬자고 야단이다. 그래서 우선 바자르에서 이 나라의 홍차를 마시고 잠시 피로를 풀면서 시가지를 둘러보기로 했다. 시가지 곳곳에서 만 건너편 이란을 향해 손을 들어 손가락질하는 동상을 많이 보았다. 이라크-이란 전쟁에서 전사한 이라크 병사들의 넋을 위로하기 위한 기념동상인 동시에 적을 저주하는 것이란다. 투숙한 숙소에서 이 나라 투어의 마지막 만찬이라고 할 수 있는 식사를 하면서 요르단산 위스키를 곁들이니 지금까지 쌓였던 피로가 가시는 듯하다.

다음날, 다시 바그다드로 가기 위해 쿠트를 경유해 가는데 그 근처 티그리스, 유프라테스 강 하구에 옛 바빌로니아 평원의 일부로 추정되는 딜문 섬이 있다. 여기가 에덴의 동산이다. 가이드

의 말을 빌리면, 성서의 창세기에서는 이스라엘의 하느님 야훼의 동산이라고 불리며「에제키엘」에는 '하느님의 동산' 으로 되어 있다고 한다.

에덴이라는 용어는 아카디어의 에디누(Edinu)에서 유래한 듯한데 에디누는 수메르어로 '평지' 라는 뜻의 에덴(Eden)에서 빌려온 말이다. 창세기의 창조설화와 타락설화에 따르면 이스라엘 동쪽의 강들이 에덴에서 발원하여 세상의 네 곳으로 흘러간다. 수메르인의 기록에도 이와 비슷한 설화들이 나오는데, 이것은 지상낙원에 관한 이야기가 고대 근동지역 신화의 일부임을 시사한다. 에덴 동산 설화는 인간이 죄 없고 행복한 상태에서 죄, 불행, 죽음을 아는 현재의 상황으로 어떻게 나아갔는가를 설명하기 위해 신화적 주제를 신학적으로 사용한 게 아니겠느냐는 결론이다.

갈대로 만든 집. 40~50℃를 오르내리는 한낮의 더위에 달궈질 수 있는 벽돌집 대신 쉽게 식고 통풍이 잘되는 갈대집을 이용한다.

신화의 내용이 어떻게 성서에 차용되었는지 필자로서는 자세히 알 수는 없지만 일단 답사를 왔으니 에덴 동산의 고목나무 밑에서 이곳 어린이들과 함께 찍은 기념사진도 훗날의 추억거리가 되겠다 싶어 아이들을 불러본다.

쿠트 지역을 벗어나 30분 정도를 달렸을까, 곳곳에 갈대로 지은 집들이 촌락을 이루고 있다. 이곳은 예정에 없는 방문이다. 촌장인 듯한 사람의 안내를 받아 갈대로 만든 집에서 이 지방의 홍차를 들면서 이곳 사람들이 갈대로 만든 집에서 살아야만 하는 사연을 들었다. 이곳의 한여름 더위는 인내의 한계점인 40~50℃의 혹서로, 일반 벽돌집은 한낮엔 불덩이로 변해서 저녁 늦게까지 쉽게 식지 않는단다. 그래서 갈대로 만든 집이어야만 일몰 때 바로 기온이 떨어지고 송풍이 돼서 쾌적함을 느낄 수 있다는 설명이다.

촌장은 점심 대접을 하겠다고 했는데 시간 관계상 정중하게 사양하고 바그다드를 향하는데 주민들이 섭섭해하는 눈치여서 아쉽기만 하다. 리무진 버스 안에서 잠시 눈을 감으니 만감이 교차한다.

세계 최고의 고대 유적지를 탐방했다는 사실, 5000리에서 10,000리 이상을 자동차를 타고 여행했다는 것, 전쟁으로 피폐해진 이 나라의 경제 여건을 직접 눈으로 확인했다는 것, 여행지에선 늘 그렇듯이 반복되는 만남과 이별…. 이제 남은 일정이란 바그다드를 경유해서 귀국하는 일뿐이다. 제발 이 나라에도 평화가 찾아와 자유와 평화를 사랑하는 세계인들과 더불어 사는 열린 나라가 되기만을 기원할 뿐이다.

나라 전체가 인류 문화유산 박물관

레바논

레바논 하면 이교도(회교도와 기독교)간의 내전이 벌어지는 나라로만 치부하기 십상이다. 그런데 중동 여행의 하이라이트라고 할 수 있는 이라크의 고대 유적지를 탐방하면서 우연히 손에 잡힌 레바논 가이드북을 보고 생각이 바뀌었다. 레바논은 B.C. 7000년경으로 거슬러 올라가는 역사를 간직한 고대 페니키아인이 정착했던 나라였고 유네스코가 지정하여 관리 보존하고 있는 인류 문화유산이 4곳이나 있는, 나라 전체가 마치 온통 박물관인 듯한 나라였다. 이 점이 문화 탐방이라는 이름하에 그 4곳의 문화 유적지를 중심으로 레바논 여행에 나서게 된 계기가 되었다.

≪ 고대 도시들의 문화유적 순례지

유대인이 40년 간 광야에서 생활할 때 모세의 간절한 소원은 "요단강 저편에 있는 아름다운 땅, 아름다운 산과 레바논을 보게 하옵소서."였다. 젖과 꿀이 흐르는 가나안 땅에 들어가기 위해 모세는 40년 간 광야 길을 헤매면서 불신하고 반역하며 하나님의 진노를 일으켰던 백성들과 다투면서 달려갔던 것이다. 이러한 역사적 배경이 오늘날까지 이어져 레바논에선 기독교도와 회교도들간에 종교분쟁이 끊이지 않았지만, 그 이전에도 레바논은 여러 민족들의 침략이 끊이지 않았다.

이민족의 오랜 침입과 긱 왕조들의 흥망성쇠는 아이러니컬하게도 레바논의 문화유산의 밑거름이 되었다. 중동을 한 꺼풀 벗기면 페니키아, 이집트, 그리스, 로마 등 무수한 고대 문명이 드러난다는 말이 여기서도 예외는 아니리라.

🐾 **레바논** 정식명칭은 레바논 공화국. 남북 길이는 215km, 동서 최대 길이는 90km. 북쪽과 동쪽은 시리아, 남쪽은 이스라엘, 서쪽은 지중해와 경계를 이룬다. 수도는 베이루트. 면적은 1023km²로 우리 나라의 경기도와 비슷한 면적이며 인구는 370만 명이다. 자연환경적으로 서에서 동으로 4개 구로 뚜렷이 나누어진다. 지중해를 끼고 있는 좁은 해안평지, 남북으로 뻗어 있는 해발 2000~3000m의 레바논 산맥, 이 산맥과 나란히 뻗어 있는 길이 175km의 기름진 베카 계곡, 약 2000m 높이로 동쪽 국경을 이루며 남쪽으로 뻗어 더 높은 헤르몬 산골짜기로 이어지는 안티레바논 산맥이 그것이다.

원래는 빽빽한 산림 지대가 많았으나 지금은 국토의 7%만이 숲으로 덮여 있다. 인종적으로는 페니키아인, 그리스인, 아르메니아인, 아랍인의 피가 섞인 혼혈족이다. 경제적인 면에서 GNP는 1970년대 초에는 개발도상국들 가운데서 높은 편이었으나 1992년 이스라엘이 이 나라 남부를 침략한 뒤부터 줄어들고 있다.

우리가 탄 말레이시아 항공 여객기가 레바논의 수
도 베이루트 국제공항에 도착한 시간은 현지 시간으
로 오전 6시 30분이었다. 공항은 규모 면에선 그렇게
크지 않아서 웅장함 같은 건 느낄 수 없었지만 나름
대로 지난날의 관광 대국으로서의 영광을 간직한 듯,
아담함과 세련미는 여타 선진국의 공항들과 비견될
만하다.

여럿이 하는 여행에서 크고 작은 사건이 발생하는
것은 피할 수 없는 모양이다. 우리 일행 중 한 사람이
입국이 금지되었다. 이스라엘을 다녀온 흔적이 여권
에서 발견됐다는 이유에서였다. 중동의 다른 나라들
이 대부분 그렇듯이(이집트와 요르단은 제외) 이스라
엘과의 껄끄러운 관계 때문에 당한 일이었다. 일행들
이 아무리 사정을 해도 그 사람의 입국은 불가능하다
는 것. 예상치 못한 돌발 상황도 지나고 나면 교훈으
로 남게 된다. 중동을 여행할 때, 이스라엘을 다녀온
사람이라면 패스포트의 출입국 날인에 신경을 쓰는
것도 작은 지혜일 것이다.

투숙지인 힐튼 호텔에 짐을 풀고 아침식사를 마친
뒤 오전 투어에 나섰다. 이번 여행의 목적이 고대 문화 탐방이므
로 신ㆍ구시가지를 비롯하여 사닌(Sannine) 산을 먼발치에서 바
라보며 웨이강(Weygand) 거리에서 차를 한 잔 마시고, 비둘기
섬을 둘러보고 에미르 몬수르 모스크(Emir Mansour Mosque)를
둘러보는 것으로 오전 일정을 짰다.

≪ 파피루스를 수출하던 고대 도시

　베이루트 시에서 북쪽으로 약 30km 떨어진 곳에 비블로스
(Byblos) 유적지가 있다. 비블로스는 지중해 연안의 고대 항구
도시에 사람이 지속적으로 거주해 온(B.C. 800 ～ 400년경에 사람
이 살기 시작했음) 세계에서 가장 오래된 도시 중 하나다. 그리스

에서 파피루스가 비블로스를 통해 에게 해로 수출되었기 때문에 처음에는 파피루스를 '비블루스' 또는 '비블리노스' 라는 그리스 이름으로 부르기도 했다. '성서' 를 뜻하는 영어 단어 '바이블' 은 파피루스로 만든 책을 뜻하는 '비블로스' 에서 유래한 말이라고 한다.

비블로스 유적에서 발견된 비문을 보면 이곳은 B.C. 2000년대 후반부터 이집트와 밀접한 관계를 갖고 있었다는 사실을 알 수 있다. 이집트 제12왕조시대에 이집트의 속국이 되었으며, 이집트인이 숭배한 바알라트(여왕)를 수호신으로 삼고 유명한 바알라트 신전을 지었다. B.C. 11세기에 이집트 신왕국이 무너진 뒤 비블로스는 페니키아 제1의 도시가 되었다. 현재까지 알려진 페니키아의 초기 비문은 거의 모두 이곳에서 발견되었으며 대부분 B.C. 10세기에 만들어진 것들이다.

비블로스는 로마시대까지 번영을 누렸으나 그 후 옛날의 영화를 되찾지는 못했다. 1103년 십자군에게 점령되고 1189년 아이유브당로의 살라딘 술탄에게 넘어갔다. 여기선 십자군이 쌓은 성벽과 로마시대의 주랑과 소극장, 페니키아시대의 성벽과 3개의 주요 신전 및 1개의 고분을 비롯한 다수의 유적을 볼 수 있는데, 이 중에서도 비블로스의 왕 아히람(Ahiram)의 석관에 다양하게 새겨져 있는 페니키아인의 알파벳이 단연 눈길을 끈다. 페니키아 알파벳은 지금 그리스 로마자의 기원이라고 하며, 현재 베이루트 국립박물관에 전시되고 있다.

제이타동굴 : 베이루트에서 20km 떨어져 있고 승용차로 20여 분 거리다. 풍부한 지하수가 만들어 낸 장엄한 대성당이라는 말이 적정한 표현일 것 같다. 동굴을 건축한 이는 신일까 사람일

까? 아니, 영겁의 시간과 물이다. 동굴에 들어서면 차갑고 깨끗한 공기가 몸에 배인 땀방울을 말끔히 씻어내 주는 듯하다. 고드름처럼 동굴 천장에 매달린 종유석과 동굴 바닥에 자라나는 석순, 동굴을 꽉 채운 방해석(Calcite), 석주 등에 마음을 빼앗기노라면 간간이 떨어지는 물방울 소리가 정적을 깨뜨린다. 지하 호수는 보트를 타고 다닐 수 있으며 동굴의 신비를 만끽하는 동굴 산책에 걸리는 시간은 2시간 정도. 동굴에선 가끔 세계적인 콘서트가 열리기도 하는데 아쉬운 점이 있다면 사진 촬영이 금지되어 있다는 것이다.

≪ 부와 악덕의 고대 도시

베이루트 남쪽 도시 시돈(Sidon)의 아침 햇살은 유난히 맑고 따사롭다. 자동차 차창 밖으로 잔잔한 해안에선 마냥 평화롭게 고기를 잡는 어부들이 눈에 들어온다. 시돈은 아랍어로 사이다(Saida)라고도 하는데 '낚시'를 뜻하는 말이라고 한다. 그림같이 아름다운 항구의 풍경을 바라보면 그 이름이 썩 어울린다는 생각이 든다. 레바논의 지중해 연안에 있는 고대 도시, 그 옛날 페니키아에서 가장 오래된 도시의 하나로 B.C. 3000년대에 건립되어 그 후 1000년 동안 번영했다. 그리스의 시인 호메로스의 작품과 구약성서에서 부와 악덕의 도시로 유명한 곳이기도 하고 훗날 예수가 방문하기도 했다.

자동차는 벌써 수많은 석관이 출토되었다는 공동묘지에 도착한다. 눈에 보이는 것이라곤 흔적뿐이다. 가이드의 설명에 의하면 이곳에서 발견된 유명한 유물 중에는 페니키아시대의 에슈무나자르 왕과 텐네스 왕의 석관, 알렉산드로스 대왕의 전투와 사냥 장면이 묘사된 유명한 석관들이 있는데 현재는 모두 터키의 이스탄불 박물관에 보관되어 있다고 한다. 이스탄불에 갔을 때 필자도 이미 확인한 사실이었다.

차를 타고 계속 달려 십자군이 지은 성채로 향했다. 성채는 해안에 접하고 있지만 바다 위에 우뚝 솟은 요새로, 그 옛날 기독교인의 이교도(이슬람)에 대한 방어와 승리의 상징이다. 하지만 영원한 것은 없다했던가. 지금 성채의 정상은 새로이 이슬람 양식의 돔만으로 그 자태를 드러내고 있다. 시장기가 느껴지는 걸 보니 점심식사 시간인가보다. 가이드는 이 나라 최고의 요리인 '메자'를 특별 메뉴로 선정했단다.

레바논은 중동 지역에서 음식이 맛있기로 소문난 나라다. 레바논인들이 즐겨 먹는 '메자(Mezze)'는 '호비스'라는 얇은 밀가루 빵에 '타불리'라고 하는 야채 샐러드와 마늘, 땅콩을 갈아 올

🐫 레바논 침략의 역사

역사적으로는 B.C. 3000년경 페니키아인이 레바논 땅으로 들어온 것으로 보인다. 이집트와의 산업 및 종교 교류는 B.C. 2600년경에 시작되어 이집트 고(古)왕국이 무너지고 아모리아인이 페니키아를 침략할 무렵(B.C. 2200년)까지 계속되었다. 이집트의 히타이트(재위 B.C. 1290 ~ B.C. 1279)는 페니키아의 대부분을 정복하였으나 람세스 3세(재위 B.C. 1187 ~ B.C. 1156)는 소아시아와 유럽에서 온 침략자들에게 페니키아를 빼앗기면서 이집트의 페니키아인 지배도 끝이 났다.

이집트 지배가 끝나고 아시리아(B.C. 10세기)가 서쪽으로 진출하던 동안에 페니키아의 역사는 주로 티레가 주도했다. B.C. 538년에는 아케메네스 왕조의 키루스 2세가 이 지역을 점령하였고, B.C. 332년에는 알렉산드로스 대왕에게 점령당했으며 주민들은 노예로 팔려가고 B.C. 640년 페니키아는 로마의 속주로 합병되었다. 11세기 말, 레바논은 십자군이 세운 나라의 일부가 되고 그 뒤 시리아와 이집트를 지배한 맘루크 왕조에 속했다. 1516년에는 오스만투르크가 맘루크 왕조를 대신해서 레바논을 지배하고 이어 근대 서구(프랑스)의 지배를 잠시 받다가 현재에 이르고 있다.

리브유에 섞은 각종 소스를 얹어 싸먹는 일종의 샌드위치다. 에메랄드 빛이 출렁이는 지중해를 뒤로하고 소박한 레스토랑에서 한 잔의 적포도주와 곁들여 먹는 메자는 그 맛도 맛이지만 주변의 정취까지 어우러져 가히 일품이었다.

≪ 이슬람을 한 꺼풀 벗기면 그리스와 로마

지중해를 끼고 남쪽으로 또 차를 달리면 고대 도시 티레(Tyre)가 나타난다. 티레는 지금의 수르(Sur)로, B.C. 2000년경부터 로마시대에 이르기까지 페니키아의 주요 항구 도시였다. 시돈의 식민지로 세워진 듯한 티레는 B.C. 8, 7세기 대부분을 아시리아의 지배를 받았다. B.C. 585~573년에 바빌로니아의 왕 네부카드네자르 2세의 오랜 포위 공격을 이겨내는 데 성공했고, 마케도니아의 정복자 알렉산드로스 대왕의 침략과 티레의 저항은 역사적으로 유명하다. 이 저항에서 1만 명이 처형되고 3만 명이 노예로 팔려갔으며 이 때 대왕이 건설한 둑길은 무너지지 않고 남아 티레가 위치한 섬을 반도로 만들어 놓았다.

그 후 티레는 이집트 프톨레마이오스 왕조의 통치를 받고 B.C. 200년에는 그리스 문화에 속한 셀레우코스 왕족의 일부로 편입되었다가 B.C. 68년 로마의 지배하에 들어갔다. A.D. 2세기에는 상당한 규모의 기독교도 공동체가 형성되었으며, 638~1124년 이슬람 지배시대에는 예루살렘 왕국의 일부로서 또한 12~13세기에는 십자군의 국가로서 번창했고, 1291년 이슬람교도 맘루크인들에게 점령되면서 현재까지의 근대사를 이루고 있다.

이곳에서 우리를 처음 반기는 유물은 고대 로마시대의 복합 건축물들이다. 개선문도 돋보이고 동북쪽에 있는 귀족들의 무덤 네크라폴리스(Necrapolice), 해안 쪽의 로마시대 목욕 시설 등은 지금도 약간 손만 보면 사용할 수 있을 것만 같은 착각에 빠지게 한다. 탐방을 끝내니 1시간 30분 정도 지난 것 같다.

돌아오는 길에 이곳 관리인이 굳이 차 한 잔을 하자고 권한다. 우리 일행에게 레바논을 찾아 주어 고맙다고 하면서 이 나라는 지금 전쟁의 폐허를 딛고 예전의 명성을 되찾기 위해 노력하고 있다고 한다. 곳곳에 내전의 흔적은 남아 있지만 레바논은 그것조차도 역사의 흔적으로 소화해 내고 있다는 의미 있는 한마디를 던졌다.

≪ 태양의 도시에 세워진 로마의 신전

지중해를 끼고 있는 고대 도시들 탐방을 끝내고 이젠 내륙으로 향할 차례다. 우리 일행이 탄 차는 레바논 동부 끝에 있는 안티레바논 산맥을 향해 북동 방향으로 내달린다. 드디어 태양의 도시에 도착했다. 그리스어로 헬리오폴리스(Heliopolis, 태양의 도시라는 뜻)라는 이름을 가진 발벡(Baalbeck)은 알비카 주의 농업 중심지이자 주요 도시로 로마시대의 도시 유적지. 그리스가 시리아를 정복했던 B.C. 332년 이전의 발벡에 대해서는 전혀 알려진 바가 없다. 유럽인들이 발벡의 유적을 발견하고 주목하기 시작한 것은 16세기부터였지만, 1898년~1903년에 독일 조사단이 거대한 로마식 사원을 발굴하면서 비로소 알려졌다.

발벡의 유적지는 프랑스 위임 통치시 폭넓은 재건이 이루어졌고 레바논 정부도 상당 부분을 재건하였다. 주요 유적의 하나는 주피터(신들의 우두머리로 하늘의 지배자인 로마의 신) 신전이다. 신전 입구를 지나면 육각형의 앞마당이 나오고 이어서 정교하게 장식된 반원형 벤치들로 둘러싸인 가로 104.5m, 세로 103m 크기의 직사각형 터를 거쳐, 상(上)이집드의 아스완에서 가져온 84개의 화강암 기둥으로 받쳐진 지붕이 있는 현관으로 연결된다.

발벡유적지에 남아 있는 주피터 사원 기둥.

고대 로마의 승리의 아치(Arch).

바커스 사원. 술의 신 바커스를 기리는 신전으로 주피터 신전 및 비너스 신전과 더불어 발벡 유적지의 주요 건축물을 이루고 있다.

직사각형 터 서쪽 끝 높은 계단 위에는 지름 2.4m, 높이 18.9m의 기둥이 앞뒷면에는 각각 10개씩, 양 옆면에는 각각 19개씩 떠받치고 있는 코린트 양식의 신전이 자리 잡고 있다. 주피터와 대등한 위치에 있는 시리아의 천둥의 신 하다드, 비너스에 견줄 수 있는 자연의 여신 아타르가티스, 그리스의 헤르메스나 로마의 메르쿠리우스와 동격으로 식물의 영혼과 연관된 것으로 보이는 소년신 등 세 신을 모시고 있다. 이 신전은 원래는 순수하게 농업에 관한 제사를 지내던 곳이었으나 후에 인격신을 숭배하는 미신적 측면이 가미되었고 소년신을 모시는 제사도 주신제(酒神祭)의 모습을 띠게 된 것 같다.

역시 코린트 양식으로 지어진 바커스(Baccus) 사원은 앞뒤로 8개씩, 양옆으로 15개씩의 기둥이 떠받치고 있는데 거의 원형 그대로 보존되어 있다. 사원을 장식하고 있는 상징물들은 이곳이 주피터 사원과 마찬가지로 농업에 관련된 세 신에게 바쳐졌음을 보여주고 있지만, 비너스 신을 상징하는 상당수의 내부 장식물을 통해 내세의 구원을 믿던 미신적 의식이 행해졌음을 짐작할 수 있다.

그 외에도 원형의 비너스 사원, 도시 벽의 유적, 헤르메스 신을 모신 사원의 유적, 주민들의 집에서 출토된 중요한 로마식 모자이크, 옛날 재료를 써서 복원한 모스크의 폐허 등이 있으며 아랍 제국의 요새 유적 등도 곳곳에 남아 있다. 발벡은 인간이 자연을 정복해서 만든 최고의 걸작품 리스트에 오를 만하다.

점심식사를 한 뒤 다시 차를 타고 남쪽으로 1시간 30분을 달려 마지막 탐방지인 안자(Anjar)에 도착했다. 화려하고 장엄했던

그 옛날 비잔티움시대와 우마니야(661~750년)시대의 유적이 있는 곳이다. 유적은 시장, 관공서 등이 복합 건축물들로 이루어져 있어 행정 도시라는 평이 더 적절한 듯하다.

여행을 마치며 한 가지 지적하고 넘어가야 할 것이 있다. 유럽 문화 탐방은 먼저 프랑스를 여행하고 이탈리아를 여행해야 그 진가를 알 수 있다. 마찬가지로 레바논의 발벡과 안자를 두고 얘기하자면, 먼저 안자를 보고 나서 발벡을 여행하는 게 좋을 듯하다. 아무래도 안자는 발벡의 거대함과 웅장함, 섬세함 등 여러 가지 면에서 비교가 되지 못한다는 것이 일행들의 공통된 견해다.

발벡 유적지. 주피터, 비너스, 바커스 사원이 있는 발벡 유적지는 거대함과 웅장함, 섬세함에서 감탄을 자아낸다.

CHAPTER 02

동서양이 만나는 접점

아나톨리아 반도국

◆ 터 키

지난 2002년 한일 월드컵에서 한국과 터키는 남다른 우정을 과시했다. 3, 4위전 경기를 마치고 한국과 터키 선수들은 서로 어깨동무를 하고 양국 국기를 흔들며 그라운드를 돌았다. 역대 어느 대회에서도 볼 수 없었던 장면을 연출하면서 세계평화의 상징적인 이미지를 많은 사람들의 뇌리에 심어 주었다.

터키는 6·25전쟁 당시 참전국으로서 미국 다음으로 많은 수인 7837여 명의 전사자를 낸 혈맹국이기도 하다. 그런 혈맹국에 대한 우리의 관심은 너무 미미했다. 그동안 불편했던 교통편도 한 이유가 되었을 것이다. 1990년대 중반 이후 이스탄불 직항편이 운항되면서 터키의 고대 역사의 현장에 한층 수월하게 접근할 수 있게 되었고 또한 친절하고 따뜻하다는 터키인들과도 더 쉽게 만날 수 있게 되었다.

터키는 지리적으로 보스포러스 해협을 사이에 두고 아시아와 유럽이 대치하고 있이시인지 기원전부터 동서양의 문물이 교차했고 한때 전 유럽을 지배했던 제국들의 중심 무대였다. 이 나라 제일의 도시인 이스탄불은 고대 동로마 제국의 천년 수도였으며 대제국 오스만투르크의 500년 수도였다. 이런 사실만으로도 역사 테마 여행을 좋아하는 사람들의 관심을 끌기에 충분하다.

1 비잔틴 제국 1000년 영화의 흔적

터키

현지 시각으로 오후 11시 50분, 이스탄불 직항편 항공기가 그 육중한 굉음을 내며 이스탄불 공항에 착륙했다. 인구 1300만 명이라는 대도시의 국제공항에 걸맞게, 아니 동서양의 교차점이어서인지 여타 세계적인 국제공항에 비해 규모 면에서 전혀 손색이 없다.

터키 여행 코스는 말라마 지역에선 이스탄불·카나칼레·트로이, 에게 지역에선 페가마·에페수스·파묵칼레, 중앙 아나톨리아 지역에선 카파도시아, 코냐, 그리고 수도 앙카라를 돌아보기로 일정을 짰다. 아나톨리아 반도 전체를 돌아보진 못해도 절반은 둘러보는 셈이다.

이스탄불(Istanbul)은 아폴론의 신탁에 의하여 도시로 세워졌다는 설이 있는데, 터키 최대의 도시일 뿐만 아니라 세계에서 가장 아름다운 도시의 하나이다. 말라마 지역의 골든 혼(Golden Horn) 언덕 위에 아시아와 유럽 양 대륙 위에 자리 잡고 있는데, 그리스인들이 이곳에 최초로 도시를 세운 것은 B.C. 7세기경이다. 처음 도시를 만들 당시에도 말라마 해(海)와 보스포러스 해협이 바라보이는 언덕에 기초를 닦았고, 이후 로마의 콘스탄티누스 황제가 동로마 제국의 수도로 정할 때 시가지를 동쪽으로 옮기고 시의 이름은 황제 자신의 이름을 따서 콘스탄티노플이라 정했다.

이 후 이곳은 1000년 이상 비잔틴 제국의 수도로서의 위상을 유지하였다. 기독교 공의회도 자주 개최되면서 성체숭배의 부정과 부활 등 기독교 교리들을 논의한 토론의 장이었으며, 삼위일체의 정통론이 확립된 곳이기도 하다. 로마 교회와 그리스 정교의 분리도 이곳에서 의결되었다. 이후 15세기 오스만투르크가 수도를 점령함으로써 비잔틴 제국은 역사에서 사라지고 콘스탄티노플은 이스탄불로 탈바꿈한다.

이스탄불 시내를 돌아다니다 보면 시간은 어느덧 잠시 멈추고 과거의 찬란했던 시절로 들어선 발걸음은 피곤을 모르고 저절로 움직이는 듯한 착각에 빠져 든다. 그래서 잠시 가벼운 현기증까지 느낀다면 과장일까? 물론 아주 기분 좋게 말이다. 이스탄불 시내는 온통 역사 박물관이라 해도 과언이 아니다.

🐾 **터키** 터키의 면적은 약 77만 km^2로 남한의 8배, 남북한을 합친 면적의 3.5배다. 인구는 620만 명. 4계절이 뚜렷하고 여름 기온은 상당히 높아 38℃ 이상을 기록한다. 작열하는 햇빛은 가히 듣던 대로 대단히 뜨겁지만 우리 나라와는 달리 습기가 없어서 그늘만 찾으면 그런 대로 쾌적하다. 종교는 여타 중동 국가들처럼 이슬람교.

근대 터키공화국(Turkiye Cumhuriyeti)을 세운 케말 무스타파는 정치와 종교를 분리했고, 로마자와 태양력을 채택했으며 여자들의 차도르 착용 금지, 일부다처제 폐지 등 다른 이슬람 국가들과는 달리 서유럽과 비슷한 정책을 펼쳤다.

아시아와 유럽에 걸쳐 있는 서아시아 반도국인 터키는 크게 말마라 지역, 에게 지역, 중앙 아나톨리아(소아시아) 지역, 흑해 지역, 동(東)아나톨리아 지역, 이렇게 5개 지역으로 구분하는데 국토 전체에 걸쳐 고대 그리스 · 로마와 중세 이슬람 유물이 널려 있다. 수도는 앙카라.

　흑해와 지중해 사이에 위치해 있는 터키의 대도시 이스탄불은 비잔틴 미술과 이슬람 미술의 정수를 동시에 만날 수 있는 곳이다. 지구상에서 유일하게 2개의 대륙에 걸쳐 세워진 이 도시는 역사적 가치와 지정학적 위치의 중요성으로 인하여 노천 박물관이라 할 만큼 여러 시대의 다양한 유물이 거리 곳곳에 널려 있다. 따라서 이스탄불은 유럽과 아시아의 문화가 만나는 문화의 보고라 불린다.

　이스탄불에는 옛 비잔틴시대의 3대 요소인 국민, 황실 종교를 대표하는 시설물, 즉 전차경기장 · 대궁전 · 하기아소피아 성당이라는 3대 건축물이 있다.

하기아소피아 : 비잔틴시대의 가장 대표적인 건축물로, 역사학자들은 이 사원을 세계 8대 불가사의 중 하나로 꼽는다. 지금은 박물관으로 사용되고 있는데, 콘스탄티누스 황제가 325년에 건

아시아와 유럽을 나누는 보스포러스 해협. 마르마라(Marmara) 해와 흑해를 연결하며 길이는 31km에 이른다. 보스포러스 대교가 동서양을 잇고 있다.

립하였으나 불타 없어지고 현재에 남아 있는 것은 유스티아누스 황제가 537년에 다시 세운 것이다. 이스탄불을 방문할 때 빼놓을 수 없는 유적이라고 하는데, 유명세와는 달리 사원 외곽이라든가 내부의 보전 상태는 다소 실망스럽다. 그래도 1400년 전에 이렇게 거대한 사원이 세워졌다는 사실만으로도 감탄과 흥분을 자아내기에는 충분하다.

유스티아누스 대제는 사원을 다시 지으면서 예루살렘의 솔로몬 사원(지금은 없어지고 통곡의 벽만 남아 있음)보다 크고 장엄한 사원을 세우겠다는 소망을 품었다고 한다. 그 꿈을 소아시아의 건축가 안테미누스, 이시도루스가 실현시켜 주었다. 사원 내부에 들어서면 장엄한 모자이크들이 눈길을 끈다. '대천사 가브리엘', '어린 예수를 안고 있는 마리아', '그리스도의 발 밑에 엎드린 황제', '신의 예지' 등의 기독교 초기의 걸작들을 보고 있노라면 기독교 신자가 아닌 사람들이라도 경외감에 젖어든다.

술타나흐메트 모스크(Sultahmet Mosque) : 이스탄불을 방문할 때 빼놓을 수 없는 관광명소로, 아메트 1세의 부탁을 받고 17

세기에 마흐메트 아가가 건축한 모스크다. 단순한 예배소가 아니라 병원·학교·목욕탕·부엌까지 갖춘 복합 시설물로, 대중을 위한 온갖 시설을 갖추어 놓은 안식처이기도 하다. 외형은 거대한 돔 주위에 6개의 첨탑이 세워져 있는 독특한 구조이고, 내부는 전부 청색과 녹색의 타일로 꾸며져 있다. 창문으로 들어오는 자연광이 어우러지면서 내부는 푸른 바다처럼 평온하기 그지없다. 그래서 블루(Blue) 모스크라는 별칭이 붙었다. 이렇게 푸른 공간에 바닥의 진홍색 융단이 어우러지면서 환상적인 분위기가 감돈다.

히포드롬 광장(Hippopdrome Square) : 일명 경마 트랙(Horse Race Track). B.C. 2년 로마의 셉티무스 세베누스 통치 기간 중에 첫 공사가 이루어져 100년 후인 콘스탄티누스 대제 때 완성된 광장으로, 비잔틴 제국 시절에는 정치적 논쟁과 토론 등이 이루어진 무대였다. 광장 주변의 아래 계단들은 블루 모스크를 신축할 때 전부 뜯어버려서 유적이라고는 현재 기념물로만 남아 있는 3개의 기둥과 분수대가 전부다. 첫 번째 기둥은 데오도시우스 황제에 의해 이집트 룩소의 화강암으로 만들어진 오벨리스크로, 카르나크 신전에서 가져온 것이다. 두 번째 기둥은 정면에 뱀 무늬가 아로새겨져 있는데, 룩소의 델피 신전에서 가져왔다. 세 번째 기둥은 콘스탄티누스 기둥으로 불려지는데, 거친 자연석을 그대로 살려 이곳에서 만든 오벨리스크다. 분수대는 독일 황제 빌헬름 2세가 기증한 것이다.

히포드롬 광장에 서 있는 오벨리스크.

톱카피 궁(Topkapi Palace) : 보스포러스 해협에서 아래가 내려다보이는 언덕 위에 세워진 궁전. 이스탄불을 방문한 사람이

톱카피 궁의 입구. 궁전 자체가 하나의 도시 기능을 갖추고 있다.

그랜드 바자르. 이스탄불 시가지 중앙에 있으며 세계에서 가장 오래되고 큰 시장으로 알려져 있다.

그랜드 바자르에서 볼 수 있는 그릇들. 독특한 문양이 이채롭다.

여기를 관광하지 않는다는 것은 상상도 할 수 없다는 것이 현지인의 설명이다. 궁전은 그 자체가 하나의 도시 기능을 갖추고 있다. 술탄의 회의실과 거실 부엌은 1000명의 요리사들이 매일 5000명 이상의 외부인들을 위해, 종교적인 휴일이라든지 술탄 아들들의 할례식 날에는 1만여 외부인들에게 음식을 제공하는 공간으로 이용했다고 한다. 술탄들에겐 쾌락의 장소였지만 무수한 여인네들에겐 하룻밤 사이에 운명이 엇갈렸던 하렘! 그 수많은 하렘들에선 술탄과의 하룻밤을 위해 선택되기만을 애태우며 기다리던 여인들이 머물던 방들과 귀빈 접대실이 흥미를 끈다.

그랜드 바자르 : 이스탄불 시가지 중앙에 위치한다. 세계에서 가장 오래되고 큰 시장으로 알려져 있다. 터키의 특산품인 가죽 제품을 비롯해서 금, 은, 터키석, 실크 등 하늘 아래 있는 것은 다 모아 놓은 것 같다. 여행을 하다보면 잠시 짬을 내서 크게 부담스럽지 않은 선에서 쇼핑을 하는 것도 쏠쏠한 재미가 있다. 필자도 마음에 드는 가죽조끼를 하나 샀는데, 100달러(US $)로 정말 마음에 들었다. 우리 나라에서는 이런 종류의 가죽조끼는 생산되지도 않지만, 만들자면 물가 수준 등 여러 가지 면에서 가격이 족히 40만 원 선은 할 듯하다.

≪ 트로이의 목마는 어디로 가고?

말라마 지역의 마지막 여행 코스인 카나칼레에서 점심을 먹은

트로이의 모조 목마.
관광객을 유치하기
위해 세워 놓았다.

후 트로이에 도착했다. 그 유명한 호머의 『일리어드』와 『오디세이』의 환상을 그리며 리무진 버스에서 내렸는데, 트로이에는 살아 있는 말〔馬〕은 없고 관광객 유치를 위해 몇 년 전에 만들어 놓은 모조 목마만이 우뚝 서 있다.

소나무만 몇 그루 서 있는 시가지 안쪽에는 그 옛날의 영광을 찾느라 발굴해 놓은 다량의 조각들만 쌓여 있어 나그네의 연민을 자극할 뿐, 고대 도시에 발을 들여놓았다는 특별한 감회는 느끼질 못한다. 만약 호머가 『일리어드』와 『오디세이』를 쓰지 않았다면, 이곳은 고고학도들만 학문적인 호기심에 모여드는 장소였을지도 모른다.

에게 지역의 페가마(Pegama)는 셀리누스(Selinus) 강가의 비옥한 평원에 자리 잡고 있다. 그래서 이곳이 문화의 안착지로서의 위상을 간직한 곳이 아닌가 싶다. 실제로 이 도시는 3세기까지는 평화로운 황금시절을 보냈고 특히 양피지를 발견한 후엔 2만 권에 달하는 장서를 소장한 도서관을 갖추고 있었다. 로마 제국의 문화 중심지로 알렉산드리아와 경쟁할 정도였다.

이곳 여행의 초점은 아크로폴리스. 아크로폴리스란 고대 그리스시대의 성채를 뜻하는데, 중요 유적들은 19세기 말에 독일로 옮겨지고 현재는 빈터만 남아 있다. 베를린의 브란덴부르크 문(門)이 이곳에 있던 대표적인 유적으로 알려져 있다. 극장이 일부 남아 있는데, 그리스·로마시대의 극장처럼 원형 또는 반원형이 아니라, 비탈 능선에 비스듬히 사다리꼴 모양으로 관람석을 조성한 것이 특징이다.

가파도키아 유적지.

에페수스 유적지.

아크로폴리스에서 1.5km 정도 내려가면 마을 중심부에 붉은 안뜰(Red Courtyard)이라는 웅장한 사원을 볼 수 있다. 2세기에 만들어진 이 사원에는 이집트인들이 신인(神人) 세라피스를 위해 붉고 편편한 벽돌로 쌓은 탑 2개가 있다. 로마시대에 기독교가 공인된 후에는 사원을 교회로 개조해서 바울에게 바쳤다고 한다. 탑 하나는 유대인들이 교회당으로 사용했다.

≪ 시간의 흐름과는 무관한 고대 도시

에게 지역에 있는 에페수스(Ephesus)는 아나톨리아 반도 여행의 최고 하이라이트라고 할 수 있는 곳이다. 현재까지 남아 있는 고대 도시들 중에서 가장 클 뿐만 아니라 흥미로운 매력을 간직하고 있다. 잠시 역사를 더듬어 보면, 이 도시는 B.C. 9세기에 이오니아인들에 의해 최초로 건설되어 B.C. 4세기경에 페르시아 제국의 아케메나이드(Achemenide) 왕조에 의해 정복되었다. 이후 마케도니아의 알렉산드로스 대왕이 통치했고, 대왕 사후에는 그의 선봉장 리시마쿠스가 통치하면서 현재의 불불(Bulbul) 산과 파니이르(Panayir) 산 사이의 계곡으로 옮겨져 오늘에 이르고 있다. 이곳이 영광을 누린 시기는 로마 제국의 통치 기간이라는 것이 고고학자들의 평이다.

동쪽 마그네시아(Magnesia) 문을 출발해서 서쪽으로 직진하면 고대에 항구가 있었던 곳에 높은 벽으로 둘러싸인 바리우스(Varius) 목욕탕을 볼 수 있다. 인근에선 이 목욕탕에 물을 공급하던 질그릇·토기·파이프 등을 볼 수 있고, 큰 집회장과 건물들이 집단을 이루고 있다. 이어 코린트 양식과 이오니아 양식의 많은 기둥들이 서 있는 거리를 지나면 끝 지점에 오데움이 있다.

오데움(Odeum)은 B.C. 2세기에 건설된 건축물로, 관료들과 원로원 의원들이 주로 만나던 장소다. 23줄의 계단식 구조에 1400백여 개의 좌석을 갖춘, 생김새가 다양한 건축물이다. 정상 부분은 대리석으로 치장되어 있고, 아래 부분은 전혀 손상되지 않아 고대인의 건축술이 신선한 충격을 안겨주기도 한다.

아래쪽으로 곧바로 내려가면 헤라클레스 문(Heracles Gate)과 대리석 부조물이 나온다. 2000년이 지난 지금까지도 아름다움과 신성함을 갖추고 있어 쉽게 잊혀지지 않는다. 조금 더 내려가면 트라얀 황제가 세운 분수대도 볼 수 있고 당시 부유층의 저택, 학자들의 욕실, 하드리안 사원, 공중변소 등을 둘러볼 수 있다.

주변의 대리석 도로(Marble road) 한 자락에는 관객 3만 명

을 수용할 수 있는 고대 원형광장이 있는데 B.C. 3세기에 공사
가 시작되어 두세기에 걸쳐서 완성된 곳이다. 이 원형광장은
파이온(Pion) 산에 기대어 있는 듯한 인상을 주며, 무대는 전형
적인 그리스식의 말편자를 닮았다. 바울은 여기서 많은 시간을
들여 기독교를 포교했다고 한다.

이 밖에도 사도 요한의 묘와 교회, 특히 성모 마리아가 타계할
때까지 살았던 곳(House of the Virgin Mary)과 마리아의 묘는 기
독교인들의 중요 성지 순례지다.

≪ 터키의 순박한 농촌 마을

에페수스에서 파묵칼레(Pamukkale)까지는 버스로 3시간 여
거리다. 차창 밖으로 보이는 것이라곤 이름을 알 수 없는 과일과
무와 해바라기, 밀, 채소뿐이다. 모래 사막이 없는 기름진 국토
가 터키의 천연 자원의 보고라는데, 좁은 국토에 인구가 많은 우
리 나라와 비교하면 시샘이 절로 난다.

숙소에 도착해서 식사를 끝내고 이곳 사람들과 술이나 한잔
할까 싶어 택시를 잡아타고 인근 교회 마을로 나갔다. 한 농가의
문을 두드리니 주인이 반갑게 맞이한다. 상당한 부농(富農)인
듯 싶은데, 마침 대학에 다니는 아들이 있어서 영어와 수화를 동
원하니 의사소통이 가능했다. 잠시 후 온 동네 사람들이 이 집으
로 전부 모여든 듯 싶었다. 어떻게 소문이 퍼졌는지 이방인을 보

기 위해 하나 둘씩 모여들었던 것. 그들과 어울려 맥주를 마시면서 결혼, 종교, 가족 제도 등에 대한 이야기를 나누었다.

이곳 농촌에서는 대가족 제도가 철저하게 지켜지고 있단다. 터키는 농업 국가여서 우리 나라도 1950~1960년대 초에 그랬듯이 일손이 모자라 아이를 많이 낳는다고 한다. 자식 수는 9~10명이라는데, 사망률이 높다고 한다. 자식들의 평균 결혼연령은 14~18세. 그런데 자식들에게 공부를 많이 시키면 농촌을 떠나 도시로 나가기 때문에 가급적이면 초등학교 이상의 공부는 잘 시키지 않는다고 한다. 우리나라의 과거를 회고하는 듯한 느낌에 시간 가는 줄 모르고 그들의 얘기를 들었다. 어느덧 밤이 깊어 자리를 뜨려고 하니 모두들 서운한 마음을 드러내 객이 오히려 민망할 지경이었다.

다음날 처음 들른 곳은 히에라폴리스(Hierapolis). 지진으로 폐허가 되어 건축물 몇 개만 남아 있을 뿐인데 로마 목욕탕은 비잔틴 교회로, 몇몇 건물은 박물관으로 바뀌기도 했다. 이곳에는 유독 아픈 사람들이 많다. 수백 개의 뜨거운 온천에서 병을 고치려고 찾아드는 외지인들이 많아서다. 치료를 끝내고 집으로 돌아가는 사람들도 있지만 치료가 되지 않아 죽는 사람들도 있다는데, 이 지방의 매장 관습에 따라 이곳에 매장되는 사람도 있다고 한다. 장엄하고 다양한 무덤들도 여기선 볼거리다.

자연이 만들어내는 특이한 현상들도 눈길을 끈다. 뜨거운 온천과 칼슘이 풍부한 미네랄 워터가 탄산가스를 증발시켜 석회를 침전시키는 기적 같은 일이 일어나기도 하고, 약간 높은 곳에는 조그마한 풀장 같은 것을 만들기도 한다.

솔트 레이크. 터키에서 두 번째로 큰 호수이며 염수로는 세계에서 두 번째로 큰 규모이다.

≪ 중앙 아나톨리아 지역

코냐(Konya)는 B.C. 2세기에 로마가 중앙 아나톨리아 지역에 세운 도시로서 중앙 아나톨리아 지역에서 앙카라 다음으로 큰 규모다. 흥미로운 점은 11세기 셀주크투르크의 수도였기에 터키-이슬람 양식의 건축물이 많다는 점이다.

메블라나(Mevlana) 박물관은 빠뜨릴 수 없는 중요한 곳. 규모는 그다지 크지 않지만 셀림 2세 재임시 대건축가 시난이 건립했다. 박물관 안에는 매력적인 악기와 많은 수제품 양탄자, 아름다운 타일 등이 전시되어 있다.

교외로 나가다 보면 악사라이 - 코냐(Aksaray-Konya) 고속노로 가까이에 술타난(Sultanhan)이라는 큰 건물이 눈에 띈다. 13세기에 건립된 건물로, 아나톨리아에서 가장 큰 대상(隊商) 숙박소다.

코냐 평원에 있는 솔트 레이크(Salt Lake, 일명 Tuzgolu)는 터키에서 두 번째로 큰 호수이며, 염수로는 세계에서 두 번째로 큰 호수다.

≪ 땅 속으로 숨어든 사람들의 지하 도시

중앙 아나톨리아의 카파도시아(Cappadocia) 지역은 경관이 참으로 독특하다. 이곳엔 어떤 표현이 적당할까? 세계 8번째 불가사의라고 할까? 대자연의 경이? 기적? 지질학적 대사건? 어떤 표현을 쓴다 해도 충분하진 못할 듯 싶다. 그러나 세계적 비경의 하나라는 것은 자신 있게 말할 수 있다.

수백만 년 전 엘시야스(Erciyas), 하산(Hasan), 멜렌디즈(Melendez) 산들이 폭발해서 화산재가 이 지역으로 날아와 쌓였는데, 수천 년 동안의 풍화작용으로 석회는 침식되어 빠져나가고 지금의 상태가 되었다고 한다. 특이한 것은 이 지역 사람들은 지하에서 살았다는 것이다.

이곳 사람들은 고대 시대부터 외적의 침입으로부터 자신들과 동물들, 그리고 도시에 있는 모든 것들을 지하에 숨겨놓기 위해 땅을 파고 지하 도시를 건설했다. 그러다 로마의 종교 박해를 피해 몰려든 기독교인들은 지하를 성역으로 이용했다. 언덕 위에는 예배당을 만들어 수채화로 장식해 놓은 곳도 있지만, 대부분의 생활은 지하에서 이루어졌다고 한다. 이곳 전체를 모퉁이마다 구석구석, 갈라진 틈까지 전체를 답사하려면 일주일 정도가 필요하다고 하는데, 개략적으로 전체를 답사하는 데는 하루면 충분했다.

카파도시아는 그 옛날 동서양을 잇는 무역로였고 비잔틴 제국과 대치하던 아랍군들이 점거하고 있던 곳이었다. 기독교인들이 12세기부터 이슬람의 박해를 피해 7세기 동안 생활했다고도 알려져 있다.

케이막리(Kaymakli) 계곡과 데린쿠유(Derinkuyu) 계곡은 기독교도의 대표적인 지하 도시다. 이 두 지하 도시 외에도 중·소 규모의 지하 도시들이 거미줄처럼 형성되어 있어 카파도시아를 일명 지하 도시라고 한다.

데린쿠유는 지하 12층으로 1200개가 넘는 방이 있고, 1만 명

이상을 피난시킬 수 있도록 되어 있으며, 10km 이상의 지하로
가 연결되어 있다. 케이막리 역시 1200여 개의 방에 1만 명 이
상을 대피시킬 수 있도록 설계되어 있는데 지하 8층으로 되어
있다.

화산 석회석을 파서 만든 견고한 성채인 포트레스(Portresse)
는 기독교인들이 생존을 위협받을 때만 사용된 곳으로, 미로 타
입의 큰 성채는 우키사르(Uchisar), 오타이사르(Ortahisar), 소니
사르(Sonhisar) 등이다.

이 지역은 사진 작가들을 즐겁게 해주는 곳이기도 하다. 그 중
에서도 요정의 굴뚝(Fairy Chimneys)은 바위를 깎아 만든 집인
데, 멀리 정면에서 보면 발기한 남성의 성기 모양이어서 보는 이
들의 웃음을 자아낸다.

지하 도시를 떠나 마지막으로 터키의 수도 앙카라(Ankara)로
향했다. 12일이라는 짧은 일정 때문에 아나톨리아 고원 위에 위
치한 앙카라에선 아나톨리아 문화박물관과 한국공원을 돌아본
것이 전부였다. 언젠가 기회가 되면 2개월 정도의 여정으로 아
나톨리아 반도 전체를 둘러보고 싶다는 희망을 간직하며 아쉬
운 마음을 접는다. 여행은 늘 이렇게 아쉬움을 남긴다.

CHAPTER 03

마야 · 아즈텍 · 잉카

문명 발생지

- ◆ 멕시코

- ◆ 페루

흔히들 인류문명의 근원지라 하면 대부분의 교과서라
든지 기타 책자에는 이집트의 나일 강 유역, 인도의 인더스 강
유역, 중국의 황하 유역, 메소포타미아의 티그리스 – 유프라테스
강 유역만을 이야기한다.

　　그러나 스페인의 정복자 코르테스와 피사로의 정복 이전에
는 라틴아메리카에도 이 4대 인류문명에 못지않은 마야문명, 아
즈텍문명, 잉카문명이 인류사의 찬란한 꽃을 피운 사실이 유적
의 발견과 함께 점차 알려지게 되면서 인류 5대
문명의 발생지로 각광을 받게 되
었다.

1 마야·아즈텍문명의 근원지

멕시코

　우리가 탄 비행기(유나이티드 에어라인)는 화려했던 아즈텍 왕국의 수도였던 테노치티틀란이 있었던 자리의 멕시코시티 국제공항에 도착한다. 현지 여행사에서 제공받은 승용차로 첫 투숙지인 마리아 이사벨 쉐라톤까지는 남동쪽으로 7km, 약 30분 정도 거리다.

　호텔로 가는 도중에 현지 가이드의 설명에 의하면, 스페인 정복자 코르테스의 병사로 종군한 베르나르 디아스는 당시의 도시를 보고 이렇게 말했다고 한다.

　"우리는 마침내 폭이 넓은 둑길에 도착하여 아스타팔라파를 향해서 나아갔다. 호수 가운데 있는 많은 마을과 도시를, 그리고 평탄하게 뻗어 있는 둑길을 보고 우리는 도저히 놀라지 않을 수가 없었다. 호수 위에 솟아 있는 누각과 신전, 석조물들은 너무나 화려하게 지어졌으며 호수 위의 배나 탑, 신전 등은 오가는 사람들로 가득했다. 환상적으로 느껴지는 휘황한 광경을 본 병사들은 마치 꿈을 꾸고 있는 것 같다면서 자기 몸을 꼬집어보는 이도 있었다."

　현지 가이드의 말대로, 테노치티틀란은 당시 극도의 부귀와 영화를 누리던 도시였던 것만큼은 사실인 것 같다. 내일부터는 꽉 짜여진 스케줄에 따라 강행군이 예상되어 호텔에서 현지식으로 저녁식사를 마친 후 일찍 잠을 청한다.

≪ 멕시코시티 제일의 번화가의 아즈텍 유적

다음날, 멕시코시티에서의 첫 투어는 소칼로. 정식명칭은 헌법 광장이다. 아즈텍의 유적을 포함하고 있으며 멕시코시티 제일의 번화가로, 시에서 하는 행사뿐 아니라 국가행사가 이 광장에서 열린다고 한다. 아즈텍 왕국의 유적지인 마요르, 멕시코에 있는 모든 교회를 관할하는 서반구 최대의 건축물인 대성당을 차례로 둘러본다.

템플로 마요르를 발굴한 결과, 아즈텍 왕국의 수도 테노치티틀란에 있던 중앙 신전임이 밝혀졌다. 발굴이 이루어진 것은 1913년 대성당 뒤쪽에서 건축 공사를 하던 중 아즈텍 유적으로 보이는 지하 계단을 처음 발견하면서부터였다. 그 후 1979년 수도 공사를 하던 중 달의 여신인 코욜사우카의 커다란 석상이 발

🐨 **멕시코** 마야문명과 아즈텍문명을 꽃피웠던 태양과 정열의 나라 멕시코는 라틴아메리카에서 세 번째로 큰 나라다. 가장 북쪽에 있으며 수도인 멕시코시티는 다운타운만 인구 2천 만 명이 넘고 메트로폴리탄을 포함한다면 이집트의 카이로보다도 더 많은 인구를 가진, 세계 최대의 도시다. 면적은 1,958,200km², 인구는 1억. 2개의 주요 반도, 유카탄 반도와 칼리포르니아 반도를 포함하며 국토의 대부분은 중앙멕시코 고원지대에 속한다. 멕시코 고원의 평균 높이는 900~5700m, 국토의 중심부는 2000~2700m. 중남부 네오볼카니아 산계에는 멕시코에서 가장 높은 산봉우리들이 있다. 기후는 멕시코의 절반이 매우 건조한 기후. 전체 면적 중 습기가 있는 지역은 1/10이 채 안 된다.

견되면서 본격적인 발굴 작업이 진행되어 1984년 이후부터 일반인에게 공개되었다.

유적 옆에는 당시의 모습을 구체적으로 감상할 수 있도록 모형이 설치되어 있다. 당시의 아즈텍인들은 작은 배로 수로를 누비며 그림처럼 펼쳐진 궁전과 신전 피라미드, 그리고 아름다운 호수를 감상했을 것이다.

대성당은 1573년에 짓기 시작해서 240년에 걸쳐 완성된 것으로 바로크, 고딕, 르네상스를 비롯한 여러 양식이 혼합되어 있다. 이곳 역시 아즈텍 왕국 시대에 군신으로 모셨던 피라미드가 있었던 자리로 지금도 피라미드의 기초가 남아 있다.

멕시코인들은 스페인의 식민정책하에서 가톨릭을 받아들였음에도 가톨릭 신앙이 매우 독실한 듯하다. 마침 우리 일행이 도착한 시간이 예배 시간인데, 대성당 입구에선 거리가 150m 이상이 되는 거리서부터 무릎을 끌면서 신부를 알현하러 가는 신자들의 모습이 눈에 들어온다. 강렬한 신앙심이겠지만, 현대를 사는 필자의 시각으로는 너무 지나치지 않나 생각될 만큼 이들은 희생까지도 감수하는 것만 같았다.

이곳에서 현지 가이드로부터 들은 이야기다. 식민지 정복과정에서 세계에서 가장 잔인한 민족이나 국가를 든다면 첫째로 아메리카 인디언 5천만 명을 학살한 영국, 둘째로 유대인 600만 명을 살해한 독일, 셋째로 아시아인 다수를 인체 실험 도구로 사용한 일본, 넷째로 라틴아메리카를 정복한 스페인을 들 수 있다고 한다.

그런데 그래도 스페인이 제일 양반이라 하기에 무슨 뜻이냐고 반문했더니, 스페인은 정복과정에서 약간의 학살은 있었을망정 영국이나 독일, 일본처럼 학살의 만행을 정복의 기술로 삼지 않고 현지인과 피를 섞는 기술로 식민정책을 펼쳤다는 것이다. 예를 들면, 식민지인을 개종하기 위해 파송된 신부들이 현지인 여성들과 피를 섞는 일이 많았다고 한다. 그런 이유에서 멕시코는 메스티조(Mestizo: 스페인과 인디언의 혼혈)의 나라가 된 것이었다.

≪ 옥수수, 고추 소스, 데킬라

　멕시코시티는 해발 2000m 이상의 고지대에 건설된 도시라서 그런지 산소가 충분치 못한 듯하다. 이곳 환경에 아직 익숙해지지 않은 우리 일행들은 피로가 심해서 오후 시간의 투어는 그만두고 호텔에서 휴식을 취하기로 한다.

　여행을 장기간 하다 보면 가끔 문제되는 것이 먹는 음식으로 신경을 곤두세울 때가 많다는 것이다. 그러나 멕시코 여행은 오늘이 이틀째인 만큼 철저한 현지 토속음식을 먹기로 한다. 이 나라의 요리를 맛보았는데 고추처럼 매운 맛이 특징이다. 고추를 사용한 소스가 있는데 기호에 따라 요리에 쳐서 먹는다. 하지만 우리 나라의 간장처럼 삭힌 것이 아니라서 그런지 상당히 맵다. 옆에 동석한 영국인들은 땀을 뻘뻘 흘려가면서 매운 고추 맛에 어쩔 줄 몰라해서 우리 일행에겐 다소 우스꽝스럽게 보였다. 역시 고추 맛에 대해서 우리가 가장 잘 길들여져 있음을 실감하게 된다.

　멕시코의 주식은 옥수수다. B.C. 3500년경부터 이곳 인디오가 재배하기 시작했는데, 옥수수로 만든 부드럽고 납작한 과자 토르티야를 요리와 함께 구워서 먹었다. 토르티야에 잘게 썰어 구운 고기를 넣고 고추 소스를 쳐서 둥글게 만 타코스는 그런 대로 먹을 만하다.

현지식과 함께 멕시코에서만 생산하는 술 데낄라를 권하고 싶다. 데낄라는 선인장에서 추출한 원액을 발효시켜 만든 술인데, 그 독특한 향이 러시아의 보드카와도 비슷하다 할 수 있다. 현지식에는 가장 적절한 술이라 생각된다. 일행과 몇 잔 기울이니 순간 취기가 오르긴 했지만 뒤끝이 깨끗한 것을 다음날 아침에 느낄 수 있었다.

≪ 인신공양이 이루어진 태양과 달의 피라미드

테오티우아칸(Teotihuacan)은 중앙아메리카 역사상 최대 규모의 도시국가가 세워졌던 곳으로, 멕시코시티에서 북동쪽 50km 지점인데 자동차로 1시간 거리다.

지금의 멕시코 성지가 과타루페라면 아즈텍의 성지는 테오티우아칸이다. 그 이름은 신들이 사는 곳이라는 뜻이다. 멕시코 중앙고원에 처음으로 싹튼 테오티우아칸문명은 거대한 피라미드군의 도시였다. 테오티우아칸은 350년에서 650년 사이에 가장 번영했으며 상당한 세력을 지닌 도시로 알려져 있다. 몇몇 학자들은 테오티우아칸이 발견되었을 당시 이 경이로운 도시가 톨테크족의 도시일 것이라 생각했다고 한다. 그러나 점차 시간이 지남에 따라 톨테크족의 역사가 시작됐던 시기가 테오티우아칸이 융성했던 시기보다 훨씬 후라는 것이 밝혀졌다.

테오티우아칸은 사회, 정치 구조면에서 하나의 독립국을 구성하기에 부족함이 없었고 특히 건축과 조각, 회화 등에서 탁월한 능력을 가지고 있었다. 오늘날 세상을 놀라게 하는 수많은 조각과 피라미드 등은 그들이 지녔던 천부적인 예술성을 나타내고 있다. 이처럼 번영했던 테오티우아칸이 붕괴된 후에 그 자리를 찾은 아즈텍인들은 그 웅대한 피라미드군이야말로 신들이 지은 것이라 믿으면서 신성시했다.

이곳에서 가장 중요한 피라미드는 태양과 달의 피라미드다. 테오티우아칸의 최대 건조물인 태양의 피라미드는 그 높이가 65m에 달한다. 하루에 3000명을 동원하여도 이 피라미드를 완성하는 데는 30년이 걸렸을 것으로 전문가들은 추정하고 있다. 한 해에 두 번, 태양이 태양의 피라미드 바로 위로 오는 날이 있는데, 이 날의 피라미드는 마치 빛을 발하는 듯이 보여 신비스럽기까지 하다는 것이 현지 가이드의 설명이다.

달의 피라미드 역시 높이 46m로 당당함을 자랑하는데, 오히려 그 시대에는 태양의 피라미드보다 비중이 컸던 것으로 보인다.

테오티우아칸은 인신공양 의식이 성대히 치러졌던 것으로 알려져 있다. 사람의 내장을 도려내서 태양의 신, 달의 신 등에게 바치고 나서 나머지는 사람들이 먹었다는 설도 있단다. 인신공양이 이루어졌던 태양과 달의 피라미드 옆으로 뻗어 있는 길이 죽은 자의 거리라고 불리는 이유를 알 듯하다.

이 거리 남쪽 끝에는 사우다데라 성벽으로 둘러싸인 케찰코아틀(Quetzalcoatl) 신전이 있다. 케찰코아틀은 뱀이라는 뜻으로 이 신전에는 정교한 조각 장식이 많이 있다. 성채 안쪽 깊숙이 세워진 6층 피라미드의 11개 꽃잎 모양의 깃털에는 뱀의 머리가 나와 있는 케찰코아틀의 모습과 눈에 굵은 동그라미를 두른 신 틀라로크(비의 신)의 모습이 새겨져 있었다.

번창했던 테오티우아칸이 무슨 이유로 멸망했는지, 현지 가이드의 설명을 종합해서 나름대로 정리해 본다. 테오티우아칸에서 발견된 조각과 도자기들에는 군인이나 전쟁을 묘사한 것이 거의 없다. 이러한 사실은 테오티우아칸에 군사 시설이나 전쟁에 대한 방어 시설이 거의 없었다는 것, 혹은 있었다 하더라도 이러한 무방비 속에서 이민족의 침략을 받았다면 대항 한 번 못 해보고 망했을 것이라는 가정에 이르게 된다.

≪ 세계적인 휴양지, 아카풀코

우리 일행은 마야인이 이루어 놓은 마야문명의 유적지, 유카탄 반도를 탐방하기 전에 잠시 휴식도 취할 겸 세계적인 휴양지 아카풀코(Acapulco)로 이동한다.

아카풀코는 멕시코시티에서 남쪽으로 418km 지점에 위치하며, 스페인 식민시대에는 멕시코와 동양을 잇는 유일한 항구 도시로 번창했던 곳이다. 눈부신 태양과 해변이 어우러져 있는 가운데 완벽한 오락 시설과 휴양 시설이 갖추어져 있어서 휴가를 즐겁게 보내려는 사람들의 발길이 끊이지 않는다.

아카풀코의 아침은 정말 상쾌했다. 완벽에 가까우리만큼 뛰어난 호텔의 부대 시설들도 그렇고 멕시코시티의 매연이 가득 찬 공기에서 탈출하고 나서 음이온이 가득한 신선한 해변에서 숨을 쉬니 새로 태어나는 기분이다.

아침식사는 간단히 아메리카식으로 마친 후 아카풀코항에서 크루징 투어에 나선다. 크루징 투어에서 재미있는 것은 유람선

🐻 5번째 세계의 사람들인 아즈텍족의 문명

1521년 스페인의 정복기에 중앙아메리카를 지배한 것은 아즈텍족이었다 이들의 고향은 년석 약 8600km^{2}의 분지(해발 2100m)로 최고 높이 5400m에 이르는 산지에 둘러싸여 있었다. 농작물 재배에 부적합한 토양과 지형뿐 아니라 높은 고도 탓에 이 분지의 절반만 노동집약적 농업이 가능했던 것 같다. 그러나 1529년 무렵 이 지역은 100~150만 명의 사람들에게 식량을 공급하고 있었다. 이는 호수의 매립, 땅을 비옥하게 하기 위한 특별한 방법들, 새로운 영농기술, 전문적인 관개이용을 통해 이루어졌다.

가장 주목할 점은 이런 기술들이 인력과 단순한 손도구만을 이용해 얻어졌다는 사실이다. 아즈텍족이 살던 분지에는 주요 자원들이 있었는데 지역 내 소비와 교역을 위해 개발되었다. 그러나 석재도구를 만드는 데 이용된 흑요석과 현무암, 물새, 물고기와 기타 수산물, 목재, 열대 근채류 및 과일, 담배, 고무, 카카오, 꿀, 금속, 비취, 터키옥 등의 열대산물은 찾아보기 힘들었다. 아즈텍족이 다른 부족을 정복하게 된 주요 동기는 이들 자원을 차지하기 위한 것이었다.

중앙아메리카의 사회, 정치 조직체들의 두드러진 특징 중 하나는 위계 수준에 따른 구별이었다. 아즈텍의 사회, 정치 조직들은 규모가 커지면서 점점 더 복잡해졌는데, 공동생활을 하는 한 쌍의 성인과 미혼자녀로 이루어진 핵가족이 사회 조직의 기초를 이루었다. 아즈텍의 경우, 적게는 몇 세대, 많게는 몇 백 세대에 이르는 많은 가족들이 칼폴리라는 복잡한 성격의 집단으로 통합되어 있었다. 칼폴리는 아즈텍 제국의 행정단위이기도 했다. 수장 한 사람을 중심으로 한 가족 우두머리들의 회의를 통해 칼폴리는 중앙정부에 대한 납세, 부역, 군대 단위 역할을 했고 칼폴리 위에 국가가 있었다. 사회 계층은 생득적인 지위를 중심으로 체계화되었으나 한편으로는 종적인 이동이 인정되기도 했다.

아즈텍의 종교는 초자연적인 상태에 이르기 위한 필수 전제 요건으로 희생물과 고행을 강조했다. 성직자들은 큰 존경을 받았지만 단조로운 생활을 해야 했고 참회의 의미에서 피를 흘리는 자기 희생을 하기도 했다. 각 신전과 신은 부수적인 사제의 질서를 가지고 있었고 각 사제는 일정한 의무를 지녔다.

아즈텍족은 현재의 세계 이전에 4개의 세계가 있었다고 믿었다. 네 개의 태양으로 불리는 이 세계들은 그 때 살던 인간들과 함께 전부 대변동에 의해 파괴되었다. 새로운 5번째 세계의 사람들인 아즈텍족은 태양이 하늘에서 사라지지 않도록 태양에 '풍요'를 선사하기 위해 전쟁을 치를 신성한 의무가 있다고 여겼다. 이러한 생각은 우주의 안녕과 생존이 태양에 바치는 피와 심장의 공양에 달려 있다는 관념으로 연결되었으며 한편 태양에 한정되었던 공양은 그들이 섬기는 모든 신에게 확대되었다(이상은 우리 일행을 안내한 멕시코국립대학에서 인류고고학을 연구하고 있는 한국 여학생의 설명과 브리태니카, 두산세계대백과사전을 참고로 발췌, 정리한 것임).

상에서 댄스를 마음대로 즐길 수 있다는 것이다. 일행 중 춤 솜씨가 상당히 뛰어난 사람들이 각 나라 여행객들과 즐겁게 어울리는 모습이 그렇게 아름다울 수가 없다. 하지만 춤을 출 줄 몰라 구경만 하는 필자는 그들을 부러워하기만 할 뿐.

아카풀코 만은 세계 명사들의 별장촌이다. 전 이란 왕 팔레비, 존 웨인, 게리 쿠퍼, 엘리자베스 테일러 등 헤아릴 수 없는 세기의 거부들과 명사들의 별장을 뒤로 하고 투숙지인 쉐라톤 호텔로 돌아온다.

≪ 처녀와 어린이를 산 제물로 바친 우물

다음날, 유카탄 반도의 최대의 마야 유적지 치첸이차(Chichen Itza)로 향한다. 마야어로 '이차(우물)의 집'이라는 뜻을 지닌 이곳에는 자연 상태의 우물이 두 개 있다. 그 중 하나는 세노테라 불리는 성스러운 우물인데 수심이 20m, 직경이 66m 정도 된다고 한다. 마야인들은 이 우물 속에 처녀와 어린이를 산 채로 제물로 바쳤단다. 20세기에 들어서 우물의 준설 작업을 하던 중 인골과 약간의 황금이 발견되면서 세노테가 신에게 제물을 바친 우물이었음을 증명해 주었다고 한다.

치첸이차의 유적 중에서 가장 볼 만한 것은 밑변의 사방이 55.3m이며 높이가 30m에 이르는 피라미드 카스티요. 거대하다고 할 만한 규모는 아니지만 단정하고 아름답다. 피라미드의 네

면에는 91개의 계단이 있고 그 위에 마련된 신전의 제단에도 하나의 제단이 있는데 이 계단들까지 합하면 총 365계단, 일년 365일과 그 수가 일치한다. 마야인의 지혜에 머리를 숙일 수밖에 없다.

카스티요(스페인어로 성) 북쪽에는 전사의 신전과 전사의 신전, 동쪽에는 성스러운 우물 세노테, 남쪽에는 트솜판틀리(해골의 선반)가 위치한다. 트솜판틀리는 제물로 바쳐졌던 사람의 해골을 얹어 놓았다고 전해지는 곳이다. 트솜판틀리 옆에는 벽면에 재규어와 독수리가 부조된 기단이 있다. 이들 부조는 인간의 심장을 움켜쥐고 있는 모습을 하고 있다.

재규어와 독수리의 기단 농쪽에는 구희장이 있다. 치첸이차에서 발견된 구희장 중에서 가장 커다란 규모다. '구희' 라는 뜻은 종교적인 의미를 지닌 낱말로, 바른 의미는 경기 행사란다. 구희장의 벽면에는 부조가 새겨져 있는데 그 중 하나에는 머리가 잘린 사람의 목으로부터 나온 피가 뱀 모양으로 바뀌어 가는 모습이 그려져 있다. 마야시대에는 뱀이 신성시되었다는 것과 잘린 목에서 흘러나온

치첸이차의 쿠쿨칸 피라미드. 지금도 깃털 달린 뱀을 기리는 의식이 1년에 2번씩 치러진다고 한다.

피가 뱀으로 묘사되었다는 점으로 보아, 이 부조는 승리한 팀의 주장을 표현했을 가능성이 높다.

이어서 찾은 곳은 마야인의 종교 센터 욱스말. 이 이름은 '세 번 지어지다'라는 마야어가 변해서 붙여진 이름이라고 한다. 이곳은 대체로 면적이 좁고 기복이 심하다.

며칠 동안의 강행군 때문인지 심한 피로감 때문에 더 이상 전진하기가 쉽지 않다. 우리 일행은 20여 분 동안 미네랄 워터로 목을 축이고 이곳의 대표적인 유적지 총독 관저로 향한다.

왜 총독 관저라는 이름을 붙였는지는 불분명한데 건물은 가로 18m, 세로 150m, 높이 12m의 테라스를 기초로 해서 그 위에 3층의 테라스가 겹쳐져 있으며 안에는 가로 18m, 세로 5m의 큰 방과 작은 방들로 이루어져 있다. 동쪽 앞면은 복잡하고 아름다운 특유의 장식들로 가득하고 격자 무늬, 번개 무늬, 차크(비의 신)의 얼굴, 머리 장식이 있는 인물상 등이 묘사되어 있다. 이들 장식에는 다듬은 돌이 무려 2만 개가 넘게 들어갔다. 총독 관저는 마야 건축 사상 가장 중요한 건축물로 꼽힌다.

≪ 마야인의 정교한 종교관

마야문명에선 자연 숭배 같은 좀 더 단순한 형태의 종교 관행이 B.C. 900~500년에 널리 이루어졌던 것으로 보인다. 그러나 천문학 지식이 차츰 정확해짐에 따라 변화가 일기 시작했으며

B.C. 300년경에는 정교한 세계관이 갖추어지기에 이르렀다. 신격화된 천체와 시간 주기가 예전의 옥수수 신과 비의 신에 보태지면서 종교는 엄격하게 조직된 사제들에 의해 해석되는 복잡한 신화를 갖춘 비밀스런 것이 되었다. 마야 사제들은 천문학적 현상과 복잡한 시간 개념에 관해 뛰어난 지식을 갖고 있었기 때문에 이들의 비밀스런 교리는 대중의 믿음과는 크게 달랐을 것으로 보인다. 마야족의 신화들 가운데 일부는 다른 중앙아메리카 인디언들의 신화와 공통된다.

마야족은 여러 개의 세계가 잇달아 창조되었다가 파괴된 후 현재의 우주가 등장했다고 믿었다. 또 이들에 따르면 사람들은 먼저 흙으로, 그 다음에는 나무로(영혼과 지식이 없고 감사할 줄 몰랐기 때문에 물에 빠져 죽거나 악마에게 잡혀 먹혔음), 그리고 마지막으로 옥수수 죽(마야족의 선조)으로 차례차례 창조되었다.

주요 창조 행위는 신의 태양과 달 창조와 관련되어 있었다. 대중들은 현재의 세계가 범람으로 망할 것이라고 믿었다. 한편 사제들은 현재의 세계가 대홍수로 망하지만 순환이 깨어지지 않고 영원히 지속될 수 있도록 새로운 세계가 창조될 것이라고 믿었던 것 같다. 100~900년에 마야족은 자기 집의 마룻바닥 밑에다 시체를 묻었다. 그러나 강력한 군주들은 지하 납골당에 묻혔다. 죽은 사람은 9층의 지하세계로 내려간다고 믿었지만 멕시코 중부에서처럼 하늘에 천국이 있다고 믿었던 증거는 없다.

신분이 높은 사제들은 역사, 점성술, 문자 표기 등을 가르쳤다. 사제의 신분은 세습되었고 각 의식에서 행하는 기능도 전문화되었다. 예컨대 어떤 사제는 인신공양으로 희생당한 제물의 팔과 다리를 붙잡고 다른 사제는 가슴을 개봉하고 다른 사제들은 성서를 해석하고 미래를 예언하는 식으로 나뉘어졌다. 일부 사제는 예언가와 점술가의 역할을 수행하면서 환각제를 쓰기도 했다. 마법사와 주술의는 예언자였고 질병을 주는 동시에 치료하는 사람이기도 했는데, 마법에 대한 믿음은 오늘날의 마야족 사이에서도 널리 퍼져 있다.

마야 왕국은 신권 국가였다고 여겨지지만 이것이 잘못된 생각이라는 것은 기념물들 자체에서 잘 드러난다. 기념물들 속에는 왕과 여왕, 후계자, 전쟁 포로 등이 나타나지만 어떤 형태로든 사제는 보이지 않는다.

9세기경, 마야문명은 하부 지역 중앙의 서쪽 경계에서부터 쇠퇴의 조짐을 보이기 시작했다. 1세기 동안 이런 문화적 마비 상태는 점점 동쪽으로 퍼져갔으며 마야문명은 완전히 쇠퇴하여 몰락했다. 외래의 침입은 하나의 요인에 불과했다고 할 수 있으며 총체적인 농민 봉기가 있었다는 믿을 만한 근거도 없다. 유일한 사실은 하부 지역 중앙에 살던 주민들이 대부분 다른 곳으로 떠났다는 점이다. 인구 팽창과 토지의 심각한 남용이 이런 비극을 낳는 데 중요한 역할을 했다는 점은 분명하지만, 이렇듯 찬란했던 문명이 쇠퇴한 원인은 아직도 밝혀지지 않고 있다.

고대 중앙아메리카 문명은 900년경부터 마지막 단계에 접어들어 1519년 스페인의 정복자 에르난 코르테스의 도착 또는 1521년 그가 아즈텍족을 정복한 때까지 지속되었다. 10세기에는 저지대 마야문명의 대대적인 붕괴 시기였지만, 역사 기록을 보면 중앙아메리카에서 최초로 거대 제국을 세웠던 톨텍족의 생성기이기도 하다(우리 일행을 안내한 멕시코국립대학에서 인류고고학을 연구하고 있는 한국 여학생의 설명과 브리태니카, 두산세계대백

과사전을 참고로 발췌, 정리한 것임).

🐻 중앙아메리카 인디언들의 마야문명

중앙아메리카에는 A.D. 100~600년에 지난 몇 세기 동안 형성된 다양한 경향들이 완전히 제 모습을 갖추었고 두 가지 문화가 나타났다. 멕시코의 테오티우아칸문명과 과테말라 저지대의 마야문명이 그것이다. 테오티우아칸문명이 도시적, 팽창주의적이었던 반면 마야문명은 비팽창주의적이고 도시적 성향도 덜했다. 이 점은 중앙아메리카의 고원지대와 저지대 사이의 환경 차이가 문화적으로 어떻게 나타나는지를 보여주는 예라 할 수 있다.

스페인 정복(1521년 정복자 코르테스 정복) 이전에 아메리카대륙에서 가장 큰 도시였을 것으로 짐작되는 테오티우아칸은 북동쪽으로 멕시코 계곡이 주머니 모양으로 뻗어 나온 테오티우아칸 계곡에 자리 잡고 있다. 이곳은 당시 수공업 중심지로 부자와 빈자들의 집에서 나타나는 차이를 통해 계급구분이 이루어졌음을 엿볼 수 있다.

저지대의 마야문명은 두 시기의 문화로 나누어진다. 하나는 A.D. 250년경에 나타났던 차콜 문화이고, 하나는 A.D. 600년경에 시작되어 900년경에 사라진 티페우 문화다. 마야문명이 이 무렵 최고 수준에 다다랐다. 저지대 마야의 중부 또는 북부의 주요 유적들은 보통 여러 가지 형태의 석조 건물로 이루어져 있는데, 보통 벽 내부를 잡석으로 여러 번 단을 쌓아 올린 신전 피라미드의 꼭대기가 숲 위로 우뚝 솟아 있는 모습이 매우 인상적이다. 궁전 유적들도 높이가 더 낮고 거대한 방이 많이 갖추어졌다는 점을 제외하면 피라미드와 비슷하다.

오랜 시기에 걸쳐 마야문명의 심장부 역할을 담당해온 페텐 북부를 비롯한 중앙 하부 지역에 중요한 마야 유적이 몰려 있다. 티칼에 있는 6개의 위풍당당한 피라미드 중에 하나는 높이가 69m로 일찍이 중앙아메리카 인디언들이 세운 건조물 가운데 가장 높다. 부분적으로 또는 전체를 인공적으로 만든 10개의 거대한 저수지가 티칼의 주민들에게 부족한 식수를 제공했다.

티칼을 비롯한 주변 여러 도시들의 신전들은 마야 군주의 돌이 새김조각으로 장식되어 있다. 마야족은 평화적인 종족으로 묘사되고 있으나 1946년에 밀림의 전투, 죄수 심문, 승리 의식 등을 생생한 색채로 담은 극히 사실적인 모자이크 벽화가 발견되면서 기존의 설을 뒤엎는 계기가 되었다.

마야문명 전성기의 마야 예술은 중앙아메리카의 다른 예술과는 근본적으로 구별되는 특성을 지니고 있다. 다른 지역의 엄숙한 양식들과 달리, 마야 예술이 고도로 설화적 · 정신적인 데다가 때로는 극히 산만했기 때문이다. 마야 예술은 본질적으로 조소적이라기보다는 회화적인 성격을 띠고 있어서 석조부조에서조차 화가들이 초벌 그림을 그렸던 흔적이 나타난다.

마야족이 다른 인디언들보다 문화적으로 우월할 수 있었던 것은 지적인 생활 때문이었다. 그러한 지적 성취의 대부분은 역사적, 천문학적 정보를 기록할 수 있는 수단인 역법 체계에 기초를 두고 있었다. 마야의 상형문자는 200년부터 스페인 정복기까지 계속 발전되면서 언어와 기록 체계는 엄청난 발전을 거듭했다. 마야의 수학은 두 가지 큰 성과를 이루었다. 자리수 기수법(記數法)과 영(零) 개념의 사용이라는 고대 마야의 천문학은 금성의 상합과 일식의 예견뿐만 아니라 태양력의 지속 시간을 아주 정확하게 산정해냈다.

900년부터 스페인의 침입기 사이에 마야 문화에서 중요한 역할을 했던 몇몇 신들이 100년경의 초기 기념물들에 이미 나타나 있다. 가장 중요한 신격은 마야의 최초의 신 아참나는 불로, 난로의 지배자였을 뿐 아니라 창조신의 역할을 했다. 깃털 달린 뱀의 형상을 한 쿠쿨칸 뱀신도 많이 숭배되었다. 100~900년 마야인은 신의 후손으로서 그 신성한 본질을 물려받은 인간이라고 여겨졌던 죽은 황제들에게 엄청난 관심을 기울였다.

고대 마야족은 신의 노여움을 달래기 위해 기도를 올리고 제물을 바쳤으며 사제들은 집을 짓거나 사냥을 하기에 좋은 날을 택일했다. 신의 호의에 대한 답례로는 동물, 농산물, 꽃, 비취, 고무, 피 등 다양한 제물들이 바쳐졌다. 100년경 이후 마야족은 아즈텍족 만한 규모는 아니었지만 인간을 제물로 바치기 시작했다.

그러나 B.C. 900년부터 인신 제물을 흔하게 바쳤던 멕시코 중부처럼 잦지는 않았으며 심장의 절제나 화살 쏘기, 참수 등의 형태가 취해졌다. 전투에서 패한 군주나 귀족을 비롯한 포로들을 제물로 삼았던 것으로 보이며, 전쟁의 주요 목적 역시 노예와 제물로 바칠 포로를 얻기 위한 것으로 추측된다. 자진해서 희생 제물로 나서거나 신체의 일부를 바치는 행위도 신에 대한 공양으로 흔하게 이루어졌다.

잉카문명 발생지

페루

페루라는 이름에서 느낄 수 있는 매력은 사라진 고대문명, 잃어버린 도시 등으로 대변할 수 있을 것이다.

고대 잉카의 수도이던 쿠스코(Cuzco), 잃어버린 도시 마추픽추(Machu picchu) 등은 사라진 것들에 대한 알 수 없는 향수를 유발한다.

페루에 사람이 살기 시작한 것은 B.C. 8000년경부터이며, A.D. 13세기 중반부터 발달된 다양한 문화가 페루 각지에서 꽃을 피웠다. 1438년 잉카 제국이 50년에 걸친 정복 사업을 시작했으며 결국은 지금의 페루, 볼리비아, 칠레, 에콰도르, 아르헨티나 북부에 해당하는 지역을 장악했다. 1524년 스페인의 프란시스코 피사로가 처음 이곳을 탐험했다. 피사로는 1531년 소규모 군대를 이끌고 다시 와서 잉카 제국을 정복하고 잉카의 왕 아타우아이파를 죽였다. 스페인은 페루 지역에 대한 통치권을 강화했고 약 300년 간 페루는 스페인 통치하에 있었다. 19세기 초 독립 운동 당시에도 페루는 스페인 국왕에게 충성을 하고 있었으나, 아르헨티나의 해방자 호세 데 산마르틴 장군이 1821년 리마를 점령한 후에 독립을 선포했다. 공용어는 스페인어. 여행지의 역사적인 고증 등은 현지 가이드의 설명과 현지의 가이드북을 상호 보완한 것임을 밝혀둔다. 페루 투어는 리마, 쿠스코, 마추픽추 순으로 이어진다.

≪ 만년설로 뒤덮인 안데스 산맥

페루의 수도 리마는 인구 800만이 넘는, 라틴아메리카에서 손 꼽히는 대도시다. 호르헤 차베스 국제공항에서 투숙지인 리마 쉐라톤 호텔까지는 약 30분 거리. 리마 시는 페루 제1의 무역항 인 카야오를 끼고 있으며 만년설을 이고 우람하게 버티고 서 있 는 안데스 산맥을 뒤로 하고 있다. 리마의 외항 카야오는 1537 년 스페인의 정복자 피사로가 개항한 곳인데, 처음에는 대부분 잉카 제국으로부터 약탈한 물건들을 선적하는 항구로 이용되었 다. 지금의 카야오는 1746년의 대지진과 해일로 파괴되고 원래 장소에서 조금 떨어진 곳에 다시 건설한 것이다.

첫 투어는 아르마스 광장. 이 광장엔 정부 청사와 대통령 관 저, 대사원 등이 들어서 있고 광장 옆에 서 있는 대사원은 리마 시와 탄생을 함께 한 유서 깊은 건물이다. 대사원의 초석은 정복 자 프란스시코 피사로에 의해 놓여졌는데, 바로 이 날이 리마 시 가 처음 건설된 날이기도 했다. 대사원 안에는 유리관 속에 피사 로의 미라가 그대로 보관되어 있고, 피사로의 유품도 보관되어 있다.

이어 일행은 산토도밍고 교회로 발길을 옮긴다. 1549년에 건조된 것으로 안뜰의 회장을 장식하는 데 쓰인 푸른 타일은 스페인의 세비야에서 특별 주문해서 가져온 것이라고 한다. 산뜻하며 은은한 정감이 흐르는 분위기다. 이곳엔 16~17세기 리마에서 활동한 성녀 로사와 성자 마르틴 푸제스가 잠들어 있다.

산마르틴 광장 주변을 두르면서 동서로 뻗은 니콜라스 데 피에롤라 거리에는 여행사, 영화관, 고급 호텔과 레스토랑 등이 즐비해서 관광객과 시민들로 무척 붐빈다. 중앙에 우뚝 서 있는 동상은 페루 독립의 영웅 산마르틴 장군의 동상이다.

황금 미술관은 산마르틴 광장에서 차로 30분 거리인 교외의 고급 주택가 몬테리코에 위치하고 있다. 저명한 실업가 미겔가요의 컬렉션을 공개하고 있으며, 1층은 세계 각국의 옛 무기 전시장이고, 진짜 황금 제품은 1~5실에 있다. 잉카 이전 시대, 잉카 시대의 금은 보석 장식품, 식기 등이 전시되어 있다. 하지만 16세기 이래 침략자들이 가져간 황금의 분량에 비하면 참으로 하찮은 것이라 한다.

🐾 **페루** 페루의 공식이름은 페루공화국으로, 남아메리카 대륙에서 세 번째로 큰 국가이며 수도는 리마. 북서쪽으로 에콰도르, 남동쪽으로 콜롬비아, 동쪽으로는 브라질과 볼리비아, 남쪽으로는 칠레, 서쪽으로는 태평양에 인접해 있다. 면적은 128만 5216km^{2}이고 인구는 25000여 명(2005년).

자연환경은 서쪽에서 동쪽으로 3개 지역, 즉 코스타(해안), 세이라(고지대), 몬타냐(동쪽의 광대한 산림지)로 구분된다. 시에라는 안데스 산맥으로 이루어져 있다. 페루 최고봉은 페루 중서부에 있는 우아스카란 산(6768m). 몬타냐는 해발 915m 이하의 습한 저지대이며 아마존 강 유역의 열대우림 지역을 포함한다. 페루는 대규모 지진이 일어나기 쉽다. 마지막 화산 분출이 1869년에 일어났다고 기록되어 있으나 지진은 보다 잦은 편이다. 페루의 기후는 고도 및 안데스 산맥에 의해 구분되는 기후 형태에 따라 다양한 분포를 보인다. 경제는 개발 도상의 혼합 경제 체제를 이루고 있으며 실업과 불안전 고용이 심각한 상태이다.

≪ 현대 건축 공학술로도 불가능한 잉카의 석벽

두 번째 투어 장소는 13~16세기 잉카 제국의 수도였던 쿠스코. 리마에서 비행기로 남동쪽으로 1시간 여 거리다. 현재까지 페루에서 잉카적인 색채를 가장 많이 간직한 도시. 스페인의 정복자 피사로에 의해 수많은 기념비적인 건물들이 파괴되었으며 그 잉카의 신전들 자리에는 대신 가톨릭 사원들이 세워졌다. 대지진으로 인해 스페인 사람들이 세웠던 건물의 대부분은 파괴되었지만, 잉카인들이 건축한 견고한 석벽은 무너지지 않고 현재에 이르고 있다.

쿠스코는 시내와 외곽지역 일체가 유적으로 쌓여 있는 도시로 비친다. 쿠스코에서 가장 잉카적인 곳이라면 단연 로데로 거리다. 이 거리의 대부분의 집은 잉카의 석벽 위에 축조되었기 때문에 주위가 전부 잉카적인 분위기를 풍긴다. 이곳은 특이하게도 가톨릭 사원이 많은 것 같았다. 현지 가이드의 말에 따르면, 정복자의 허울 좋은 침략 명분이 기독교 포교였던 것이 그 이유라고 한다. 침략자들은 잉카의 신전을 보이는 대로 파괴해 버리고 그 위에 가톨릭 사원을 세운 것이라고 한다. 그래서 지금은 잉카 신전은 찾아볼 수 없고 석벽의 일부만 남아 있다.

산토도밍고 교회는 태양의 신전 위에 세운 교회로, 잉카시대 원래의 건물은 내부 한쪽 벽면이 황금으로 장식되어 있었다고 한다. 금은 정복자 스페인인들이 떼어 가져가 버리고 석벽만 남아 있지만, 석벽은 접착제를 붙이지 않고 쌓았음에도 수백 년을 끄떡없이 버티고 있다. 가이드의 설명에 따라 직접 손으로 만져 보는데, 정사각형의 돌들은 저마다 엇갈리면서 교묘하게 짜 맞쳐져서 돌과 돌 사이로 면도날 하나 들어갈 틈도 없다. 일행 중 전문 공학도 출신은 현대 건축 공학술로도 이런 건 불가능하다면서 탄성을 지른다.

이어서 방문한 곳은 사크사이만 유적지. 다른 유적지들처럼 아기자기하거나 다양한 맛은 없지만 잉카의 석조 기술을 음미하기에는 더할 나위 없이 좋은 곳인 듯하다. 우리들 키보다 큰 거

🐱 정복자 피사로와 잉카 제국

잉카 제국을 정복한 피사로는 사생아로 태어났고 어린 시절의 대부분을 할아버지 집에서 보냈다. 전승에 따르면, 그는 한동안 돼지 치는 일을 했는데 당시 그 지방에서는 돼지 치는 일은 소년들이 하는 일반적인 일이었다고 한다. 피사로는 성인이 되면서 지역에서 일어난 장원 영주들간의 싸움에 가담한 듯하며 그러한 싸움들이 끝나자 다시 전쟁에 참전하기 위해 이탈리아로 갔던 것으로 보인다.

그는 1502년 신임 스페인 식민지 총독과 함께 히스파니올라(지금의 아이티와 도미니카 공화국)로 갔다. 하지만 그는 식민지 정착자로서의 안정된 삶에는 별로 흥미가 없었다. 그래서 1510년 알론소 데 오헤다가 이끄는 콜롬비아의 우라바 원정대에 들어갔다. 그는 어려운 상황에서 신뢰할 수 있는 굳세고 과묵한 인물, 야심 없는 인물로 사람들에게 인식되었던 듯하다. 3년 후 그는 탐험가 바스코 누네스 데 발보아(태평양을 발견한 최초의 유럽인으로 알려져 있음)의 원정대에 대장으로 참가했다.

피사로가 자신에게 불후의 명예를 안겨다 준 모험에 나선 것은 그의 나이 48세, 1523년이었다. 그는 군인이었던 디에고 데 알마그로와 성직자 에르난도 데 루케와 협력해서 남아메리카 해안을 따라 내려가면서 탐사 및 정복 여행 준비에 들어갔다. 1524~1527년에 진행된 첫 탐험 단계는 동료들과 함께 많은 난관을 넘어야 했지만, 결국 그는 남아메리카 해안에 올라 탐사 중에 잉카인이 만든 많은 물건들을 얻고 거대한 잉카 제국에 대한 이야기도 들을 수 있었다.

하지만 파나마 총독은 그의 유망한 탐험사업에 반대했기 때문에, 그는 정복사업의 허가를 받기 위해 스페인의 국왕 카를로스 1세(신성로마 제국의 황제, 카를 5세)를 직접 알현하기로 했다. 그래서 1528년 봄, 배를 타고 세비야로 갔고 우연히 그곳에서 멕시코 정복자 에르난 코르테스를 만났다. 피사로는 스페인 국왕을 설득하는 데 성공하여 왕으로부터 훈장과 갑옷을 하사받고 다시 탐험과 정복에 나서 드디어 잉카 제국 해안에 상륙했으며, 1529년 4월 잉카 제국의 황제 아타우알파가 파견한 대사들과 접촉했다.

황제는 3만 명에 가까운 군대를 거느리고 카하마르카 시 근처에 머물고 있었다. 잉카인들은 피사로의 소규모 원정대를 낮게 평가해서 양측의 우두머리가 카하마르카에서 만나자는 제안을 수락했다. 드디어 접견일. 피사로는 비센테 데 발메르데라는 성직자를 보내서 잉카로 하여금 그리스도교를 받아들이고 카를로스 1세를 군주로 받아들일 것을 권고했다. 아타우알파는 스페인인들의 종교와 주권을 반박하고 성직자가 바친 성서를 훑어본 후에 그것을 땅에 내던져 버렸다. 발메르데가 이 일들을 피사로에게 보고하자 피사로는 즉각 공격을 명했다. 잉카인들은 사방으로부터 공격을 받아 쓰러졌고 피사로는 직접 아타우알파를 사로잡았고 교수형에 처했다. 황제가 죽었다는 소식에 카하마르카를 둘러싸고 있던 잉카 군대는 퇴각했고 피사로는 왕도인 쿠스코로 진격해서 1533년 11월, 전투 한 번 치르지 않고 쿠스코를 점령했다.

피사로는 여생을 페루에 대한 스페인의 지배를 공고히 하고 자신과 형제들이 차지한 이권을 지키는 일에 몰두했다. 정치적 이권 다툼의 와중에서 1535년부터 그가 세웠던 리마 시에서 생의 마지막 2년을 바쳤다. 피사로는 이곳 리마에서 반대파 추종자들의 습격을 받고 죽었는데, 자신의 피로 십자가를 그리고 거리에 입을 맞추며 예수를 불렀다고 한다.

석도 있는데 잉카인들은 그 큰 돌들을 멀리 오얀타이, 탐보 등에서 운반해 왔다고 한다. 당시 수레 하나 없던 그들이 그렇게 큰 돌들을 운반해 와서 쌓는 데 얼마나 많은 시간과 노력이 들어갔을까? 남아 있는 유적에서 잉카인들의 강한 의지가 묻어나는 듯하다.

≪ 추측만 난무한 마추픽추

마추픽추. 높은 산봉우리의 정상을 깎아 만든 도시이기 때문에 아래에서는 그 도시의 둘레를 상상할 수 없다.

드디어 마지막 목적지에 닿는다. 마추픽추. 고대 잉카 제국의 수도 쿠스코의 산페드로 역에서 관광전용 열차로 3시간 거리에 위치하고 있다. 마추픽추는 잉카 제국이 산봉우리에 건설한 비밀도시. 마추픽추 유적은 총면적 40km² 규모로서 중심부만 걸어 다녀도 2시간 남짓 걸린다.

우루밤바의 험준한 산악지대에 '늙은 봉우리' 마추픽추와 '젊은 봉우리' 와이나픽추가 있다. 두 산을 이은 능선 위에 세워진 공중도시, 일명 '잃어버린 도시' 마추픽추는 1만 명쯤은 수용할

리마에는 대통령궁이 소재하고 있다.

수 있는 성채 도시였으나 어떻게 건설되었고 언제, 어떻게 사람들이 떠나고 없는지는 알 수 없다.

　마추픽추는 1911년 미국인 탐험가 하이람 빙검이 발견함으로써 그 비밀스런 모습이 드러났다고 한다. 이곳은 높은 산봉우리 정상을 깎아 만든 도시이기 때문에 아래에서는 이 도시의 둘레를 상상할 수 없다. 또한 봉우리 한 면이 온통 절벽으로 되어 있어 외부의 접근을 철저히 막고 있다. 전설에 의하면 정복자 스페인군에게 쫓겨와서 이룬 도시인만큼 잉카인들은 완벽하게 비밀스러운 도시를 구상했을 것이라고 한다.

　마추픽추에서 처음 눈에 띄는 것은 계단식 밭이다. 입구에서 낭하의 길을 따라가면 먼저 파수용 오두막의 자취가 있다. 전면에는 주거 지역을 경유, 계단식 밭을 지나게 되는데 이곳에서 수

확된 농산물이 마추픽추 사람들의 식량이었을 것이다. 이곳에는 17군데의 우물터가 있는데, 이때 잉카인들은 이미 사이펀의 원리를 이용해서 수도를 연결시켰던 것 같아서 그들의 높은 기술 수준을 감지할 수 있다.

주거지에서는 왕궁, 신전, 왕족의 집, 처녀들이 기거했던 집, 병사의 숙소 등 다양한 종류의 건물들을 접할 수 있다. 특히 인티와타나라고 불리는 제단은 자연석 윗부분을 평면으로 갈아 만든 것으로, 제단으로 오르는 계단도 나 있다. 전망이 좋은 이 제단에서 태양신에 대한 제를 올린 것으로 알려지고 있다.

현지 안내인의 설명에 의하면, 이곳에서 173구의 미라가 발견되었는데 그 중 150구는 여성이고 나머지는 남성이며 남자들은 노인들인 것으로 밝혀졌다고 한다. 생각하건대, 여성은 왕족을 보필하는 임무를 지니고 있었으며 남성은 농사일이 한참 바쁜 시기에만 이곳을 찾아왔던 것 같다. 다른 사람은 다 죽더라도 왕과 왕족을 살리기 위해 남자들은 마추픽추를 지킬 수 있는 다른 곳에서 생활했을 것이다.

하지만 이 모든 것은 추측일 뿐 잉카 제국엔 문자가 없기 때문에 확인할 수 있는 어떠한 사실도 발견할 수 없었다고 한다.

마야, 아즈텍, 잉카 등 고대문명 발생지 여행도 모두 끝났다. 한마디로 소감을 정리한다면, 이곳은 비련과 애수를 간직한 추억만이 남겨진 인류 유적지라 할 수 있다.

CHAPTER 04

카리브 해의 붉은 진주

◆ 쿠바

　　지구상에 남은 공산주의 국가는 중국, 베트남, 라오스, 북한, 쿠바, 이렇게 5개 나라다. 그러나 중국, 베트남, 라오스는 개혁과 개방 정책을 추진하면서 공산주의 이념이 그 빛을 잃었고, 쿠바와 북한만이 최후의 보류인 양 공산주의 이념을 유지하고 있다. 그래서인지 쿠바 하면 언뜻 북한과 함께 매년 미국이 지칭하는 테러 국가의 한 나라쯤으로 떠올린다.

　　그러나 쿠바 여행을 마치고 나서 나는 그동안 사물의 일면만을 알고 있었음을 또다시 고백해야 했다. 쿠바는 마르크 - 엥겔스의 사회주의 공산체제를 사실상 포기하고 개혁과 개방을 통한 시장경제를 향해 몸부림치고 있었다. 남대문을 보지 못한 사람들이 남대문에 문턱이 있다고 고집한다던가? 전해 듣는 이야기와 직접 확인한 사실이 확연히 다른 경우가 얼마나 많던가? 이런 실제 체험을 통해 기존의 생각들을 계속 수정해 가면서 객관화시켜 나가는 것, 이런 이유 때문에 우리는 사정이 허락하는 한 다시 또 짐을 꾸려서 새로운 곳으로 발을 내딛는 것이리라.

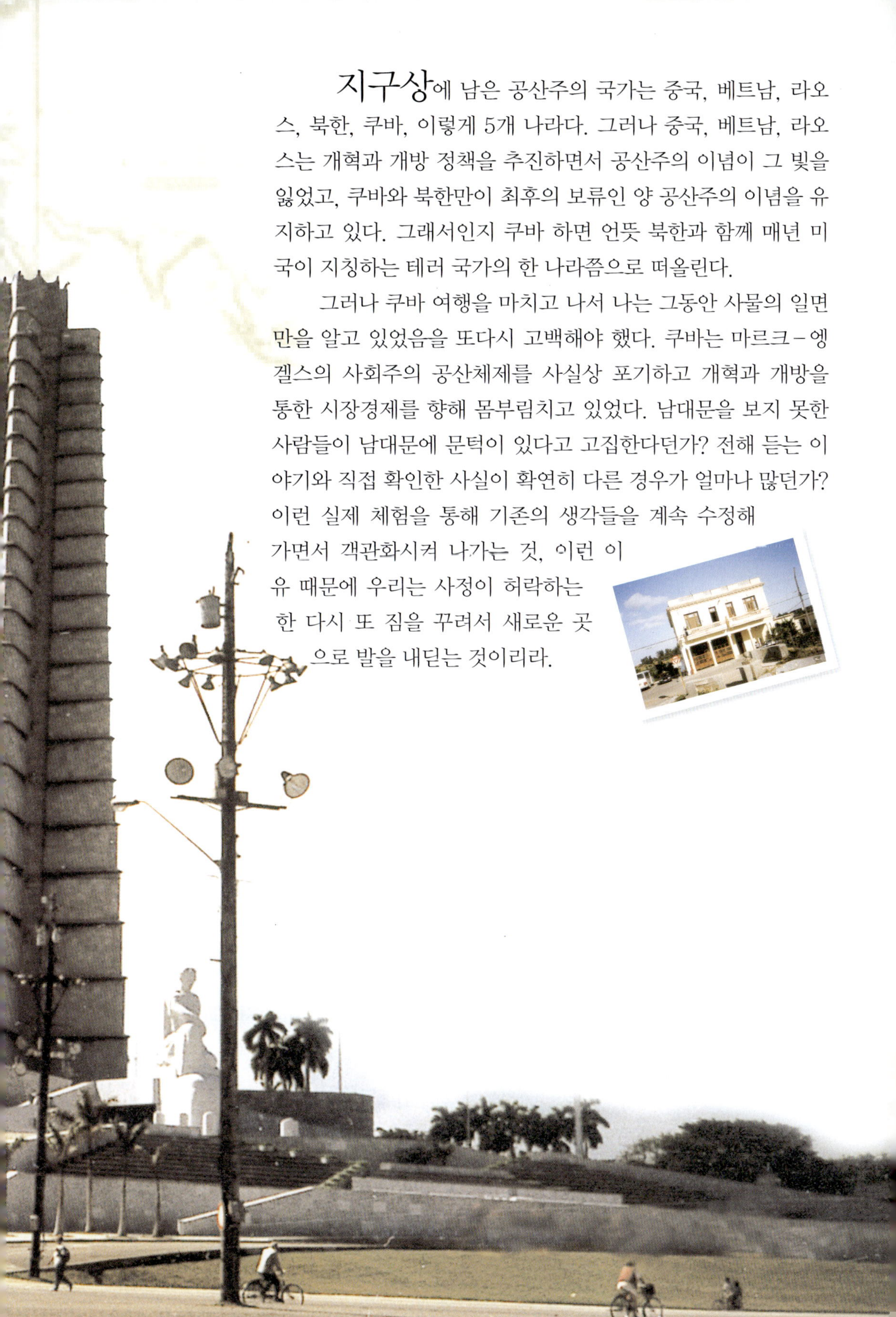

1 공산주의 최후의 보루?

쿠바

우리 나라에선 쿠바를 1995년 9월 20일부터 라오스와 함께 여행자유 지역으로 선포했다. 쿠바는 1959년 카스트로 집권 이후 우리 나라와는 문화교류·통상관계가 단절되었던 터라 금지의 땅인 쿠바에 가 볼 수 있다는 것은 실로 반가운 소식이 아닐 수 없었다. 21세기에는 모든 것이 이루어지리라는 희망의 길목에서 카리브 해 쿠바의 모든 것을 찾아볼 수 있게 된 것이다. 공산국가 쿠바가 과연 어떤 나라인지 알고 싶었고, 아울러 미국의 대문호 어네스트 헤밍웨이의 숨결과 공산혁명가 체 게바라의 향수도 더듬어 보고 싶었다.

설레는 마음으로 일행들과 멕시코의 유카탄 반도 메리다에서 비행기를 갈아타고 쿠바의 아바나 호세 마르티 국제공항에 저녁 10시쯤 내렸다. 입국 심사대와 세관 직원들은 무엇이든 가지고 있는 소모품이라도 있으면 달라는 눈치들이라 우리는 일회용 라이터와 볼펜, 담배 등을 주섬주섬 꺼내주었다. 어찌나 고마워하는지 오히려 우리가 민망할 지경이었다.

1년 전 라오스를 방문했을 때처럼 공산주의 이념의 결과가 결국은 평등하게 가난한 시민들이라는 현실에 마음이 씁쓸하다.

하지만 쿠바의 1인당 GNP가 당시 2,000달러 미만이고 보면 공산주의만을 탓할 일도 아니었다. 자본주의 국가들 중에도 못 사는 나라는 수두룩하니까.

공항에서 만난 국영여행사(쿠바 투어)의 현지인 가이드가 우리 일행을 쿠바에서 제일 좋다는 내쇼날 호텔로 안내했다. 호텔에 체크인하고 간단히 저녁식사를 마친 다음 거대한 호텔을 두루 살펴보았다. 1930년에 지었고 1993년에 내부를 보수했다는데 갤러리를 비롯한 부대 시설들, 오케스트라를 연주할 수 있을 정도로 거대하고 화려한 스테이지엔 감탄사가 절로 나왔다. 옛 스페인 식민시대의 화려함은 여전히 이렇게 발산되고 있었다. 호텔 밖 시가지의 모습은 어둠에 잠겨 있었지만 다음날 아침이면 그 실체를 드러내리라.

🐾 **쿠바** 쿠바는 중앙아메리카 서인도제도의 공화국으로 정식명칭은 쿠바공화국 (Republica de Cuba)이다. 쿠바란 국명은 '중심지'라는 뜻의 인디오 말인 '쿠바나칸'에서 유래한다. 면적은 1만 1992km², 국토의 1/4이 산지이고 나머지는 10m 이하의 낮고 기름진 평야와 구릉지가 발달했다. 서인도제도에서 가장 큰 쿠바 섬과 1600여 개의 작은 섬으로 이루어져 있다. 동서로 길게 뻗어 있는 쿠바 섬은 동쪽 끝 마이시 곶에서 서쪽 끝 산 안토니오 곶까지 길이 1300km, 남북 길이 70~200km. 인구는 1130만 명(2003년).
기후는 전형적인 열대성 사바나 기후로 연평균 기온은 25.6℃. 1월 평균 기온은 22℃로 가장 춥고 8월 평균 기온은 28℃로 가장 덥다. 카리브 해 서쪽, 미국 플로리다주 남쪽에 있으며 대서양과 접해 있는 자연적 위치 때문에 쿠바는 동서 양대 세력이 충돌하는 국제 정치의 요충지가 되어 왔다. 아메리카 대륙 최초의 공산국가로 '카리브 해에 떠 있는 붉은 섬'으로 비유되며 수도는 아바나. 공용어는 스페인어, 대도시에서는 영어도 사용한다.

≪ 카리브 해의 정열과 낭만

베레모를 쓴 혁명가 체 게바라의 초상화로 머릿속에 각인된 쿠바의 수도 아바나(Havana), 그 현장에서 맞는 아침은 구름 한 점 없는 우리 나라의 가을을 연상케 할 만큼 쾌청했다. 가이드의 설명에 따르면, 쿠바 섬 서부해안에 있는 항구도시 아바나는 쿠바의 정치·경제·문화의 중심지로 인구는 200만 명 정도란다. 시가는 좁은 해협 서쪽의 반도부를 차지하는 구(舊)시가지와 그 서쪽에 새로 건설된 신(新)시가지로 구분된다.

구시가지는 무역항과 어업 기지로서의 활기를 약간 띨 뿐, 1968년 3월에 국영화되기 이전까지 소비 도시를 이루었던 화려한 모습들은 눈에 띄지 않는다. 옛 사적인 모로성(城)과 대가람, 근대적인 건축물로 유명한 카피트리오, 1793년에 완공된 캡틴 제너럴 궁전 등이 가장 뛰어난 건물들이다.

식민지풍의 건축물이 길거리에 늘어서 있는 것은 보긴 힘들지만 아바나는 대도시인데도 상당히 편안한 분위기를 느끼게 해준다. 구시가지의 묘한 분위기는 옥빛 바다를 배경으로 펼쳐져 있는 너무나 아름다운 섬, 사회주의 국가의 최후를 연상시키는 약간은 어두운 이미지, 개방경제를 향한 쿠바인의 희망이 버무려진 것이리라.

쿠바의 매력을 피부로 느끼려면 거리로 나서야 한다. 아바나는 쿠바를 찾는 관광객들에게 변화하는 쿠바의 모습을 보여준다. 그러면서도 아바나 시(市)를 인류 문화유산으로 지정케 한 구(舊)아바나의 혁명광장은 사회주의 냄새가 물씬 풍긴다. 카스트로의 기념 동상이 있는 혁명광장은 하루 종일 관광객들의 발길이 끊이지를 않는다. 쿠바 행정부 건물 벽에 그려져 있는 혁명가 체 게바라의 벽화도 인상적이다.

신시가지엔 바둑판 모양의 도시계획으로 최신 설비를 갖춘 고급 호텔들이 해안가에 줄지어 있다. 신·구시가지 사이에 있는 아바나 숲의 정면 계단에선 아바나 대학이 보이고 그 남서쪽으로 정부 청사, 국립도서관, 혁명광장이 있다. 해저 터널로 연결된 좁은 해협의 동쪽 모로성의 첫머리에는 근로자용 고층 아파트가 건설되어 있다. 모로성은 스페인 식민지시대에 해적들을 막기 위해 축성한 요새다.

신·구시가지는 눈부신 해안 도로를 따라 이어지는 말리콘 거리로 연결된다. 세계적인 로맨틱 스트리트로 알려져 있는 만큼 말리콘 거리엔 근육질 몸매의 훤칠한 미남들과 팔등신 미녀들이 가득하다. 이들의 자유분방한 차림새라든지 행동은 과연 이곳이 공산국가가 맞나 하는 생각이 들 정도다. 장장 7km에 달하는 말리콘 거리의 진수는 매년 6월 7월이 되면 열리는 카니발에서 맛볼 수 있다는데 직접 보지 못해서 무척 아쉽다. 노을이 지는 해안 도로에서 벌어지는 멋진 남녀들의 정열적인 살사 댄싱 파티는 관광객들의 넋을 완전히 빼놓는다고 하는데….

≪ 헤밍웨이의 전망 좋은 방

미국의 대문호 어네스트 헤밍웨이의 체취를 찾아 아바나 교외에 있는 농장 핑카 비히아(Finca Vigia)를 찾았다. 핑카 비히아는 '농장 망루'란 뜻인데 풀어서 해석하자면 전망 좋은 농장이다. 이 농장 저택에서 헤밍웨이는 많은 걸작을 남겼는데, 헤밍웨이 사후에 쿠바 정부는 관광객을 유치할 목적으로 헤밍웨이 기념관으로 지정했다.

헤밍웨이는 스페인을 깊이 사랑해서 네 차례나 여행했다. 1936년 스페인 내전 때는 프랑코 장군의 반란에 맞서 공화제를 지지하는 사람들을 위해 돈을 모았고 통신사 특파원으로 전장을 보도하기도 했다. 그 후 두 번째 아내와의 이혼이 확정되자 작가 겸 저널리스트인 마르타 겔로른과 결혼했다.

스페인 내전 당시 마지막으로 스페인을 방문한 뒤 헤밍웨이는 쿠바의 아바나 교외의 언덕 위에 자리한 그리 넓지 않은 핑카 비히아를 구입하고 바다가 보이는 이곳에서 전 생애에 걸쳐 또 하나의 전쟁(창작 활동)에 몰두했다. 스페인 내전을 소재로 한『무기여 잘 있거라』에서는 전쟁의 무의미함에, 『누구를 위하여 종을 울리나』에서는 전쟁이 만들어 내는 동지애에 초점을 맞추면서…. 그러나 세 번째 결혼 역시 파탄에 이르자 헤밍웨이는 런던에서 만난 통신원 메리 웰시와 결혼해 핑카 비히아에서 여생을 함께 보냈다. 헤밍웨이는 이곳에서 다시 진지하게 작품을 쓰기 시작했는데 여기서 나온 걸작이 단편소설『노인과 바다(1952년)』다.

… 쿠바 해안에 사는 한 늙은 어부가 오랫동안 고기를 잡지 못한 끝에 또 바다에 나간다. 자기의 고깃배보다 더 큰 고기를 발견하고 이틀 낮 이틀 밤을 싸운 끝에 겨우 잡았다. 그런데 돌아

헤밍웨이의 집필실. 『무기여 잘 있거라』, 『누구를 위하여 종을 울리나』로 유명한 소설가 헤밍웨이가 작품을 구상하고 창작했던 곳이다.

『노인과 바다』의 무대가 됐던 코히마르 해변.

오는 길에 상어 떼의 습격을 받아 새벽에 항구로 돌아왔을 때는 길이 18피트나 되던 물고기는 겨우 머리와 뼈밖에 남지 않았 다….

『노인과 바다』의 무대는 아바나에서 10분 거리에 위치한 코히 마르 마을이다.

… 좋은 일이란 오래 계속되지 않는가보다, 하고 노인은 생각 했다. 그게 차라리 꿈이었다면 좋았을 텐데. 고기 같은 건 낚지 않아도 좋았을 테고 침대에 혼자 누워 신문이라도 보고 있었을 것이 아닌가 말이다. 그러나 인간은 패배하도록 만들어진 것은 아니야 하고 노인은 중얼거렸다. 인간은 죽을 수는 있어도 패배 하지는 않아….

온갖 고난과 절망을 겪으면서도 끝까지 용기와 신념을 잃지 않는 불굴의 인간의 모습이 늙은 어부의 모습을 통해 힘차게 묘 사되어 있는 『노인과 바다』로 헤밍웨이는 1953년엔 퓰리처 상 을, 1954년엔 노벨 문학상을 타게 된다.

그러나 삶이 비록 패배하는 싸움일지라도 그 패배가 갖는 존 엄성과 그 자체로 승리인 삶이라는 사상을 지닌 작가는 쿠바에 서 피델 카스트로가 이끄는 혁명이 일어나자, 1960년경 핑카 비 히아에서 쫓겨나고 말았다. 헤밍웨이는 미국 아이다호의 케첨에 집을 사서 여생을 보내면서 예전처럼 작품을 쓰려고 했다. 그리 고 잠깐 동안 성공을 거두긴 했지만 불안과 우울증에 시달리다 가 미네소타주 로체스터에 있는 메이요 클리닉에 2차례나 입원해서 전기 쇼크 치료를 받았고 케첨에 있는 집으로 돌아온 지 이틀 뒤, 1961년에 엽총으로 자살했다.

인생관에 있어서 헤밍웨이는 쾌락적이고 헌신적이었으며 삶을 사랑하면서도 그 자신이 고백했듯이 죽음에 대한 강박관념에 사로잡혀 있었다. 그는 타고난 스포츠맨이자 독서광이었고 술을 많이 마시고도 아침에 일찍 일어났으며 관습에 얽매이지 않고 복잡한 생활을 했으며 유능하면서도 늘 손해를 입었단다.

헤밍웨이의 그러한 면면을 핑카 바히아에서 느낄 수 있다. 저택의 옷장에는 그가 제2차 세계대전의 현장을 누빌 때 입었던 종군 기자복이 걸려 있고, 벽에는 그가 즐겼던 낚시나 노벨상 수상 장면 등을 팀은 사진이 즐비하다. 서고에는 그가 심취했던 전쟁·사냥 관련 서적을 비롯해 약 9000권의 장서가 그대로 있다. 집필했던 서재와 그가 사용한 낚시 도구, 사냥품들도 전시되어 있다. 그간 풍상에 시달리면서 마루는 휘었고 벽은 비바람과 식물의 잔뿌리에 힘을 잃어가고 있지만….

≪ 명랑한 사회주의자들의 바자르

아바나에서의 오후. 부분적으로 사유 시장 활동을 허용하고 있다는 바자르(Bazaar)에 가 보았다. 온통 노래와 춤, 호객 행위, 별스러운 이 나라의 토산품과 특산품들은 브라질 리오데자네이루의 바자르를 연상케 한다. 쿠바인의 몸 속에도 라틴아메리카인의 열정적인 피가 흐른다는 사실이 새삼 느껴졌다.

쿠바 주민은 약 60%가 스페인계 백인과 흑인의 혼혈인 물라토, 약 25%가 스페인계 백인, 약 15%가 흑인이다. 쿠바인들은 가난하지만 여유를 지닌 것 같다. 북아메리카 지역의 유일한 공산국가 쿠바이지만, "미국이 별 짓을 다해도 아직도 쿠바에는 햇빛이 비친다."는 말처럼 사람들은 삶의 여유를 잃지 않고 있다. 외지에서 찾아온 사람들에게도 따뜻하고 친절하다. 심지어는 봉쇄를 실시하고 있는 미국인들마저 환영할 만큼 쿠바인들의 순수하고 맑은 웃음은 새로운 관광 대국 쿠바를 만들어 나가고 있다.

쿠바는 현재 한 해 1400만 명 이상의 관광객이 몰리는 새로운 관광 대국이다. 극장, 카바레, 나이트클럽, 음악 공연장 등등 거리 곳곳에서 펼쳐지는 레게 파티와 역사로 떠나는 여행은 여행지에서의 피로를 말끔히 풀어줄 만큼 신이 나고 흥미롭다. 차차차와 룸바의 열정, 고풍스러움을 간직한 아바나의 옛 건물들, 질주하는 오토바이들과 카리브 해의 낭만은 참으로 매력적이다. 그래서 그런지 황홀한 쿠바에 한번 중독된 여행자들은 그 중독에서 헤어 나오지 못한다는 말이 있을 정도다.

아바나 말리콘 거리 곳곳에서 들려오는 살사 음악은 바닷가의 멋진 풍경과 어우러져 이색적인 분위기를 한껏 연출한다. 평소와는 사뭇 다른 문화 공간에 들어와 있자니 마치 타임머신을 타고 전혀 다른 세계에 떨어지기라도 한 것처럼 현실이 아득하게 느껴진다. 개인의 자유를 억압하는 사회주의 체제는 역설적이게도 자유로움이 녹아 흐르는 살사를 더욱 자유분방한 모습으로 돋보이게 한다. 살사의 음률은 무엇인가를 갈구하고 있는 그들 자신의 모습을 대변하기 때문일까? 흥겨운 음악에서 볼 수 있듯이 라틴아메리카 기질이 있는 쿠바인은 '명랑한 사회주의자' 라 불린다. 이들 명랑한 사회주의자들은 영화와 축구, 배구, 야구에도 열중하기에 쿠바는 스포츠 강국이기도 하다.

현지 국영여행사 가이드와 여러 관계인의 설명에 의하면, 쿠바는 세계에서 세 번째로 철도를 건설한 나라이고 한때는 유럽과 미주 전체를 연결하는 무역 대국이었다. 그리고 쿠바가 공산 사회 체제의 실책을 인정하고 경제 회생을 위해 사회주의 체제의 기본 골격을 유지하면서 시장경제를 일부 도입한 결과 1989~1994년에 무려 33%로 하락했던 GDP가 1995년에는 2.5% 이상 성장했다. 또 쿠바 의회는 외국의 투자를 더 많이 유치할 목적에서 1995년 9월에 외국인 투자법을 승인했고 개인들에겐 사유 재산도 허용함으로써 바자르(시장) 등에서는 경제 가치를 교환하는 시장 활동이 점점 늘어나고 있다. 쿠바도 기본 틀만 공산주의 국가이지 피델 카스트로 의장마저도 시장경제론에 백기를 든 것이 아닌가 하는 생각이 들었다.

≪ 노예 감시망루가 세계문화유산?

아바나를 출발, 아름다운 카리브 해안을 따라 쿠바 섬 중남부 해안도시 트리니다드(Trinidad)에 도착했다. 트리니다드는 쿠바 섬 중앙부에 위치한 트리니다드 산지의 남쪽 도시다. 트리니다드 산지는 카르스트 지형으로 가파른 석회암 산지, 싱크홀

(Sinkhole), 석회암 동굴 등
이 도처에 나타난다. 트리니
다드는 이곳에 있는 '밸리
오브 슈가 밀스(Valley of
Sugar Mills)'와 함께 유네스
코가 지정한 세계문화유산인
데, 17~19세기 사이에 건설
된 쿠바의 많은 도시들 중 두
번째로 건설된 도시다.

그러나 지금까지 봤던 쿠
바의 여타 중소 도시들과 별
차이는 없다. 더구나 사탕수
수 농장에서 노예들의 작업
상태를 감시하던 망루가 어
찌하여 세계문화유산으로 지
정되었는지 쉽게 이해가 가
지 않는다. 전문 지식이 없어

사탕수수 농장의
노예들을 감시하
던 망루.

서 무지한 탓일지도 모르겠지만, 이 정도의 망루라면 우리 나라
의 수십 개가 넘는 국보급 보물들도 모두 세계문화유산으로 지
정될 수 있으리라는 생각이 든다. 그러다가 국력이라는 것에 생
각이 미쳤다. 당시 쿠바의 국력이 막강 했기에 UN에서도 힘을
발휘할 수 있었고 그러한 힘이 이 망루가 세계문화유산으로 지
정되는 데 한 몫을 한 게 아닐까 하는….

쿠바에서 설탕은 아주 중요하다. 혁명 전까지 설탕이 총수출액
의 80%, 국민총생산의 25%를 차지했다. 혁명 이후 행정 · 서비

스 부문이 증대하고 공업·무역이 차지하는 비율이 높아졌지만 설탕은 지금도 제1의 수출품이다. 경제의 중심이 설탕이다 보니 쿠바는 기본적으로 설탕 단일 경제에서 벗어나지 못하고 있다. 철도도 설탕 수송에 중요한 교통 수단으로 발달했다.

쿠바의 여타 지역들이 그러하듯, 이곳 트리니다드 역시 오랜 식민시대를 겪은 쿠바인의 한(恨)을 느끼게 해준다. 스페인 식민지시대 초기 시보네족·타이노족 등 원주민 인디오들은 사금 채취와 사탕수수 농장에서의 혹사로 인해 힘겨운 삶을 살았다. 그러다 1528년 스페인에 대한 반란, 1530년 악성전염병 유행 등으로 그 수가 크게 감소했다. 1531년 이후에는 인디오의 절멸로 식민지 경제 상태는 악화되었고, 지금의 수도인 아바나 만(灣)이 스페인과 대륙식민지를 연결하는 통상 거점으로 발전했다.

16세기 초부터 스페인은 부족한 노동력을 메우기 위해 아프리카 흑인 노예를 수입했다. 노예들은 쿠바에서 사탕수수와 담배를 재배했는데 19세기까지 수입된 노예 수가 100만 명에 이르렀다. 그들의 삶도 원주민의 삶과 별반 다를 바 없었으리라. 17~18세기엔 여러 차례 노예반란이 일어났지만 모두 진압되었고, 특히 17세기에는 경쟁 관계에 있는 유럽 나라들의 공격으로 스페인의 식민지 지배엔 어려움이 많았다. 19세기 초 라틴아메리카 대륙의 식민지 독립 전쟁의 영향을 받아 쿠바에서도 1812년에 흑인들의 대규모 반란이 일어났다. 이후 1865년에는 노예무역이 끝나고 1886년에는 노예제도가 폐지되었지만 이후 1차(1868~1878년), 2차(1895~1898년) 쿠바 독립 전쟁이 발발한다.

1898년 쿠바인들은 독립을 쟁취했지만 농부들은 전과 다름없이 뙤약볕 아래 사탕수수 농장에서 고된 노동을 해야 했다. 우리가 달콤한 설탕으로 미각을 만족시킬 때 거기에는 사탕수수를 재배한 쿠바인들의 피와 땀과 눈물이 배어 있다고 생각하니 가슴이 아려온다.

설탕의 달콤한 맛에는 노예들의 피땀 어린 역사가 스며 있다는 사실 그리고 세계문화유산이라는 화려한 이름의 실체는 노예 감시 망루였다는 사실을 되새기다 보니 세상이 왜 이렇게 불공평한지 의문이 깊어간다.

≪ 카스트로의 거점도시

쿠바 여행의 마지막 코스는 쿠바 제2의 도시인 산티아고데쿠바(Santiago de Cuba : 쿠바 섬 동부 해안)였다. 현지 여행사 측에선 우리 일행이 한국인 일반 관광 여행으로는 서부 아바나에서 시작, 동부 끝자락에 있는 해안 도시 산티아고데쿠바까지 동서 종단 여행을 처음 하는 것이라고 했다.

산티아고데쿠바는 마에스트라 산맥에 주머니 모양의 만을 끼고 있는 골짜기에 자리 잡고 있는데, 식민지시대 초기에는 카리브 해의 전략 요충지였고 1589년까지 쿠바의 수도였다. 초대 시장이었던 탐험가 에르난 코르테스가 1518년 멕시코 정복에서 절정을 이루었던 탐험원정을 시작한 곳이기도 하다. 이 시는 미국-스페인 전쟁 때 관심의 초점이 되었던 곳으로 당시의 전투를 상기시키는 흔적들이 아직도 많이 남아 있다.

　　1953년 7월 26일 혁명지도자 피델 카스트로는 산티아고데쿠바의 몬카다 막사를 목표로 정부군에 대한 공격을 시작했다. 카스트로의 공격은 정부군에 의해 격퇴되었지만 이는 7·26운동이란 이름으로 불리면서 카스트로의 활동에 무게를 더해 주었다. 카스트로 혁명군의, 더 나아가 공산국가 쿠바 역사의 분기점이 된 곳인 만큼 이 도시는 문화 관광의 중심지였다. 오리엔테 대학교, 의과대학, 스포츠 경기장, 박물관 등 볼거리가 많은데 우리가 묵었던 카사그랜드 호텔 인근의 환락가는 개혁과 개방의 바람을 타고 온 자본주의 냄새를 물씬 풍기는 듯 했다.

🐻 크리스토퍼 콜롬버스 ~ 피델 카스트로

크리스토퍼 콜롬버스는 1942년 첫 아메리가 대륙을 항해하던 중에 쿠바를 발견했고 에스파냐(당시의 스페인) 영토로 포고했다. 이어 1511~1514년 스페인에서 파견한 디에고 벨라스케스가 이끄는 군대에게 점령당한 이후 쿠바는 1898년까지 무려 400여 년을 스페인의 식민지배를 받았다.

1898년 아바나 항(港)에 정박중이던 미국 함대 메인호 선상에서 발생한 원인 불명의 폭파사건을 계기로 미국이 스페인에 선전포고를 하면서 미국과 스페인 간의 전쟁이 시작되었다. 전쟁이 발발한 지 4개월 만에 미국이 승리했고 파리평화조약이 체결되면서 쿠바의 독립이 승인되었다. 이후 3년간 쿠바에선 미군정이 실시되면서 혁명군사정부는 해체되고 공화제정부가 수립되었고 토마스 에스트라다 팔마가 초대 대통령으로 선출되었다. 하지만 1901년 미국의 내정간섭과 군사기지 설치를 인정하는 플랫 수정조항이 헌법에 추가되고 관타나모 만 등에 미군기지가 설치되면서 쿠바는 실질적으로는 미국의 지배하에 들어갔다.

경제적으로는 미국의 자본이 계속 유입되면서 제당 산업이 급속도로 발전했지만 국민 경제는 향상되지 않았고 정치적 부정부패는 심화되었다. 초대 대통령의 뒤를 이은 대통령들과 독재자들의 시대에 상황은 달라지지 않았고 뇌물수수, 부정부패, 아프리카계 쿠바인에 대한 사회적 불평등 등은 구조적으로 고착되었다. 다만 미국의 계속적인 투자와 설탕산업, 관광산업, 도박산업의 성장에 힘입어 경제 발전은 계속되었다. 그러나 부의 불평등한 분배와 정치적 부패가 지속되면서 1958년 오랫동안 망명생활과 대(對) 정부 게릴라전을 지속했던 혁명적 공산주의자 피델 카스트로가 체 게바라와 손잡고 풀겐시오 바티스타의 장기 독재를 타도하고 정권을 장악해서 현재에 이르고 있다.

카스트로가 정권을 장악한 후 1961년 쿠바는 '사회주의 선언'을 채택했다. 석유법과 대기업 국유화법으로 미국계 설탕, 석유 회사를 접수하자 미국은 1961년 1월 국교를 단절했고 1962년 미주기구(OAS)에서 쿠바를 제명시키는 등 봉쇄정책을 펴나갔다. 이로써 쿠바는 아메리카 대륙에서 고립화되었고 10월 '쿠바위기'로까지 발전했다. 1963년에는 제2차 농지개혁이 실시되었고 1965년 10월에 쿠바공산당이 창당되었다. 1960년대 후반에는 소련·동유럽의 사회주의와는 다른 독자적 사회주의 건설을 목표로 했지만 경제 위기와 국제적 고립화가 깊어져서 1970년대에는 자주독립노선을 현실노선으로 수정해서 소련과의 관계를 개선하기 시작했다. 1972년 코메콘(경제상호원조회의)에 가입하여 소련·동유럽과 경제를 통합했고 1975년 12월 아바나에서 열린 제1회 쿠바 공산당대회에서 처음으로 사회주의 헌법이 상정되어 이듬해 공포되었으며 카스트로는 최고권력기구인 국가평의회 의장으로 선출되었다. 1997년에 개최된 쿠바공산당 제5차 전당대회에서 카스트로의 후임으로 동생 라울을 승인하였고 2002년 6월 사회주의 체제 불변 개헌안이 의회에서 통과되었다.

≪ 쿠바의 국민영웅 체 게바라

　10일 동안의 쿠바 여행을 마치고 짐을 싸면서 한 가지 아쉬운 점이 마음에서 쉽게 떨쳐지질 않았다. 비행기 연착으로 쿠바를 공산화시키는 데 결정적인 역할을 했던 카스트로의 동반자 체 게바라가 게릴라군을 이끌고 중심지로 삼았던 시에라 마에스트라 산맥의 유적지를 가보지 못했다는 점이다. 시에라 마에스트라 산맥은 가운데 동쪽 산맥으로 쿠바 섬 남부 해안을 따라 급경사의 암석 해안을 형성, 다른 산맥에 비해 가장 길고 복잡하며 최고봉인 투르키노 산(2005m)이 있다.

　1997년 10월, 사망 30돌을 맞으면서 체 게바라의 열기는 전 세계적으로 확산되고 있었다. 그런 만큼 체 게바라가 혁명의 고향으로 삼았던 쿠바에서는 거리마다 온통 '체 게바라'였다. 수도 아바나를 비롯한 곳곳의 도시에서 대형 포스터나 티셔츠, 심지어 맥주잔 받침이나 우표 등 모든 곳에서 그의 얼굴이 쉽게 발견됐다. 검은 베레모에 아무렇게나 기른 긴 머리칼, 덥수룩한 턱수염, 열정적인 눈빛, 굳게 다문 입술이 1960년대에 유럽과 남미 대학의 기숙사 벽을 어김없이 장식했듯이….

　체 게바라를 기념하기 위한 상품은 이전부터 쿠바를 중심으로 만들어져 왔다. 티셔츠나 추모 배지, 베레모 그리고 목각 인형이나 포스터, 흑백 사진집 등은 쿠바의 관광지에서 쉽게 볼 수 있었던 것들이다. 1960년대의 영웅인 그의 영향력도 시간의 흐름과 함께 한때 쇠퇴하는 듯했는데 혁명 영웅은 이렇듯 문화상품으로 태어나 쿠바에 많은 돈을 벌어주고 있었다.

　체 게바라에 대해선 산티아고데쿠바 시 홍보관에게 자세히 들을 수 있었는데, 그의 표정과 말투에서 체 게바라에 대한 깊은 애정을 느낄 수 있었다. 그는 체 게바라의 유해가 발견되지 않아 안타깝다는 얘기도 덧붙였다.

체 게바라의 유해는 사망 30돌이 되는 1997년 10월 9일 아바나에서 300km 동쪽에 있는 산타클라라의 체 게바라 광장 특별 묘지에 안장되었다. 언론을 통해 유해로나마 혁명의 고향 쿠바로 귀환하는 체 게바라를 환영하는 쿠바 국민들의 모습을 보면서 그에 대한 쿠바인의 사랑이 어느 정도인지 짐작할 수 있었다. 체 게바라를 직접 대했던 나이 많은 노인들에게 체 게바라는 결코 잊을 수 없는 존재였다. 특히 쿠바를 해방시킨 뒤 국립은행 총재 등 고위직에 있으면서도 사탕수수밭에서 자발적인 노동을 했던 체 게바라의 모습에 쿠바인들은 깊은 존경과 신뢰를 간직하고 있었다.

체 게바라의 묘지가 있는 산타클라라는 쿠바의 중앙부 산계인 트리니다드 산지에 있는 도시로 체 게바라가 1958년 게릴라 부

대를 이끌고 독재자 바티스타 정권과 싸워 승리함으로써 쿠바 혁
명의 성공에 결정적인 기여를 한 곳이다. 2004년 4월에는 이곳
산타클라라 광장에서 1만 3000명이 한꺼번에 체스 경기를 벌여
이 분야 세계 신기록을 세웠다. 세계 각지에서 모인 체스 애호가
들이 쿠바의 혁명영웅 체 게바라의 동상 아래에서 밤이 늦도록 체
스를 즐긴 것. 그 전에도 1만 1000여 명이 아바나에서 모여 체스
를 두면서 기네스북에 올랐었는데, 쿠바의 대규모 체스 대회는 지
독한 체스광이었던 체 게바라에 의해 처음 시작된 것이라고 한다.

🔥 쿠바의 영웅, 체 게바라

체 게바라는 좌익 성향이 있는 스페인-아일랜드 혈통의 중류층 가정에서 5남매 중 맏아들
로 태어났다. 천식을 앓았으나 운동선수와 학자로서의 재능이 뛰어났으며 1953년에 의과대
학을 졸업했다. 여가가 생기면 라틴아메리카의 여러 나라를 여행하면서 서민들의 가난한 생
활을 몸소 체험했고 빈곤에 대한 해결책은 폭력 혁명밖에 없다는 확신을 갖게 되었다. 그는
라틴아메리카를 각각 독립된 여러 국가의 집합체로 보지 않고 하나의 문화적·경제적 실체로
보았다. 또한 라틴아메리카의 해방을 위해선 전 대륙적 전략이 필요하다고 생각했다.

그는 1953년에 과테말라로 갔다. 거기선 하코보 아르벤스가 진보적인 정권을 이끌고 사회
주의 혁명을 시도하고 있었다. 이때 게바라는 스스로 '체'라는 별칭을 붙였다는데, '체'는 아
르헨티나 사람들이 말할 때 흔히 붙이는 감탄사의 하나로 '어이 친구' 정도의 의미다. 1954
년 미국의 중앙정보국(CIA)이 후원한 쿠데타로 아르벤스 정권이 무너지자, 체 게바라는 미국
이 진보적인 좌익정부에 반대한다는 확신을 갖게 되었다. 이러한 확신이 전 세계적인 혁명을
통해 사회주의를 건설하려는 그의 계획의 밑바탕이 되었다.

체 게바라는 과테말라를 떠나 멕시코로 갔고 그곳에서 쿠바인 카스트로 형제(피델, 라울)를
만났다. 카스트로 형제는 정치적 망명생활을 하면서 쿠바의 풀겐시오 바티스타 독재정권을
전복시킬 준비를 하고 있었다. 체 게바라는 카스트로의 군대에 합류해 1956년 11월 말에 쿠
바의 오리엔테 주(州)에 상륙했지만 그 군대는 상륙 즉시 바티스타 정부군에게 발각되어 거의
전멸했다. 그러나 부상당한 그를 포함한 몇몇 생존자들은 마에스트라 산맥에 이르렀고 그 후
마에스트라 산맥은 게릴라군의 중심지가 되면서 혁명군을 모은다. 혁명군은 바티스타 정부군
으로부터 무기를 빼앗고 주민들의 지지 속에 신병을 모집해 차츰 세력을 키워 나갔다. 체 게
바라는 카스트로가 가장 신임하는 보좌관이 되었고 바티스타 정권을 전복하는 싸움에 2년이
나 참여했다. 게릴라들은 수만 명의 바티스타 독재정권의 군인들을 상대해 오다 1958년 산타
클라라 전투에서 승리하면서 주도권을 잡았다. 결국 체 게바라와 카스트로는 1959년 1월 2
일 수도 아바나에 입성하고 마르크스주의 정부를 세웠다.

이로써 체 게바라는 쿠바 시민이 되었다. 그는 혁명군에 가담했을 때와 마찬가지로 새로운
정부에서도 유능한 인사였으며 쿠바를 대표하는 산업 대표단을 이끌고 해외에도 나갔다. 또
한 모든 종류의 제국주의, 식민지주의, 미국의 외교 정책에 반대하는 인물로 서방 세계에 알
려지게 되었다. 국가농업개혁연구소의 산업부장, 쿠바 국립은행 총재, 공업장관을 역임했다.

1960년대 초반, 쿠바식의 공산주의를 논한 『쿠바에서의 인간과 사회주의』(1965)와 게릴
라전의 교본으로 큰 영향을 끼친 『게릴라전』(1960) 등 수많은 저술 활동도 했지만, 1965년
4월 이후 공적인 생활에서 자취를 감추었고 그 후 2년간 그의 활동과 거처는 비밀에 붙여졌
다. 1966년 가을, 체 게바라는 볼리비아로 잠입해 산타크루스 지역에서 게릴라 부대를 조직,
통솔했다. 1967년 10월 8일 이 부대는 볼리비아 육군 특별 파견대에 의하여 전멸되었고 체
게바라는 부상을 입고 사로잡힌 후에 총살당했다. 당시 그의 나이 39세였다.

CHAPTER 05

지중해 연안 국가들

- 이집트
- 이스라엘
- 리비아
- 튀니지
- 모로코

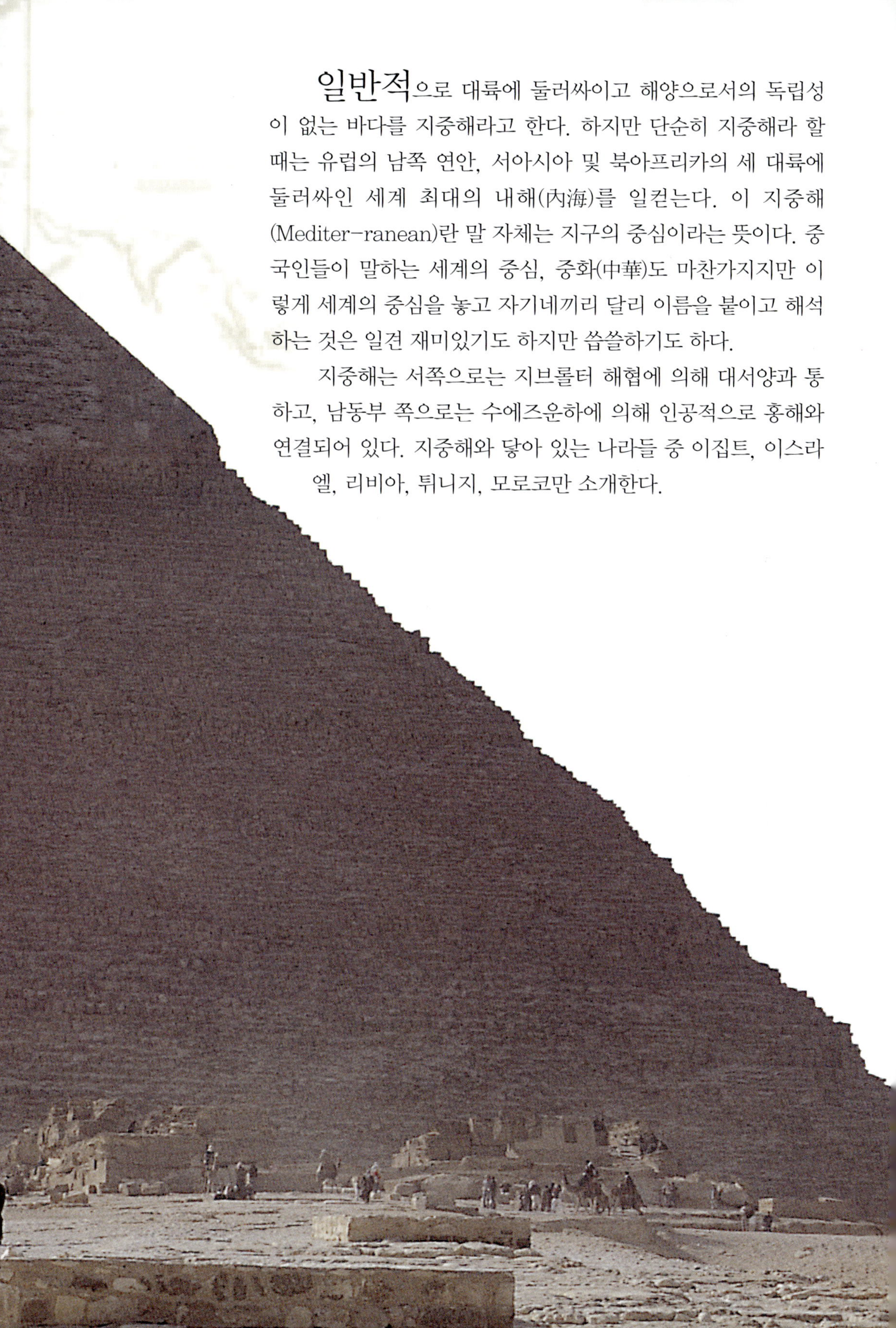

일반적으로 대륙에 둘러싸이고 해양으로서의 독립성이 없는 바다를 지중해라고 한다. 하지만 단순히 지중해라 할 때는 유럽의 남쪽 연안, 서아시아 및 북아프리카의 세 대륙에 둘러싸인 세계 최대의 내해(內海)를 일컫는다. 이 지중해(Mediter-ranean)란 말 자체는 지구의 중심이라는 뜻이다. 중국인들이 말하는 세계의 중심, 중화(中華)도 마찬가지지만 이렇게 세계의 중심을 놓고 자기네끼리 달리 이름을 붙이고 해석하는 것은 일견 재미있기도 하지만 씁쓸하기도 하다.

지중해는 서쪽으로는 지브롤터 해협에 의해 대서양과 통하고, 남동부 쪽으로는 수에즈운하에 의해 인공적으로 홍해와 연결되어 있다. 지중해와 닿아 있는 나라들 중 이집트, 이스라엘, 리비아, 튀니지, 모로코만 소개한다.

이집트

그리스 아테네에서 우리가 갈아탄 비행기는 2시간여 만에 이집트의 카이로 국제공항에 도착했다. 카이로 시에서 북동쪽으로 30km 지점에 위치한 국제공항에서 카이로 시내까지는 차로 30분 거리. 그런데 러시아워에 딱 걸려서 우리 일행이 탄 리무진이 목적지인 시내의 카이로 쉐라톤 호텔에 도착하기까지 1시간은 족히 걸렸다.

'승리한 자' 라는 뜻의 카이로는 이집트의 수도이자 아프리카에서 가장 큰 도시다. 나일 강 하류와 로제타와 다미에타의 두 지류로 갈라지는 지점의 바로 남쪽에 위치하는데, 시가지의 대

'승리한 자' 를 의미하는 카이로는 이집트의 수도이자 아프리카에서 가장 큰 도시이다.

부분은 강의 우안에 조성되어 있다.

시의 전체적인 모양은 남쪽으로는 나일 계곡이 사막의 단층애들 사이로 쐐기처럼 박혀 있어 좁고, 북쪽으로는 나일 계곡이 나일 삼각주로 이어지면서 아주 넓어지는 부채꼴이다. 기후는 사막 기후로 낮에는 고온 건조하지만 밤에는 나일 강의 강바람으로 인해 서늘해지는 것이 특징이다.

1000년 이상의 역사를 간직한 이 대도시는 옛것과 새것, 동양과 서양의 하모니를 이루고 있는 듯하다. 카이로 시는 카이로 주의 전 면적을 차지하며, 인구는 메트로폴리탄을 합해서 2700만 명으로 세계 최대의 인구 밀집 도시다. 이상하고도 신기한 점 하나는 시가지 도로들에 차선이 없어서 운전자들은 적당히 눈치껏 차를 몰고 다닌다는 것이다. 한마디로 무질서! 관광지를 돌아다니면서도 서비스 정신이 없는 상인들을 만나게 된다.

🐱 **이집트** 이집트는 아프리카 북동쪽 끝에 위치하며 수도는 카이로이다. 면적은 99만 7739m², 인구는 5500만 명. 동쪽으로는 이스라엘과 아카바 만, 홍해와 접해 있고 남쪽은 수단, 서쪽은 리비아, 북쪽은 지중해로 둘러싸여 있다. 나일 강과 홍해 사이에 있는 지역이 아라비아사막, 나일 강 서쪽으로 리비아로 퍼져 있는 지역이 리비아사막이다. 사막 속에는 하르가, 파라프라, 바하리야 등의 오아시스들이 산재해 있다. 산재하는 이 오아시스들에서 이집트 농업의 거의 대부분이 이루어지며 인구의 99% 이상이 여기에 거주한다. 계절은 11~3월의 겨울과 5~9월의 여름 두 계절로 나뉜다. 겨울철은 서늘하고 온화하며(알렉산드리아의 1월 평균기온은 11~18℃), 여름철은 일반적으로 무덥다(카이로의 7월 평균기온은 29℃).
언어는 아랍인이 639년에 침입하기 이전에는 고대 이집트어의 직계 언어인 곱트어가 종교와 일상생활에서 다 같이 통용되는 언어였다. 그러나 12세기까지는 거의 아랍어로 대체되었고 곱트어는 곱트교회에서 전례용 언어로만 존속하고 있다. 공인 종교는 이슬람교이며 국민의 4/5가 이슬람교도인데 대부분이 수니파에 속한다.

≪ 이집트 역사를 만나는 이집트 고고학 박물관

카이로에서 우선적으로 둘러봐야 할 곳은 이집트 고
고학 박물관이다. 카이로의 신시가 타
흐리르 광장 근처에 있
는데, 수천 년의 이집트의
영광이 모여 있는 곳이다.

박물관 본관 앞뜰에선 상
(上)이집트를 나타내는 연꽃
과 하(下)이집트를 나타내는
파피루스가 나란히 이집트의 역
사를 단적으로 보여준다. 상하의
두 지방으로 나뉘어 있던 이집트가
한 사람의 파라오 밑에서 통합된 것

고고학 박물관 입구의 아치에 장식된 부조.

은 B.C. 3100년경이었다. 이 때부터 이집트는 확고한 문화 형성
의 기반을 다지게 되며 인류 역사상 가장 찬란한 문명을 완성했
다.

박물관이 세워진 것은 1857년 프랑스인 이집트학자 오귀스트
마리에트가 당시의 통치자 사이드파샤에게 진언한 덕분이라고
현지 안내인은 설명했다. 현재 2층짜리 건물은 마르셀 다르당의
설계에 의해 1902년 완성된 것이다. 소장품 수는 10만 점이 넘
지만 전시 공간이 모자라 다소 어수선한 분위기이다. 전시품을
전부 보려면 최소한 5일이 걸린다고 하는데, 우리 일행은 왕조
의 연대에 따라 개괄적으로 둘러보았다.

1층에선 입구의 48호실에서 람세스 2세의 상을 시작으로, 47

호실로 들어가 통로 양쪽에 일렬로 전시되어 있는 고(古)왕국시대의 유물을 보고 26호실부터 17호실까지의 6개 전시실에서는 중(中)왕국시대의 유물을, 11호실부터는 투탕카멘시대인 신(新)왕국시대의 유물을 둘러보았다.

1층에서 빠뜨리지 않고 꼭 보아야 할 것이 있다면 47호실 북쪽의 멘카우리왕과 두 여신의 상, 46호실 중앙의 제레르왕 좌성, 파피루스 도안에서 흔히 보는 서기자상, 그리고 32호실 중앙에 놓인 라레테프와 그의 아내 네페르트의 좌상 등을 꼽을 수 있다.

2층에 오르면 첫 번째가 45호실인데 투탕카멘 왕묘에서 발굴된 가구, 관 따위의 목제품이 전시되어 있고 입구에 있는 2개의 등신대 흑단상은 마치 묘의 입구를 지키는 듯하다. 40호실의 수렵도, 35호실의 투탕카멘왕의 전투 장면, 25호실의 황금 왕좌, 15호실의 투탕카멘왕이 사후 세계에서 사용하도록 만든 침대가 특히 볼 만하다. 4호실에 전시된 투탕카멘의 황금 마스크(1922년 영국의 하워드 카터에 의해 발견됨)는 이집트 박물관의 최대 하이라이트라

🔥 이집트의 역사

이집트에서는 아직까지 구석기시대 인간의 유골은 발견되지 않았으나 석기류는 발견되었다. 10만 년 전쯤 서아시아에서 호모사피엔스(현세인류)가 이주했던 듯하다. 이들에 의해 B.C. 5500년경 농경사회가 형성되기 시작하고 B.C. 3100년경 통일 왕국이 등장했다. 당시의 수도는 '흰벽' 이라고 불린 멤피스.

고(古)왕국시대라고 불리는 B.C. 2686~ 2181년은 '피라미드시대' 라고 불릴 정도로 절대 왕권 확립의 상징으로 피라미드 건축이 성행했다. 그 뒤 중(中)왕국시대(B.C. 2050~1786), 신(新)왕국시대(B.C. 1567~1085), 후(後)왕국시대(B.C. 1085~332)에는 내부적으로만 왕조 교체 등 우여곡절이 있었다. 그러나 B.C. 314년 마케도니아의 알렉산드로스 대왕에 의해 고대 이집트 왕국은 멸망하고 이전의 번영이나 영광은 어둠 속으로 사라져 버렸다.

이후 이집트는 외부의 침략으로 그리스, 로마 제국의 일부가 되기도 하고 아랍 세력권에 포함되기도 하고 오스만 제국 및 대영 제국의 지배하에 놓이기도 했다. 이러한 이집트를 세계사 속에 민족국가로 재등장시킨 것은 가말 압델나세르였다. 그는 수에즈운하를 국유화하고 아랍연합공화국의 초대 대통령으로서 2300여 년 만에 이집트인의 국가를 수립했다. 그를 이은 안와르 사다트 대통령에 의한 경제의 자유화, 정치의 민주화가 뒷받침되었으나 주택, 교통, 취업난 등 사회 모순의 갈등은 1981년 대통령 암살이라는 비극을 야기했다. 그후 사막이 많은데다가 중동 국가 중에서는 석유가 많이 나지 않는 이집트는 나세르, 사다트 이래의 경제, 사회 문제가 아직도 해소되지 않은 상태다.

고 할 수 있는데 왕가의 권세를 상징하는 동시에 미술품으로도
손색이 없다고 한다. 투탕카멘왕의 미라는 아직도 테베 서쪽의
네크로폴리스에 깊이 잠들어 있다.

≪ 올드 카이로를 거쳐 기자로

카이로의 오후 투어는 최종 목적지인 기자를 향하면서 리무진
버스를 타고 신시가지와 구시가지를 둘러보는 것으로 대신했다.
신시가지 중심에 있는 타흐르 광장은 주변의 소음이 굉장히
심한데 모간마아라고 불리는 내무관계 협동청사, 힐튼 호텔, 아
랍연맹빌딩이 광장을 둘러싸고 있다. 서울의 명동 같은 곳으로
카이로를 대표하는 쇼핑 거리라고 한다.
카이로 타워는 게지라 섬의 남쪽에 세워진 관광 명소인데
1961년에 세워진 탑으로 높이는 187m다. 맨 위층에서 보면
남쪽으로 기자의 피라미드까지 보이며 눈 아래로 유
유히 흐르는 나일 강의 전망이 인상적이라고
한다. 카이로 타워는 구소련의 자금과
기술을 총동원해서 세운 후 이집
트 정부에 헌납한 것이라
고 한다.

리무진 버스는 계속 달려 에드다르브 알아흐마르에 도착했다. 중세 이슬람시대의 모습이 아직도 많이 남아 있는 신시가지의 동쪽, 이른바 이슬람 지구다. 담 너머로 이집트인의 생활상이 보이는 지역으로 유서 깊은 옛 모스크들은 모두 이쪽에 있는 것 같다.

기자에 도착하기 직전 올드(Old) 카이로에 도착했다. 641년 이집트에 침입한 아랍의 장군 아므르 빈 알라스가 지금의 카이로 시가 남부의 알프스타트를 수도로 정했다고 한다. 그 도시는 그 후 붕괴되었지만 일부가 올드 카이로에 남아 있다. 곱트 박물관, 초기 그리스도교회, 로마시대의 탑을 뒤로 두고 우리 일행은 드디어 설레는 미음으로 카이로 시가에서 13km 가량 떨어진 기자에 도착했다.

≪ 기자의 3대 피라미드와 이집트인의 사후관

피라미드를 보지 않고는 이집트를 말하지 말라는 말이 있을 정도로 기자의 3대 피라미드는 유명하다. 카이로에서 피라미드까지 이어지는 피라미드 거리의 종점에서 왼쪽으로 오르니 쿠푸왕의 피라미드 정경이 눈에 들어왔다. 우리가 사진으로 볼 땐 세 개의 피라미드가 이웃해 있지만.현지에서 보면 사이사이가 상당한 거리여서 3개의 피라미드를 모두 관광하는 데는 3시간 이상이 필요하다.

제4왕조 때 만들어진 세 개의 피라미드는 비록 인간이 만든 것이기는 하나 그 앞에 서니 인간의 왜소함과 무력함이 느껴졌다.

쿠푸왕의 피라미드는 세계 최대의 건축물로 B.C. 2600년경부터 B.C. 2500년까지에 세워진 기자의 피라미드군 가운데 최대의 피라미드다. 원래 높이가 146.7m나 되고 2.5톤의 석재가 230만 개나 들어갔다고 한다.

4500여 년의 세월을 말해 주는 듯 황폐해진 피라미드의 모습.

피라미드는 외관도 장관이지만 내부로 들어가 봐야 한다. 석축을 오르고 좁고 가파른 통로를 올라가야 하므로 생각보다 상당히 힘든데 특히 실내가 어두워서 반드시 작은 회전등을 지참해야 한다는 생각이 들었다.

3대 피라미드군 중 중앙에 있는 카프라왕(쿠푸왕의 아들)의 피라미드는 쿠푸왕의 피라미드보다는 작은 듯하나 높이는 143m로 현재는 가장 높다. 비교적 잘 관리되고 표면의 화장석도 일부 남아 있어 가장 아름다운 외관을 지니고 있다. 이 피라미드는 스핑크스 남동쪽에 세워진 하안 신전과 참배용 도로로 연결되어 있다.

맨 뒤쪽의 멘카우리왕(카프라왕의 아들)의 피라미드는 높이 65m로 3대 피라미드 가운데 제일 작다. 카프라왕의 피라미드와 같이 배열된 하안 신전이 있었으나 지금 그 신전은 폐허로 변해 있다.

안내인의 설명과 필자의 소고를 종합해 본다면, 수많은 고대 이집트 유산들이 오늘날까지 전해지는 데는 죽음에 대한 이집트 사람들의 특별한 관념도 한 몫을 담당한 듯하다.

고대 이집트인들은 두 개의 영혼 '바이'와 '카'를 믿고 있었다. '바이'는 사람이 죽으면 육체를 떠나서 새의 몸으로 들어가는 영혼을 말한다. 이 바이는 다시 새에게서 떠나 어느 땐가 다시 육체로 돌아오기 때문에 육체를 완전히 보존하기 위해 시체로 미라로 만들었다. '카'는 죽은 뒤에도 육체를 떠나지 않고 죽은 자의 저승생활에 필요한 힘을 주는 생명력이다. 생사를 초월한 피라미드를 세우게 하는 힘도 이 '카'의 신앙이라고 한다.

고대 이집트인에겐 죽음은 또 다른 삶을 시작하는 것이었다.

그래서 사후생활에 필요한 준비를 하기 위해 피라미드를 쌓는
데 재산과 노동력을 쏟아 부었다. 물론 왕들만 그런 재산과 노동
력을 동원할 수 있었지만…. 광활한 사막에 거대한 몸짓으로 서
있는 피라미드들은 4500년 동안 이집트의 역사를 꿋꿋하게 지
켜왔다.

≪ 스핑크스의 전설

　사자의 몸과 인간의 얼굴 모양을 하고 카프라
왕의 피라미드 앞에 앉아 있는 스핑크스는 많은
전설을 간직하고 있어 불가사의한 이집트문명을
대변하고 있다.

　테베에 살던 스핑크스가 "아침에는 네 다리로,
낮에는 두 다리로, 밤에는 세 다리로 걷는 짐승이
무엇인가?"라는 그 유명한 수수께끼를 내어 이것
을 풀지 못하는 사람은 잡아먹었다는 전설은 잘
알려져 있다. 수수께끼의 답은 인간이다. 어려서
는 기어다니고, 자라서는 걸어다니고, 늙어서는
지팡이를 짚고 다니는 인간.

　스핑크스는 다리 사이에 있는 투트메스 4세의
석비와 관련된 전설도 가지고 있다. 한 젊은 왕자
가 사막을 가다가 이 스핑크스에 기대어 깜빡 잠

이 들었다. 꿈에 나타난 스핑크스는 주위에 높이 쌓인 모래를 없애주면 이집트 왕위를 주겠다고 약속했다. 그리하여 왕자는 모래를 치워주었고 마침내 투트메스 4세로 이집트 왕이 되었다.

　스핑크스 얼굴에 관해서는 많은 이야기가 있으나 카프라왕의 모습을 본뜬 것으로 알려지고 있다. 그런데 스핑크스를 보면 코가 없는 것을 알게 될 것이다. 정복자 나폴레옹이 대포를 발사해서 코가 떨어져 나간 것인데, 떨어진 코는 현재 대영박물관에 보관되어 있다고 한다.

수많은 전설을 간직한 채 말없이 피라미드를 지키고 있는 스핑크스.

≪ 룩소르와 "나일 강의 살인사건"

룩소르는 카이로 공항에서 약 670km, 비행기로 1시간 30분여 거리에 있다. 카이로에서 고된 강행군을 한 탓인지 룩소르 공항에서 리무진 버스를 타고 잠시 눈을 감고 있는 찰나, 투숙지인 쉐라톤 호텔에 도착했다.

룩소르의 쉐라톤 호텔은 영국의 추리작가 아가사 크리스티가 쓴 추리소설 『나일 강의 살인사건』을 영화화했을 때 촬영 장소가 되었던 곳이라 한다. 필자도 과거에 보았던 영화여서 잠시 지난 영화의 장면들을 머릿속에 되살려 보았다. 당시 서울에선 단성사에서 상영한 것으로 기억된다.

이튿날 쉐라톤 호텔에서의 콘티넨탈식 조식을 마친 후 가이드와 함께 룩소르 신전, 카르나크 신전, 네크로폴리스 순으로 투어를 진행하기로 했다.

룩소르 신전은 신왕국시대인 B.C. 1500년경 이후부터 고대 이집트가 남긴 최대의 건축물인 테베를 중심으로 본격적으로 세워지기 시작한 신전이다. 룩소르 시가지 중앙 나일강변에 현재의 배치가 완성된 것은 신왕국시대 제18조의 아멘로테프 3세 때이고 뒤에 나뉘게 될 카르나크 신전이 부속 신전으로 세워졌는데, 테베의 진정한 신 아멘신과 아내 무트, 아들 콘스를 위한 신전이었다고 한다.

두 번째 신전으로 제1탑문 앞에 있던 한 쌍의 오벨리스크(신과 대화를 나누는 건축물) 중 한 개는 현재 파리의 콩코드 광장에 있는 것이라고 한다. 카르나크 신전이 박진감 있고 미완성적이며 무질서한 반면, 룩소르 신전은 조화와 균형을 이루고 있는 것만큼은 비전문가인 필자의 눈에도 와 닿는다.

카르나크 신전은 카르나크에 있는 신전으로 현존하는 신전 가운데 최대 규모다. B.C. 2000년경 제18왕조의 투트메스 1세가 대규모로 증축했으며 그 후 왕들이 자신들을 기념하기 위해서 동서남북으로 각각 500m에 이르는 거대한 신전으로 꾸미게 되었다고 한다. 초기의 유구(遺構)로는 제12왕조 세느세르트 1세의 성당만이 남아 있고, 현재의 신전은 신왕국시대부터 1500년 뒤인 프톨레마이오스 왕조에 걸쳐 건설된 10개의 탑문, 제19왕조 창시자인 람세스 1세로부터 3대에 걸쳐 건설된 대열주실, 제18왕조 투트모세 1세와 그의 딸로서 여왕이 된 하느셰프수트가 세운 오벨리스크, 투트모세 3세 신전, 람세스 3세 신전 등으로 구성되어 있다.

≪ 죽은 자들의 도시, 네크로폴리스

현지식으로 점심식사를 마치고 나일 강을 건너 신왕국시대의 죽은 자들의 도시 네크로폴리스로 향했다.

네크로폴리스에 묻힌 무덤의 정확한 수는 누구도 알지 못하나 몇 천 구 정도로 추정되고 있다. 죽은 자들의 도시를 에워싸고 있는 것은 황량한 사막과 바위뿐인데 이곳에는 왕과 왕비, 귀족 등을 묻은 묘들이 골짜기를 따라 수없이 흩어져 있다. 고왕국시대에 왕묘로서 피라미드가 건설되었던 것과는 달리, 도굴을 막기 위해 신왕국 제18왕조 이후부터 제20왕조까지는 암굴분묘로 바뀌었다고 한다.

이곳에서 가장 하이라이트라면 제18왕조의 투트메스 1세가 묘를 축조한 이래 이 중에서도 1922년에 영국의 하워드 카터가 발견한 투탕카멘의 묘라 할 수 있다. 투탕카멘은 전설적인 여왕 네페르티티의 의붓아들로 B.C. 1361년경 9세에 왕이 되어 18세에 죽은 것으로 알려져 있다. 투탕카멘의 묘는 규모는 작으나 다른 왕묘들이 도굴된 것과는 달리 거의 원형 그대로 발굴되어 고고학상 불후의 가치를 지니고 있다.

2000여 점의 유물은 대부분 전술한 바와 같이 이집트 박물관에 소장되어 있으며 왕의 미라만은 인형관 속에 넣어져 이 왕묘에 안치되어 있었다.

≪ 세계 7대 불가사의의 하나인 파로스 등대

알렉산드리아는 카이로에서 비행기로 40여 분 거리에 있는 도시로 밝은 햇살과 따뜻한 기후의 혜택을 받고 있다. 현재 250만의 인구가 사는 이집트 제2의 도시로 차분하고 여유 있는 분위기는 카이로와는 대조적이라고 하겠다.

이곳에는 세계 7대 불가사의의 하나인 그 유명한 파로스 등대가 있다. 고대 알렉산드리아는 파로스 섬과 헵타스타디온이라고 불리던 1km 정도의 제방으로 연결되어 있었는데, 이곳의 동쪽 끝에 파로스 등대가 있다. 파로스 등대는 지진 등으로 폐허가 되고 지금은 흔적만 남아 있는데 항구의 건설 배경부터 알아보기로 하자.

페르시아의 왕 아르타크세르크세스 3세는 B.C. 341년 국내에서 일어난 반란을 제압한 후 넥타네보 2세가 통치하는 이집트를 공격한다. 이것이 이집트 역사에서 페르시아의 두 번째 침공이다. 이집트군은 곧바로 상이집트로 철수하여 항전을 계속했으나 중과부적으로 페르시아 군대에 패배하고 이집트 전체가 페르시아에 점령 당한다. 이 때부터 이집트인들에 대한 페르시아인들의 무자비한 탄압이 시작된다.

B.C. 338년 아르타크세르크세스 3세가 바고아스 고관문에게 살해되고 그 뒤를 이은 두 명의 왕이 아르세스와 유명한 다리우스 3세다. 이 때 마케도니아의 알렉산드로스 대왕이 등장한다. 대왕은 강력한 제국 페르시아에 대항할 연합군을 만들 목적으로 원주민의 도움을 바탕으로 하여 이집트의 페르시아군을 공격한다. 이집트에 도착한 대왕은 이 나라로부터 해방자로 열렬한 환영을 받았다. 대왕은 페르시아 세력을 이집트로부터 축출했지만 이집트가 옛적부터 농산물이 풍부한 지역이고 당시 최고의 부를 갖고 있었으므로 이집트인들에게 나라를 되돌려 주지 않고 직접 통치할 생각을 굳힌다. 가장 좋은 생각이 이집트에 자신의 새로운 근거지를 건설하는 것이었으며, 여기에서 알렉산드로스의 이름을 딴 '알렉산드리아' 라는 도시가 잉태된다.

이후 대왕은 파로스 섬에서 멀지 않은 마레오티드가 지중해를 마주보고 있는 데다가 적을 효율적으로 방어할 수 있다는 것을 알고 이곳에 자신이 구상한 도시를 세웠다. 현재의 알렉산드리아로 알려진 도시를 건설한 건축가 디노크라웨스는 도시를 북남과 동서로 나누었는데 스트라보는 길이가 5.32km, 폭이 1.42km 된다고 적었다. 알렉산드리아는 그리스, 로마시대를 거쳐 세계에서 가장 큰 도시로서 건설된 지 2세기가 지났을 때 인구가 무려 30만 명이 되었고 아우구스투스 황제 시대에는 100만 명이 넘었다고 한다.

대왕에 의해 건설된 이후 고대 알렉산드리아는 그리스, 로마 등 유럽 문화의 영향을 강하게 받으면서 다양한 변천을 겪었다. 그러나 현재 이집트 제일의 무역항으로써 유럽풍의 분위기를 지니고 있으며, 시가지에는 그런 과거의 역사를 대변해 주는 박물관이 있다. 또한 동서 20km의 널찍하고 아름다운 모래밭은 훌륭한 휴양지이기도 하다. 주요 관광코스는 오라비 광장에서 반경 2km 이내의 지역이다.

≪ 알렉산드로스 대왕이 세운 도시, 알렉산드리아

오라비 광장 부근에 있는 로마의 원형극장은 그레코로만 박물관에서 가까운 콤 알디카 유적 속에 잠들어 있다가 1964년에 발견되면서 햇빛을 본 유적지다. 좌석은 유럽산 대리석으로, 원주는 소아시아산의 녹색 대리석과 아스완의 화강암으로 만들어졌다. 의자에는 로마 양식의 조각이 새겨져 있으며, 연극 공연이나 격투기장으로 사용되었던 것으로 알려지고 있다. 극장 주위는 공원으로 조성되어 있어 연인들이라면 밤하늘 아래 한여름 밤의

꿈에 젖어들 만한 분위기다.

그레코로만 박물관은 알렉산드리아와 그 주변에서 발견된 B.C. 3세기에서 A.D. 3세기의 그리스, 로마 시대의 유물을 주로 소장하고 있다. 약 4000점의 로제타석의 사본도 전시되어 있으며 성우 아피스 의상, 람세스 2세의 흉상, 세라피스 신흥상과 마르쿠스 아우렐리우스 황제의 입상, 클레오파트라의 두상 등이 볼 만하다.

항구를 둘러싼 반도의 가장자리에 카이트베이 요새가 있다. 그 옛날 이곳에는 세계 7대 불가사의의 하나인 파로스 섬의 등대가 있었으나 등대는 전쟁과 폐허로 파괴되고 마믈루크 왕조(1250~1517년)가 술탄으로 재위중이던 15세기 후반에 이 요새가 건설되었다. 이 요새를 대략 한 바퀴 둘러보는 데는 1시간 30분 정도 걸린다.

카이트베이 요새를 나와 항구 부근의 레스토랑에서 저녁식사를 했다. 새우 6마리의 소금구이, 중간 크기의 생선 3마리, 샐러드, 빵, 와인 1병에 단돈 미화 10달러. 비교적 저렴한 가격에 푸짐하고 맛있는 음식을 느긋하게 즐기며 어스름한 항구를 밝히는 불빛을 따라잡으며 과거 속으로 젖어드니 여행의 피로도 가시는 듯하다.

알렉산드리아에서의 다음날. 항구 도시의 하늘은 푸르고 햇살까지 따스하기만 한데 아침 일찍 폼페이의 기둥을 향해 발을 내딛었다. 폼페이의 기둥은 로마 황제 디오클레티아누스(재위 284~305년)의 상(像)을 얹기 위해 세워진 기둥이어서 일명 디오클레티아누스의 기둥이라고 한다. 사실 알렉산드리아에는 그리스, 로마 시대의 유물은 별로 보이지 않는데 폼페이의 기둥은 현존하는 유물로 알렉산드리아를 지키고 있었다.

이스라엘

이스라엘 하면 시오니즘을 중심으로 건설된 유대 국가라는 점이 떠오르고 아울러 집단 농장 키부츠, 첩보 영화에 자주 등장하는 비밀 정보 기관 모사드 그리고 테러 영화나 뉴스에 자주 등장하는 텔아비브 공항 등이 떠오른다. 그래서 그런지 한편으로는 모범적인 시민사회가 연상되고 한편으로는 살벌하고 위험한 곳이라는 생각도 든다. 그러한 선입견들을 담은 채 이번에는 어떤 새로운 사실을 목격할 것인지 기대 섞인 감정으로 이스라엘에 입성했다.

이집트 카이로 국제공항에서 출발하는 이스라엘 에어라인은 저녁 7시에 텔아비브 국제공항에 도착했다. 카이로 국제공항에서 이스라엘 보안 요원으로부터 4시간 여 동안 시달린 입국심사, 텔아비브 국제공항에서도 2시간 여에 걸쳐 재입국 심사를 받으면서 시달린 후라 너무 피곤한 상태였다. 현지 여행사에서 제공한 차에 타자마자 곯아 떨어져 얼마나 잤을까, 눈을 뜨니 투숙지인 라마다 르네상스 호텔에 와 있다. 공항에서 호텔까지는 상당한 거리인 듯 하였다.

다음날, 텔아비브의 아침 공기는 지중해의 여느 도시들처럼 쾌적하고 하늘은 마냥 푸르다. 도시 분위기에선 진보적이며 전통에 구애받지 않고 활기찬 발전을 거듭하고 있는 것이 느껴져 가히 세계를 향한 이스라엘의 출구라 할 만하다는 생각이 들었다.

우리 일행은 리무진 버스를 타고 현지 가이드의 안내에 따라 이스라엘 국방성이 자리하고 있는 곳을 바라보며 예루살렘으로 향했다.

≪ 유대인의 성시, 통곡의 벽

예루살렘은 오랜 역사와 신비로운 조화를 이루고 있는, 해발 800m에 있는 고원 도시다. B.C. 1000년 경에 다윗왕이 이곳에 도읍을 정하고 솔로몬이 화려한 신전을 건립한 이래 예루살렘은 유대인에게 있어서는 생명과도 같은 도시로 발전했다.

일반적인 명소들은 4km의 성벽에 둘러싸여 있는 구시가지에 집중되어 있다. 우리 일행은 감람산에서 출발해서 겟세마네 동산, 라이온 문, 비아돌로로산, 통곡의 벽(요즘은 서쪽 벽이라고 부르고 있

세계 각지의 유대인들이 찾아와 그들의
운명을 슬퍼하며 통곡하는 통곡의 벽.

음), 바위의 돔, 성분묘 교회 등을 한나절이 채 안 되는 시간에 한 바퀴 돌아 보았다.

구시가지를 돌고 난 후 가장 기억에 남는 곳이 통곡의 벽과 바위의 돔이었다. 통곡의 벽은 자파 문을 통과해 언덕을 올라간 사원 지구의 서남쪽에 남아 있는 벽으로 구약성서에 의하면, 솔로몬왕이 예루살렘에 장엄하고 아름다운 신전을 세웠으나 전쟁 등으로 인해 붕괴되고 제2신전은 헤롯왕이 재건했다고 한다. 그러나 A.D. 70년에 로마의 티투스 장군에 의해 신전이 파괴되고 현재는 외벽 일부만 남아 있다. 일명 서쪽 벽으로 불리는 이유는 신전 앞뜰의 서쪽 외벽이었기 때문이라고 한다.

오늘날에는 세계의 유랑(디아스포라) 유대인들이 찾아와 그들의 운명을 슬퍼하며 통곡하는 벽이 되었다. 오랜 세월 동안 유대인들의 기도가 금지되어 있었지만 목숨을 건 유대인들이 찾아와 기도를 올림으로써 오늘날과 같은 성스러운 곳이 되었다고 한다.

이곳은 유대교 안식일인 금요일 일몰 때부터 토요일 저녁까지, 그리고 유대 축제일에는 사진 촬영이 금지되어 있다. 평소에도 입장을 하려면 남자는 모자를 쓰거나 키버라는 모자를 빌려 써야 한다. 또한 반바지나 소매 없는 옷차림으로는 접근할 수 없다.

바위 돔이란 구시가지에서 가장 높은 지대인 사원지구에서 황금의 돔을 이고 솟아 있는 건물이다. 7세기의 건물로 8면체로 되어 있는데, 윗부분은 면마다 다른 타일을 붙였으며 벽에는 아라비아 문자로 코란이 새겨져 있다.

이 바위는 이슬람교도들에게도 숭앙의 대상이다. 이들은 이 바위가 마호메트가 천사를 거느리고 승천한 곳이라고 믿고 있는데, 반면 유대교도들은 아브라함이 아들 이삭을 신께 바치려 했던 곳이라 한다. 그런가 하면 일부에서는 고대 신전의 제단이며 세계가 세워지는 데 기초가 된 바위라고도 한다.

북쪽 문 정면의 바닥에 천국의 타일이라는 녹색의 바위가 있다. 이슬람교도들은 마호메트가 이 바위에 금으로 된 19개의 못을 박았는데 이것이 다 없어지면 지구는 다시 원초의 혼돈 상태인 카오스로 돌아간다고 믿고 있단다. 현재는 3개의 못이 남아 있다.

내부의 홀을 받치는 대리석 기둥은 높으나 두께, 색깔 등이 가지각색이어서 이 건물의 복잡한 역사를 말해주고 있는 듯하다. 안에 들어갈 때는 신발을 벗어야 하며 복장은 단정해야 한다.

🔥 **이스라엘** 이스라엘은 지중해 동쪽 끝에, 아시아와 아프리카 사이에, 그리고 지중해와 홍해 사이의 교차로에 위치한다. 정식명칭은 이스라엘국(Medinat Yisra'el). 면적은 2만 1000km². 인구는 약 650만 명(2004년). 북쪽은 레바논, 동쪽은 시리아·요르단·팔레스타인, 남서쪽은 이집트·팔레스타인과 접해 있다. 수도는 예루살렘.
팔레스타인(이스라엘)의 지형은 네 부분으로 나뉜다. 북쪽 레바논에서 남쪽 네게브 사막에까지 이어지는 중앙구릉지대(북부의 갈릴리 지방은 아랍계 주민들이 집중되어 있고 나사렛이 중심 도시임), 요르단 강 서안의 평야(에메크 협곡 남부의 구릉지대는 고대 유대와 이스라엘 왕국의 중심지였으며 주요 도시는 예루살렘. 사해(死海) 수리권을 둘러싸고 시리아, 레바논, 요르단, 이스라엘이 대립하고 있음), 구릉지대와 지중해 사이에 긴 해안평야(지중해 연안의 평야부는 이스라엘의 심장부. 중요 항구인 하이파와 최대도시 텔아비브를 포함하며 전국 인구의 60% 이상이 집중되어 있음), 남부의 네게브 사막(국토의 절반 이상을 차지함) 등이다.

≪ 예수의 탄생 성지와 다윗의 도시

예루살렘에서 20여 분 거리, 남쪽으로 약 10km 되는 곳에 베들레헴이 있다. 예수가 탄생한 성지이며 다윗이 태어나 어린 시절을 보낸 곳이어서 일명 '다윗의 도시'라고 부른다. 신구약을 통틀어 성서에 자주 등장하는 도시이다.

창세기에는 이삭의 아들 야곱의 아내인 라헬이 죽은 곳으로 되어 있고, 룻기에는 보아스와 이방의 여인 룻의 사랑이 이루어진 곳으로 되어 있다. 라헬은 야곱의 첫 부인인 레아의 동생인데 언니인 레아를 제치고 야곱의 사랑을 독차지했다. 하지만 늦도록 자식을 낳지 못하고 있다가 뒤늦게 요셉과 베냐민을 낳게 되었으나 베냐민을 낳자마자 난산으로 죽었다. 그 후 라헬의 무덤이 있는 이곳엔 자식이 없는 유대 여자들이 뒤늦게 임신했던 라헬을 본받기 위해 찾아온다.

모압 여인 룻이 시어머니를 따라 고향 베들레헴으로 돌아오면서 이곳에서는 역사의 새로운 막이 오른다. 보아스와 결혼한 룻은 오벳을 낳고 오벳은 이새를 낳고 이새가 이스라엘의 가장 위대한 왕 다윗을 낳았다. 이 다윗의 왕통에서 예수가 탄생한 것이다. 베들레헴에 대한 설명은 현지 가이드, 한국인 교포 목사의 설명을 발췌한 것이다.

베들레헴의 성탄교회가 있는 지역은 1967년 당시 요르단 영토였던 것을 이스라엘이 점령하면서 이스라엘 영토로 편입되었으며, 현재 이곳에는 주로 아랍인들이 거주하고 있다. 최초의 교회로 성탄교회가 로마의 콘스탄티누스 대제에 의해서 세워졌다. 339년 5월 31일 축성한 이 교회는 501년 대지진과 529년 사마리아 폭동 때의 화재로 소실되었으나, 531년 유스티아누스 황제에 의해 복구된 후로는 지금까지 한 번도 파괴되지 않고 현존하고 있다.

특히 기독교 신자라면 눈여겨 기억해 둘 곳은 교회의 지하동굴 안에 은으로 별 모양을 상감해 놓은 제단이다. 정확한 위치를 알려 주는 이 별은 14각으로 되어 있다. 이는 예수가 십자가를 지고 형장에 이르는 동안 수난을 받았던 14곳, 그리고 아브라함에서부터 다윗까지 14대, 다윗에서부터 바벨론으로 이거할 때까지 14대, 바벨론으로 이거한 후부터 예수까지 14대의 가계를 나타내고 있는 것이다.

🔥 하나님이 지배하는 나라, 이스라엘

이스라엘은 지리적인 위치 때문에 역사상 제국주의자들에게 많은 시달림을 받아왔다. 이집트, 아시리아, 바벨론, 페르시아 등 고대 국가들은 말할 것도 없고 그리스, 로마, 비잔틴, 아랍, 십자군, 터키, 가까이는 영국마저도 영토 확장을 위한 진로로 이스라엘을 짓밟았다.

이스라엘 민족이 역사에 등장하게 된 것은 B.C. 13세기 후반, 이집트 왕 메르에프타하의 전승 비문에 적힌 정복당한 종족의 이름이 나오면서부터라고 한다. 그러나 B.C. 20세기 무렵 구약시대에 팔레스타인에 아브라함이 나타남으로써 기나긴 이스라엘의 역사는 시작된다고 할 수 있다. 헤브라이어로 '하나님이 지배하신다' 란 뜻의 이스라엘은 구약성서에 나오는 이삭의 둘째 아들 야곱의 이름에서 따왔다(창세기 32장).

주변의 강대한 부족들의 시달림과 기근으로 이집트로 옮겨간 유대인들은 모세의 영도 아래 그곳을 탈출하여 다윗과 솔로몬의 영광으로 대표되는 왕국을 건설하기도 했다. 그러나 B.C. 10세기 전반에 이스라엘 왕국과 유대 왕국으로 분열되었고 이 두 나라가 각각 아시리아, 신바빌로니아에 의해 멸망된 뒤 B.C. 1세기에는 로마 제국의 보호하에 유대 왕국이 다시 수립되었다. 그러나 로마 제국에 저항했기 때문에 탄압을 받고 A.D. 70년 유대인의 세계유랑(Diaspora)이 시작되었다. 이로써 유대인은 전 세계의 차별과 멸시 속에 살게 되었는데 특히 유럽의 유대인은 끊임없는 박해를 받았다.

19세기 후반, 기독교사회에 동화되지 못하고 또한 동화를 용인하지도 않았던 유대인들 사이에서 나라를 건설하려는 움직임이 일어나기 시작했다. 그 배경은 19세기 유럽에서 일어난 민족주의였다. 유대인이 건국을 희망한 땅은 당시 오스만 제국의 땅이었던 팔레스타인이었다. 팔레스타인의 시온산은 유대인들의 국가 건설의 상징이었으므로 시온산이 있는 땅으로 돌아가자는 운동 '시오니즘' 이 벌어졌다. 유럽에서 유대인 박해가 일어날 때마다 시오니즘의 지지층은 확대되었고 주로 동유럽의 유대인이 팔레스타인으로 이주하였다. 그로써 팔레스타인 분쟁이 시작되었다.

어쨌거나, 이러한 환경 속에서도 유대인들이 다시 결집할 수 있었던 것은 그들의 강한 종교의 힘 때문이었으리라. 제2차 세계대전 당시 히틀러는 600만 명 이상의 유대인을 학살하는 만행을 저질렀지만, 이들은 굴하지 않고 국가를 세우기에 이르렀다. 이후 4차례의 중동전을 치르면서도 국력과 군사력으로 자신들의 존재를 실체화시켜왔다.

≪ 가만히 있어도 몸이 둥둥 뜨는 바닷물

이제 이스라엘 여행도 거의 끝나간다. 이집트 여행에 이은 강행군이라 일행들은 많이 지쳐 있다. 그나마 초등학교시절 교과서에서 보고 배웠던 사해(死海)에서 수영을 해볼 수 있다는 기대감으로 버스를 달려 드디어 사해에 도착했다.

사해는 수면이 해면 아래 385m로 세계에서 가장 낮은 바다다. 깊이 394m, 남북으로 75km, 동서로 16km나 되는 이 죽음의 바다는 염분이 35%(보통 3%)나 되므로 생물이라고는 없다.

수영복을 입고 물 속으로 들어가니 과연 몸이 둥둥 뜬다. 방에 누워서 신문을 읽는 것처럼 여기서도 누워서 신문을 읽는 것이 가능할까? 신문을 펼쳐보니 가능하다. 학창시절의 교과서는 거짓이 아니었다.

그런데 아뿔싸! 짠 소금물 때문에 속이 쓰리고 불이 난 것 같았다. 전날의 지나친 과음으로 설사를 일으켜 속이 심히 거북한 상태였고 항문벽이 헐은 상태에서 사해에 들어간 것이 탈이었다.

이 사해에는 수많은 미네랄이 함유되어 있어 주변은 미네랄 산업이 발달되어 있다. 수영객을 위해 큰 함지 같은 곳에 미네랄이 포함된 흙을 가득 담아두고 서비스도 하고 있는데, 일행 중 한 사람은 미네랄 목욕이 관절을 시원하게 한다면서 좋아했다. 바닷물 2ℓ를 빈 병에 담아 귀국길에 가지고 가는 것을 보니 그 알뜰함에 갈채를 보내지 않을 수 없었다.

끝으로 유대인 최후의 농성지, 마사다에 도착했다. 유대인이라면 누구나 다 아는 마사다는 B.C. 100년 대사제 요나단이 요

사해. 가만히 있어도 둥둥 뜨는 것을 실제로 목격하니 신기하기만 했다.

새를 구축했고 그 뒤 헤롯왕이 더 견고하게 궁전을 세웠다. 마사다가 유대인에게 중요한 의미를 지니는 것은 A.D. 70년에 유대인이 로마군에게 마지막으로 투쟁한 역사적인 사건이 일어난 곳이기 때문이다.

2년간이나 대항했지만 결국은 이교도에게 모욕 당하는 것이 수치스러워 900여 유대인이 7명의 부녀자만 남겨 두고 자결했다. 이로써 유대전쟁은 끝이 나고 2,000년에 걸친 유대인 이산(디아스포라)의 역사가 시작된 것이다. 다시는 이런 비극을 겪지 않겠다는 유대인의 의지는 'No more 마사다'라는 슬로건으로 나타난다.

리비아

리비아는 국가원수 카다피가 오랜 기간 독재를 펼쳤고 한때는 세계 제8대 산유국에 끼기도 했다. 1988년 12월, 전(前) 리비아 정보요원 두 명의 테러로 스코틀랜드의 로커비 상공에서 미국 팬암 여객기 탑승자 270명이 전원사망하기도 했다. 그 사건 이후 이란, 북한, 쿠바 등의 몇몇 나라와 함께 미국에게 악의 축으로 불리고 있다.

우리 나라와는 1980년 외교관계를 수립했고 특히 동아건설이 이 나라에서 이룩한 건설공사로 인해 위상이 높아졌다. 리비아 사막의 동서를 관통시킨 대수로 공사는 흔히들 말하는 현대판 불가사의로 일컬어진다.

≪ 오아시스에 자리 잡은 아름다운 항구도시

여행의 정의를 내리자면 흥분과 신비함을 만끽하는 것이 아닐까 한다. 이번에도 역시 그런 설렘을 안고 사우디아라비아의 지다를 경유해서 리비아의 수도 트리폴리에 도착했다.

리비아 역시 이슬람국가이므로 입국과정에서 가지고 간 팩소주와 양주 몇 병이 언젠가 이란의 테헤란 국제공항에서와 같이 문제가 되지 않을까 노심초사. 다행히도 세관 직원은 문제삼지 않았다. 나중에 안 일이지만, 이 나라는 이란과 같은 신정 국가도 아니고 단지 팔레스타인 문제 등으로 유대인(이스라엘)과 이스라엘을 지원하는 미국(미국과 이스라엘을 지지하는 몇몇 서방국가를 포함)을 반대하는 것이지, 이 외 국가들에 대해서는 아주 개방적이란다. 또한 남의 문화를 이해해 주는 나라여서 외국인의 음주 문화노 이해해 준다고. 실제로 현지 가이드도 투어를 끝내고는 우리 일행과 저녁에는 캔맥주 1~2개를 마시기도 했다.

트리폴리는 오아시스에 자리 잡은 아름다운 항구 도시다. 지중해의 푸른 물결 위에 반짝이는 별처럼 너무나 아름다워 브라질의 리우데자네이루, 호주의 시드니와 함께 현대판 3대 미항으로 꼽히고 있다.

신시가지로 불리는 거리는 현대식 건물들과 고급 차량 등이 즐비해 이 도시를 대변해준다 하겠다. 이에 비해 외곽지에는 로마인과 아라비아인, 투르크인들과 싸운 흔적이나 요새, 왕궁들이 남아 있어 오랜 역사를 회고하면서 잠시나마 상념에 젖게 한다. 특별히 볼 만한 곳은 성을 이용해서 사용하는 미술관과 민속박물관, 로마인의 개선문 등.

트리폴리의 발자취에 대해 가이드의 말을 들어 본다. 리비아 해안에 맨 처음 상륙한 사람들은 페니키아인으로, 이들이 B.C. 1000년경에 해상시대를 열고 상업국가로 등장하면서부터이다.

페니키아인은 아프리카와의 무역 기지로서 해안에 사브라타 등의 도시를 건설하고 그 후 오에아, 사브라타, 렙티스마그나, 이 세 도시를 합해서 트리폴리타니아로 칭하였는데, 오에아가 현재의 트리폴리다.

≪ 세계문화유산으로 지정된 로마시대 유적

다음날이다. 렙티스마그나로 향한다. 렙티스마그나는 트리폴리에서 250km 거리로 리무진 버스로 4시간쯤 달린 듯 싶다. 이곳에서 차창 밖으로 보이는 것은 대부분이 폐허이긴 해도 로마시대의 유적이다.

카르타고(알프스를 최초로 넘어 로마와 격돌했던 한니발 장군으로 유명한 고대 국가)를 멸망시키고 B.C. 46년부터 이곳을 다스리기 시작한 로마는 렙티스마그나에 또 하나의 위대한 로마를 건설했다. 로마인들은 이 도시를 새롭게 건설하면서 동서남북을 가로지르는 두 개의 큰길을 닦고 티베리리우스 아치, 세베란 아치를

🐾 **리비아** 리비아는 북아프리카 중앙부, 지중해의 시드라 만 주변에서 사하라 사막에 걸쳐 있다. 정식 명칭은 리비아 아랍사회주의 인민공화국. 면적은 한반도의 8배쯤인 175만 9540km^{2}이고 인구는 4백만 명을 조금 넘는다. 종교는 무슬림이 절대 다수이고 기후는 건조한 사막기후.

역사적인 세 지방 트리폴리타니아, 키레나이카, 페잔이 1951년에 리비아가 건국되었을 때 인위적으로 합쳐졌다. 1969년 혁명으로 아랍민족주의자인 카다피가 권력을 독점하게 되었다. 카다피 혁명으로 중산계급은 소멸되고 유럽 이민자들과 유대인이 추방되었으며, 혁명 후 리비아는 유목이나 목축 중심의 국가에서 인구의 70%가 도시에 거주하는 사회로 변화되어 갔다.

세웠으며 로마 신전, 극장, 원형경기장, 행락과 사치의 상징인 욕탕과 사우나도 건설했다.

현재 렙티스마그나는 유네스코에 의해 세계문화유산으로 지정되어 있다. 1987년과 1988년에는 인근의 강의 범람으로 제방이 무너져 큰 손실을 입었지만, 이탈리아의 도시들처럼 고대의 웅장한 이 유적들을 보존하기 위해 500m에 달하는 인공 제방을 쌓아 무너진 유적들을 복원하고 있는 중이다. 복원이 완료되고 나면 옛 로마의 영광이 재현될 것이다.

리비아의 마지막 코스인 벵가지(일명 방가지)로 가기 위해 국내선 항공기에 몸을 싣고 잠시 졸고 있는 사이, 시내에서 25km 떨어진 베리나 공항에 도착했다. 리비아 북동부의 시드라 만에 있는 도시이자 주요 해항이다. 키레나이카의 그리스 사람들이 '헤스페리데스'라는 이름으로 이 도시를 세운 후 프톨레마이오스 3세가 아내를 기려 '베레니체'라고 이름을 붙였다.

3세기 이후 이곳은 키레네와 바르케 지역을 대신해 지역의 중심지 역할을 했지만 점차 중요성을 잃으면서 조그만 도시로 남아 있다가 이탈리아가 리비아를 점령한 동안(1912~1942년) 커다란 발전을 이뤘다 한다. 제2차 세계대전 때는 많은 피해를 입었으며 다섯 차례나 점유국이 바뀌다가 결국 1942년 11월에 영국이 점령했다. 렙티스마그나는 리비아에서 2번째로 큰 도시이며 인구는 50만 여 명으로 행정, 상업, 교육의 중심지다. 여러 개의 중앙정부청사와 방가지 대학교가 있으며, 세계 최대 규모의 염분제거 공장이 있어 생활에 필요한 담수를 제공한다. 리무진 버스로 3시간 정도의 라운드 트립(Round Trip)이면 시내는 충분히 돌아볼 수 있다.

튀니지

튀니지 하면 먼저 떠오르는 것이 카르타고(한니발 장군이 알프스 산을 넘어 로마와 포에니 전쟁에서 자웅을 겨루다가 패망한 고대 국가)다. 고등학교 세계사 시간에 배운 지식으로 나름대로 무장하고 이곳에 발을 들여놓았다.

튀니지의 입국 절차는 간단했다. 30일 체류에는 입국 비자가 필요 없다. 공항에서 현지인 가이드가 피켓을 들고 우리 일행을 맞이했다. 상당한 미모를 갖춘 가이드의 영어와 프랑스어 실력은 유창하다기보다는 완벽한 수준이다.

≪ 카르타고의 후예들

미모의 가이드가 펼치는 튀니지의 자랑거리를 들어 본다.

튀니지 사람들은 '카르타고의 후예' 라는 자부심과 긍지를 갖고 산단다. 영웅 한니발 장군의 무대이기도 했던 고대도시 카르타고에는 지금은 무너진 건물의 흔적들만이 쓸쓸하게 남아 있어서 기원을 전후로 한 화려했던 영화는 찾아볼 수 없다. 하지만 튀니지 사람들은 지중해에서 최대의 세력을 떨치며 해상 무역을 주름잡았던 카르타고에 대한 역사적인 향수를 고이 간직하고 있다고 한다.

천혜의 해변과 온난한 기후, 그리고 지브롤터 해협을 가로지르면 유럽 대륙과 맞닿아 있다는 지리적 이점 때문에 튀니지는 유럽 사람들을 유혹하는 최고의 휴양지이기도 하단다. 가이드의 입심에 정신없이 빠져들다 보니 어느덧 튀니스의 도심지로 들어선다.

아담한 옥외 카페들은 프랑스 보호령의 영향 때문인지 파리의 축소판 같기도 하고 집들은 파란색과 흰색으로 장식되어 있어 깨끗한 분위기를 자아낸다. 그런데 중앙시장이라는 곳에는 정육점인가 싶은 고기점에 돼지고기가 많이 걸려 있다. 그래서 가이드에게 질문을 던졌다. 이슬람 국가인 튀니지에서 웬 돼지고기를 파느냐고. 돌아온 대답은 이 나라의 이슬람 교도들은 돼지고기를 먹지 않지만 프랑스인 등 이곳에 거주하는 외국인을 위해서 돼지고기를 판다고 한다.

우리 일행을 실은 리무진 버스는 이슬람 사원이 많이 있는 구시가지와 프랑스풍의 신시가지를 스쳐 지나 간다. 동양의 정서와 서양의 현대적인 감각이 공존하는 도시로 비춰진다. 구시가지에는 메디나와 유대인 지역 헤라트, 시장들이 밀집해 있는 카스바 등이 있다. 옛날의 메디나엔 높은 성벽이 있어서 이곳으로 들어가려면 반드시 성문을 거쳐야 했단다.

신시가지에서 동서를 가로지르는 하비브부르기바 거리에는

중앙에 가로수가 길게 쭉쭉 뻗어 있고 좌우엔 관청과 호텔을 비롯해 유행의 최첨단인 카페, 상점, 부티크가 들어서 있다. 계속해서 메디나의 남동쪽 외곽지대에 있는 시장 수크에 도착한다. 골목길 좌우에 생선, 고기, 채소, 향신료, 과일 등 온갖 잡동사니가 다 있다. 오후 3시쯤인가 싶은데 몹시 복잡하다. 구경하기에는 오전중이 가장 좋단다. 산더미처럼 쌓인 식품에 압도되는 기분이다.

🐻 **튀니지** 면적은 16만 4500km, 인구는 850만 명으로 소국이라는 말이 맞겠다. 북부 아프리카에 위치한 다른 나라들처럼 이슬람 국가이고, 민족 구성으로는 인종분류학상 소위 말하는 코카소이드(백인)가 주류를 이루는 아랍족이 98%를 차지한다. B.C. 12세기경 페니키아인(현재의 레바논인)이 쳐들어와 카르타고 제국을 세우면서 튀니지의 역사는 시작된다. 9세기경부터는 사라센의 침공으로 완전히 아랍의 지배하에 놓이고 19세기 중반 스페인, 오스만투르크의 지배를 당하고 1881년 프랑스의 보호령이 되었다가 1956년 독립했다. 수도는 튀니스.

≪ 로마 도시의 영화를 누린 카르타고

이제 리무진 버스는 튀니스 동쪽 근교에 있는 카르타고로 향한다. 차로 15분여 거리다. 카르타고는 페니키아어로 '새로운 도시'라는 뜻인데 지금은 튀니스의 교외 거주 구역이다. 대통령 관저를 비롯한 각국 공관이 모여 있는 해안도시 카르타고는 로마와의 끝없는 패권전에서 패한 후에도 로마의 도시로 영화를 누렸다.

로마는 페니키아인들의 건축물을 폐허로 만든 다음 그 위에 공동목욕탕, 원형경기장, 음악장, 저수조 등을 지어 시민생활 향상에 이바지했다는데 로마 건축물들은 내체석으로 지금까지도 잘 보존되고 있다. 그러나 현재 페니키아인의 유적은 항구 자리와 지하공동묘지, 가옥의 초석과 같은 흔적뿐이다.

로마인이 진출해서 카르타고에 축조했던 안토니우스의 공동목욕탕과 로마인의 주거지, 그리고 극장으로 가본다.

공동목욕탕은 카르타고 최대의 유적이었는데, 439년에 진입한 반달인에 의해 파괴된 것으로 알려지고 있으나 흔적은 뚜렷이 남아 있어서 옛 로마인의 화려한 생활상을 엿볼 수 있다. 구릉 쪽의 로마인 주거지와 극장은 폐허가 되어 겨우 방의 배치 정도나 알 수 있지만, 바닥에 남은 모자이크는 여전히 그 아름다움을 뽐내고 있어 관광객들의 발길이 끊이지 않는다. 아름다운 모자이크 문양을 감상하면서 튀니지 투어를 마친다.

카사블랑카의 나라

모로코

모로코에는 중요한 세 도시가 있다. 40대 후반의 중년층이면 누구나 한 번쯤 회고해 볼 수 있는 영화 '카사블랑카'의 무대가 된 카사블랑카는 모로코 상공업의 수도다. 행정수도는 리바트, 그리고 역사의 수도라 할 수 있는 마라케쉬가 있다.

모로코는 아프리카 여행을 시작하기에 최적의 장소다. 유럽에서 훌쩍 뛰어넘을 수 있는 거리라는 것이 가장 큰 이유. 사람들도 아주 친근하고 활기차며 적극적이다. 모로코에서 쉽게 마주칠 수 있는 야외 시장은 깔개며 목제품, 보석들로 가득 차 있다. 특히 가죽 제품은 전 세계에서 가장 부드럽다는 정평이 나 있다.

≪ 영화 '카사블랑카'의 무대

"이 미친 세상에서 동시에 세 사람이 행복해질 수는 없는 법."
영화 '카사블랑카'에서 릭이 일자 라즐로를 떠나 보내며 남긴 대사다. 그러나 영화 '카사블랑카'는 모든 장면이 헐리우드의 세트장에서 촬영되었기 때문에 주인공들이 실제로 모로코의 카사블랑카에 발을 들여놓은 것은 아니다. 어쨌든 영화 덕에 카사블랑카는 전 세계적으로 유명해졌고 오늘 우리도 발을 들여놓으며 그 영화를 가장 먼저 떠올리게 되었다.

카사블랑카(Casablanca)는 15세기 포르투갈인이 붙인 이름으로 '하얀 집'이라는 뜻이다. 먼저 모하메드 5세 국제공항에 도착했다. 공항에서 숙소인 하얏트리젠시 호텔까지는 리무진 버스로 30~40분 거리. 인구 약 300만 명의 아프리카 최대의 상공업 중심 도시답게 거리는 서구풍으로 개조되어 고층 건물이 많고 사람들과 차들로 혼잡한 편이다. 호텔에 여상을 풀기 전에 우선 일행들과 함께 리무진 버스로 도시 해안부터 둘러보았다.

다시 리무진 버스를 타고 모하메드 5세 광장 부근에 있는 하얏트리젠시 호텔에 도착했다. 그 곳의 '바 카사블랑카'에는 영화 '카사블랑카'의 추억이 담겨 있다. 영화 속의 바는 미국 캘리포니아에 마련된 것이었는데, 이곳 하얏트리젠시 호텔에서 이 영화의 소품들을 옮겨오고 당시의 무대를 그대로 재현해 놓은 것이다. 험프리 보거트와 잉그리드 버그만의 사진도 걸려 있다. 지난날의 영화도 회상해 볼 겸 바(bar)에 들러 일행과 스카치를 몇 잔 기울이는데 옆에서는 한 가수가 피아노 반주에 맞춰 '키싸쑤이'라는 노래를 불러 분위기를 고조시켰다. 순간 분위기에 취해 나도 모르게, 부끄러움도 잊은 채, 홀로 나가 고고춤을 추었다. 기억에 남으면서도 쑥스럽기도 하다.

휴양지이면서도 상업도시라는 양면성을 갖고 있는 카사블랑카에 그렇게 작은 추억을 심고 다음 여행지로 떠났다.

≪ 붉은 도시의 화려한 환타지 쇼

해발 545m에 위치한 마라케쉬(Marrakesh)는 사하라 사막 바깥쪽의 오아시스로 건물 전체가 온통 붉은 색이어서 '붉은 도시'라고도 한다. 리무진으로 이동하다보면 마라케쉬의 상징인 쿠투비아 모스크의 첨탑(67m)이 시내 어느 곳에서나 보이기 때문에 길잡이로 이용된다. 목적지의 멀고 가까움을 측정하기에도 좋고, 또한 낯선 이방인들에겐 좋은 길잡이가 된다.

시가지 동쪽에 있는 세마알프나 광장은 축제 광장이라고도 불리는데 뱀 부리는 사람, 줄타기를 하는 곡예사, 짐승을 부리는 사람, 구경꾼들로 붐빈다. 관광객을 상대로 하는 포장마차나 노점도 많아서 꼭 거쳐야 할 코스다. 우리 일행도 노점에서 조개류

🔥 **모로코** 모로코는 아프리카 서쪽에 있으나 서쪽으로는 대서양이, 북쪽으로는 지중해에 닿아 있다. 면적은 서부 쪽 사하라를 포함하여 71만km². 별도의 비자 없이 90일 체류가 가능하며 카사블랑카, 탄제르, 아가디르에 국제공항이 있기 때문에 유럽, 아프리카, 중동과 잘 연결되어 있다. 자가용 운전도 가능하다. 스페인의 알제리카스와 모로코 탄제르, 세우타 사이를 운행하는 배가 차도 운송하기 때문. 지브롤터에서 탄제르까지 주 2회 운행하는 선박 여행도 가능하다.

에 박하차(박하잎에 따뜻한 물을 타서 마심) 한 잔을 곁들이고 나니 피로가 가시는 듯하다.

아무래도 이곳 구시가지는 이슬람 문화의 정수가 모인 곳이므로 가이드의 안내로 16세기 사아딘 왕조시대의 묘들이 모여 있는 묘역 중에서 알만수르의 묘실을 보기도 했다. 묘실은 바닥 타일의 모자이크 무늬와 12개의 대리석 기둥, 아라비아풍의 실내 장식이 돋보인다. 묘소 저 너머로 보이는 대(大)아틀라스 산맥의 봉우리들은 역사 깊은 고도 마라케쉬의 분위기를 한껏 돋우어 주는 듯하다.

마라케쉬에서 관광객들을 위해 점심식사와 같이 공연되는 환타지아 쇼는 정말 장관이있다. 공연상은 '알리바바와 40인의 도적'이라는 영화를 촬영하였던 곳이다. 1958년 모로코가 프랑스의 40년 식민지 통치로부터 독립을 성취했을 때를 배경으로, 국왕 모하메드 5세를 알현하는 병사들이 낙타를 타고 환호하는 불꽃놀이와 라이플총의 의식은 기가 막힐 정도였다. 재미있는 점은 쇼가 끝난 후 쇼에 등장한 낙타를 탈 수 있다는 것이다. 단, 2달러 정도가 필요하다. 마라케쉬의 환타지아 쇼를 기억에 새기면서 또 다른 목적지로 향했다.

≪ 모로코의 현대적 거리

마지막으로 우리 일행은 이 나라의 수도이자 제2의 도시인 인

구 110만의 리바트로 향했다. 마라케쉬에서 카사블랑카로 유턴
해서 카사블랑카에서 리바트까지는 승용차로 1시간 30여 분 거
리이다.

거리는 다소 차분한 분위기이지만 현대식 거리로 손색이 없
다. 외국과의 교류가 빈번한 까닭에서 그런지 지금까지 다녀 본
이슬람 국가들의 여느 도시들과는 달리, 차도르 대신 양장 차림
의 여성들이 눈에 많이 띈다.

리바트의 투어는 하산탑과 모하메드 5세의 묘를 중심으로 이
루어졌다. 부레그레그 강 가까이에 있는 하산탑은 리바트의 구
시가지를 건설했던 알모하드 왕조의 제3대 왕 야쿠브 알만수르
가 12세기 말에 계획했던 거대한 모스크의 첨탑이다. 그의 타계
로 첨탑은 미완성으로 남아 있지만 한 변이 16m인 정사각형으
로 높이가 44m에 달하고 남쪽으로 300개 이상의 돌기둥과 19개
의 회랑이 있는 것으로 보아 이 건물이 완성되었더라면 알모하
드 왕조의 경건함과 안달루시아 건축 기술의 결합에 의한 아프
리카 제일의 모스크가 되었을 것이란 것이 가이드의 설명이다.

이제 모하메드 5세의 묘로 들어가 보자. 하산탑이 있는 모스크
부지 안에는 전 국왕 모하메드 5세의 영광을 기리기 위해 건설
된 모하메드 5세의 묘가 있다. 모하메드 5세는 프랑스의 식민통
치에 항거하고 1956년 3월 독립을 이루면서 왕이 되어 근대 국
가 건설에 노력하다가 1961년에 타계했다. 1971년에 준공된 이
묘는 묘 속에 석관이 안치되어 있으며 특히 이슬람 문화의 정수
라고 할 수 있는 세밀화는 그 화려함에 갈채를 보낼 수밖에 없을
정도였다.

내륙의 오지

중앙아시아

- ◆ 카자흐스탄
- ◆ 우즈베키스탄

중앙아시아라 하면 머리에 언뜻 떠오르는 것이 멀고먼 내륙 오지라는 것, 1930년대에 스탈린의 강제 이주정책으로 원동(연해주)에 있는 우리 동포들이 척박한 이곳으로 옮겨져 한 맺힌 삶을 유지하고 있다는 것이었다. 또한 세기의 정복자 징기스칸과 티무르 대왕이 이곳을 무대로 활약하면서 인류 역사의 판도를 바꾼 역사의 숨결이 서려 있는 곳이라는 것이다. 특히 우리 민족의 고대 근원지가 중앙아시아라는 것이 최근 역사 학자들의 잇따른 발표에 의하여 밝혀지면서 우리 민족도 이곳 유목민족으로서 남하하여 한반도에 정착해서 농경문화를 이루었다는 사실, 이곳의 문화가 한반도에 끼친 예로써 경주에 있는 계릉묘의 병사상(像), 흥덕왕 묘의 조각술과 기와 조각품들은 실크로드를 통한 강한 문화 유입의 증거라는 등, 흥미로운 사실들이 묻혀 있는 곳이다.

1

다양한 인종이 공존하는 나라

카자흐스탄

중앙아시아는 8000m 급의 파미르 공원과 대사막이 펼쳐지는 실크로드의 중간 지점에 소재하고 있어 동양적인 경외감과 신비로움을 간직하고 있는 땅이기도 하다. 일반적으로는 구소련의 연방공화국의 일원이었던 투르크멘, 우즈베키스탄, 타지크, 키르기스, 카자흐공화국을 일컬어 중앙아시아라 한다. 한정된 여행 스케줄로 대표적인 고대 문명을 간직하고 있는 카자흐스탄과 우즈베키스탄의 문화유적만 탐방했다.

현지 시간으로 23시 30분, 우리 나라 김포에서 이륙하는 아시아나 항공 OZ 5775기가 굉음을 내며 그 육중한 동체가 카자흐스탄의 수도 알마아타(현 지명은 알마티) 국제공항에 안착

제2차 세계대전의 전승 기념탑.

했다. 예상했던 일이지만 우리 나라 중소 도시의 지방 공항과 비슷한 규모다. 투숙지인 오트라르 호텔에 짐을 풀고 샤워를 하니 시장기가 들었다.

호텔 바에서 맥주를 몇 잔 마시는데, 인종박람회라도 열린 듯 여러 인종의 늘씬한 여종업원들이 오간다. 그 유혹은 상상을 초월할 정도다. 10년 전인가, 구소련 시절 모스크바의 스라비얀스키 호텔에서 마주친 미녀들과 분위기가 닮았다는 생각이 든다.

다음날. 알마타아의 아침은 듣던 그대로 산업 공해에 찌들어 있는 우리 서울과는 비교가 안 될 정도 쾌적하다. 호텔 테라스에서 바라보이는 천산의 줄기인 알라토 산맥의 만년설은 햇빛을 받아 은빛 파노라마를 연출하면서 이방인들을 반갑게 맞이하는 듯하다.

🐻 **카자흐스탄** 중앙아시아 북부에 있는 나라로 정식명칭은 카자흐스탄공화국이다. 동쪽은 중국, 서쪽은 투르크메니스탄, 남쪽은 키르기스스탄과 우즈베키스탄, 북쪽은 러시아 연방과 접해 있다. 수도는 아스타나. 면적은 271만 7300km^{2}로 카라쿰 사막을 포함하는 광대한 고원으로 이루어져 있으며 전 유럽보다 넓다. 인구는 약 1700만 명. 기후는 계절 변화가 뚜렷한 대륙성 기후다. 동서양 문화를 연결하는 실크로드의 한 길목으로 수 세기 동안 실크로드를 통과하는 대상들의 버팀목 역할을 한 곳이다. 또한 정복자 징기스칸, 티무르 등이 맹렬하게 말을 타고 달렸던 대초원이기도 하다. 1990년 10월 25일 구소련으로부터 독립을 선언했으며 우리 나라와는 1992년 4월 27일 수교를 맺었다.

≪ 카자흐스탄에서 제일 큰 도시 알마아타

　알마아타는 사회주의체제 하에서 도시 구획 정리가 잘된 도시이다. 오트라르 호텔 인근 고고리 거리 남측 맞은 편에 깨끗이 정비되어 있는 시민 공원이 있다. 이 판피료세프 공원은 제2차 세계대전시 독일군에게 항거하다가 전사한 군번 없는 전사 28인을 추모하여 세운 '꺼지지 않는 불 기념탑'이 유명한데, 기념탑은 이 나라 사람들로부터 늘 경배의 대상이 되어왔다.

　인근 북측에는 이 나라에서 유일한 젠코프 교회(그리스정교회)가 있다. 이 교회는 1907년에 건축된 세계에서 두 번째로 높은 목조 건물이다. 구소련의 몰락 이후 종교 자유화 정책에 의거, 누구나 원하면 미사에 참석할 수 있다. 미사 도중에도 관광객이 들어갈 수 있는데, 짧은 반바지나 노출이 심한 옷차림은 제재를 받기도 한다. 그리스정교회의 특징은 가톨릭이나 개신교와는 달리, 신도들이 모두들 서서 미사를 드린다는 것.

젠코프(Zen Kov) 교회. 세계에서 두 번째로 높은 목조 건물로 1907년에 건축되었다.

　　메데오 산 알마아타는 지진과 진흙 사태가 자주 일어나는 위험한 지역이다. 1921년에는 말라야알마틴카를 덮친 진흙 사태로 대규모의 재산 피해와 인명 손실이 있었는데, 1966년 메데오 협곡 부근에 댐을 건설하면서 폭파 작업을 벌여 인공 진흙 사태를 유발시켰다. 이렇게 해서 건설된 높이 100m의 댐은 1973년 큰 재난을 가져올 뻔했던 진흙 사태를 막아내서 그 가치를 입증했고 뒤에 140m까지 개축되어 시의 안정성은 한층 더 강화되었다고 한다.

　　경관에 있어선 중국의 실크로드를 여행하다 보면 신장 위구르 자치구 우루무치에서 두루판 사이에 위치하고 있는 천산의 축소판이라 할 수 있겠다. 댐 아래에는 MEDEO 스케이트장이 있는데 한때 세계에서 가장 빠른 ICE PATHS로서 기록 면에서도 100개 이상의 세계기록이 만들어진 곳이나, 지금은 사용하지 않고 구소련의 해체와 더불어 예산 절약을 위한 기념물로 관광객을 맞이하고 있는 듯하다.

오후의 한때를 한가롭게 즐기는 카자흐스탄의 여인들.

금강산도 식후경이라는 격언에도 있듯이 분주히 여행을 하다 보면 갑자기 시장기를 느끼는 경우가 있다. 허겁지겁 찾은 식당이 MEDEO 식당. 다양한 종류의 육류가 준비되어 있다. 소고기에 붙어 있는 차돌박이보다 더 노랗고 맛이 있어 한창 먹다가 무슨 고기냐고 물어 보니 말고기라 해서 나도 모르게 포크를 떨어뜨리고 매스꺼움을 느꼈다.

여행 전문가임을 자부하면서도 여행가의 기본 원칙에서 자격 미달이라는 기분이 들어 고소를 금할 수가 없었다. 여행가가 갖추어야 할 제1원칙은 사람이 먹는 음식이라면 어디서건, 무엇이건 잘 먹어야 한다는 것.

고고학 박물관은 그 옛날 카자흐의 장식품과 생활용품을 전시하고 있어서 당시 카자흐인들의 생활상을 알려면 눈여겨볼 만한 곳이다. 부근의 보석 박물관도 이 나라 곳곳에서 채광해서 수집한 수백 가지 보석들이 고유의 빛과 자태를 뽐내면서 아름다움을 자랑한다.

악기 박물관은 옛날부터 이 나라에 전해 내려오는 민속 무용과 음악에 하모니를 이루는 악기류가 전시되어 있는 곳이다. 안내인이 여러 가지 악기를 연주해 주기도 하는데 우리 일행이 서울에서 온 것을 알고는 '도라지'와 '아리랑'을 악기 연주와 함께 이북 사투리가 약간 섞여 있긴 하지만 노래까지 불러줘서 고맙기 그지없었다.

다음으로 방문한 곳은 코크튜베 전망대. 아바야 광장에서 투어 버스로 20여 분 거리에 있다. 이 도시에서 전망이 가장 좋은 곳으로 알마아타 시가지를 한눈에 다 볼 수 있어 여행객들의 가슴을 확 틔워주는 인기 있는 명소다. 스카이라운지의 레스토랑에서 지배인과 한 잔의 차를 나누며 카자흐스탄에서의 짧은 일정을 마무리짓는 것도 좋을 것이란 생각이 드는 곳이다.

행정청 전경. 우리 나라의 정부종합청사와 같은 역할을 하고 있는 곳이다.

🔥 **알마아타** 카자흐스탄의 수도인 알마아타의 지금의 모습은 13세기에 몽골족이 파괴한 거주지 알라마티 터에 러시아인들이 자일리스코예(1855년에 베르니로 개칭) 군(軍) 요새를 쌓으면서 갖추어졌다. 1867년 요새가 베르니 시로 바뀌면서 투르키스탄 지역 총독의 관할인 신생 헤미헤치예 주의 행정 중심지가 되었다. 1906년에는 인구가 이미 2만 7000명으로 늘어났으며 그 가운데 절반 가량을 러시아인과 우크라이나인이 차지하고 있고 독립 이전의 소련의 지배는 1918년에 확립되었다고 한다. 수도의 명칭은 이 지역에 사과나무가 많음을 암시하는, 카자흐식 이름 알마타를 따서 알마아타로 개칭되었으며 현재의 인구는 150만 명 정도다.

거대한 대륙을 호령했던 티무르의 후예

우즈베키스탄

세계에서 가장 넓은 면화 생산지인 우즈베키스탄은 고대 문명의 중심지였던 동쪽의 제라프샨 강 유역에는 우즈베크 족의 역사적인 연속성을 일깨워 주며 중앙아시아의 진주로 불리는 히바, 부하라, 사마르칸드가 있다.

중앙아시아의 진주, 그 첫 번째 알을 이루는 히바(Khiva)는 17세기 히바칸의 수도로 수많은 전설이 가득한 도시다. 아직도 중세의 동양적이며 이국적인 멋을 간직하고 있는 구 이찬 칼라(Ichan-Kala) 왕궁, 쿤야 아르크(Kunya-Ark) 성채, 타쉬 카울리(Tash-Khauli) 궁전, 요새화되어 있는 언덕 아크시쉬 보보(Akshish-bobo) 등 기념비적인 건축물들이 가득하다.

이찬 칼라는 왕궁 도시 전체를 대충 훑어보는 데로 최적의 장소이다. 환히 트인 넓은 거리에 현대식의 큰 건물이 없고 어도비 벽돌로 지어진 왕궁은 색채가 풍부한 모자이크로 장식되어 있다. 특히 왕궁에 있는 나무 문과 기둥은 대단히 아름다운 도안이 조각되어 있는 것으로 유명하다. 이 외에 이슬람 호자 미나레트(Islam-Hoja Minaret)를 비롯한 많은 메드레세(신학교), 미나레트(모스크에 부속된 첨탑), 모스크, 칼타 미노르(Kalta-Minor) 미나레트, 팔라반 마흐무드(Pahlavan-Makhmud) 대영묘도 유명하다. 히바는 이슬람의 혼이 깊게 스며 있어 에어 뮤지엄(Air Museum)으로 불리기도 한다.

≪ 중앙아시아의 진주, 그 두 번째 진주알

히바에서 부하라(Bukhara)까지는 관광버스로 끝없이 펼쳐져 있는 커질쿰(빨간 사막)을 긴너서 7시간 만에 노착했다. 이곳 호텔 뉴 부하라(Hotel New Bukhara)에 여정을 풀었다. 대체로 히바보다는 호텔 시설이 양호한 편이기에 따뜻한 물에 샤워를 하고 맥주 한두 잔을 하고 나니 엄습하는 피로도 싹 가시는 듯하다.

부하라는 일찍이 실크로드의 중요 거점으로서 번영한 카라한조와 부하라한국의 수도였던 오아시스 도시이다. 지금은 C.I.S. 각지에서 신학교(메드레세)와 모스크가 속속 부활하고 있지만, 종교를 경시하던 소비에트 연방 시절에는 전국에서 유일하게 메드레세가 있던 곳이다. 사회주의에서 탈피한 이 나라 정부의 방

🔥 **우즈베키스탄** 중앙아시아 중부에 있는 나라로 정식 명칭은 우즈베키스탄공화국이며, 간단히 우즈베크라고 한다. 면적 47만 7000km², 인구 2600여 만 명으로 1924년에 세워진 이슬람 문명의 중심지로 아무 강과 시르강 사이에 자리 잡고 있으며 카라칼파크자치공화국을 포함한다. 동쪽과 남동쪽은 키르기스스탄, 타지키스탄, 남서쪽은 투르크메니스탄, 남쪽은 아프가니스탄, 북쪽은 카자흐스탄과 접한다. 여름이 길고 따뜻한 반면 겨울은 짧고 가끔 된서리가 내리기도 한다. 겨울의 평균기온 영하 12℃까지 내려간다고 한다.
　　세계에서 가장 넓은 면화 생산지로서 고대 문명의 중심지였던 동쪽의 제라프산 강 유역에는 우즈베크족의 역사적인 연속성을 일깨워 주며 중앙아시아의 진주로 불리는 히바, 부하라, 사마르칸트가 있다. 수도는 타슈켄트.

침에 따라 이슬람교가 다시 활성화되면서 메드레세와 구시가지
에 있는 모스크는 다시 이곳 신앙의 대상이 되고 있다.

다음날 아침, 안내인을 따라 먼저 찾아간 곳이 이스마일사마
니 대영묘. 징기스칸이 침공하기 이전 땅인 구시가지 키로프 공
원과 바로 접하고 있다. 900년에 이슬람 초기의 건축 양식으로
건축된 부하라에 현존하는 가장 오래된 건축물의 하나가 사마니
왕조(892~907년)의 묘이다. 징기스칸의 침공에도 파괴되지 않
고 후술하는 차슈마아유프 묘같이 현존하는 유일한 건축물. 건
물의 돔 지붕은 부드럽고 둥근 모양으로 각각 다른 모양의 아치
에 의해 떠받쳐지고 있다. 내부를 들여다보면 건물의 네 구석에
있는 원주가 다시 돔을 받쳐 주고 있는 것이 특징이다.

차슈마아유프 묘는 키로프 공원 북쪽에 위치한다. 부하라의
고대에 관한 많은 신비로움을 들려주는 곳이다. 차슈마는 샘, 아
유프는 구약성서의 욥이라는 뜻이란다. 전설에 의하면, 구약성
서의 예언자 욥이 이곳 사람들을 도와주기 위해서 부하라에 갔
을 때 물이 없는 것을 알고는 이곳을 지팡이로 내려 쳤더니 깨끗

하며 맑고 시원한 물이 솟아 나와 이 샘 주변에 많은 건축물이 건설되었다고 한다. 차슈마아유프묘는 원래 12세기경의 건축물이었으나 징기즈칸에 의해 심히 파괴되었다가 티무르 대왕의 명에 의해 보수 증축되었다. 건축물 중에선 돔이 가장 오래되었으며, 내부는 종유석으로 장식되어 있고 안에는 샘이 솟고 있다.

≪ 부하라의 신·구시가지

징기스칸 침공 이후의 땅을 두고 신·구시가지라 칭하는데 부하라의 상징인 칼랸 미나레트, 칼랸 모스크, 타키라는 둥근 지붕의 시장 등이 모여 어우러져 있다. 칼랸 미나레트는 높이가 50m나 되어 어디에 있어도 방향을 확인하는 데 아주 편리한 것이 인상적이다. 이 탑의 본래 목적은 대상들의 중요한 길잡이 역할이었다. 대상들이 이 첨탑을 목표로 부하라를 찾아 왔기에 파괴하지 않고 지금까지 남아 있는 것이다. 현재 유네스코(UNESCO)의 보호하에 있다.

칼란 모스크는 부하라에서 가장 큰 모스크일 뿐만 아니라 중앙아시아에서 가장 큰 모스크에 속한다. 단순하면서도 건축물의 유기적인 조직체가 하나로 통일되어 있는 것이 사마르칸드에 있는 비비하님 모스크(후술)와 비견된다.

심한 강행군으로 투어를 하다 보면 색다른 쇼핑거리 하나쯤 찾아보는 것도 여행의 또 다른 즐거움이다. 여기서는 타키가 안성맞춤이다. 타키는 둥근 지붕의 시장으로, 16세기경에는 시장 겸 관문 역할을 했으나 현재는 소규모의 아케이드가 입점해 있고 실크 목도리 상점, 모자 상점 등이 있어 이 나라 특유의 패션 아이템을 구경할 수 있다.

둥근 지붕의 시장(타키) 북쪽 열에 울루그베크 메드레세(신학교)가 있다. 신학교 이름은 정복자 티무르 대왕의 손자로 정치가이면서 대학자였던 울루그베크의 이름에서 따왔다. 1417년부터 이미 종교적인 소임을 다하고 있었으며, 들어가는 입구에는 '모든 무슬림들은 그 지식을 연마하라' 고 쓰여 있다.

부하라 한(汗)의 성, 아르크는 성채라는 뜻이며 7세기에 최초의 층이 만들어졌고 이후 여러 번의 개축을 통하여 18세기에 지금의 모습이 되었다. 부하라한국(부하라를 수도로 삼았던 우즈베크족의 국가)의 역대 왕들이 살았던 곳이기도 하다. 성 안에는 역사박물관이 있는데 이곳에서 행하여졌던 잔혹한 형벌 장면, 노예들의 생활상이 기록 전시되어 있다. 레기스탄 광장 쪽에 있는 성문에서 계단을 끝까지 따라 올라가면 전망이 좋은 카페가 있는

데, 이곳에서 이국의 정취를 만끽하며 맥주 한 잔 하는 것도 여행의 낭만일 것이다.

레기스탄이란 모래 광장이라는 뜻으로 레기는 모래, 스탄은 광장을 의미한다. 혹독한 오아시스의 건조한 모래바람이 성채와 수많은 기념관이 모여 있는 이곳 인근에 가끔 밀려 두꺼운 모래층을 형성한다 하여 붙여진 이름이라고 한다.

≪ 중앙아시아의 진주, 그 세 번째 진주알

해발 725m의 고원 사막 평원에 자리 잡은 푸른 도시 사마르칸드(Samarkand). 여기서 '사마르'는 산스크리트어로 '사람들이 만나는 곳'을 의미하며, '칸드'는 페르시아어로 도시를 말한다. 즉 사람들이 만나는 도시가 바로 사마르칸드다. '푸른 도시' 혹은 '푸른 돔의 도시'라는 별명이 붙어 있는데 도시의 주요 건물들이 대부분 유약을 발라 구워낸 푸른 색 벽돌로 장식되어 있기 때문에 푸른 색이 유난히 짙게 감돈다. 거친 사막을 지나던 대상들이 푸른빛의 돔을 보고 사마르칸드가 가까웠음을 알았을 정도로 그 빛은 찬란했다고 한다.

조그마한 오아시스에 불과했던 사마르칸드는 14세기, 티무르 왕조의 수도가 되면서 중앙아시아에서 손꼽히는 대도시로 발전했으며, 지금은 우즈베키스탄 제2의 도시로 성장했다.

부하라에서 사마르칸드까지는 승용차로 5시간 거리다. 중앙아시아 여행의 하이라이트는 바로 이곳 사마르칸드다. 차를 타고 가면서 안내인한테서 그 옛날 이곳의 전설을 비롯해 흥미진진한 역사적인 사실을 들을 수 있었다.

역사적인 번영과 함께 수많은 애수와 비련을 간직한 고도인 사마르칸드는 이후 같은 투르크계 우즈베키스탄인의 지배, 러시아인의 지배 등 영욕을 되풀이했다. 현재 우즈베키스탄의 주도이며 인구 50만여 명.

호텔 아프라샤프(Afrosiab) 테라스에서 내다보이는 사마르칸드는 푸른 도시라는 의미 그대로 작열하는 아침 햇살을 받아 선명하게 살아나는 돔의 푸른 빛이 찬란하다. 이곳 오아시스의 사람들은 그 푸른 빛 속에서 깨어난다. 가까이서 혹은 멀리서 사람들은 분주히 움직이면서 하루의 일과를 시작한다. 레기스탄(Registan) 광장과 비비하님 모스크가 남쪽으로 넓게 펼쳐진 지역이 구시가지다. 광장 북쪽으로 흐르는 운하 주변에는 모래 땅이 있어 레기스탄이란 이름이 붙여졌다. 징기스칸의 침입 이후 사마르칸드의 중심으로 알현식, 사열식 등이 이곳 광장에서 이루어졌다.

광장 중앙에 위치한 건물은 티라카리 메드레세(Tirakari Ma.d.rassah). 야한그도로 바하도르에 의해 건립되었는데, 열성적인 이슬람교도들의 반발을 샀기 때문에 전통적인 새 메드레세 건설이 이루어졌다고 한다. 이슬람 교육을 위해 만들어진 내부의 돔은 금색으로 장식되어 있는데, 이 금색은 이슬람에서 화려한 메드레세라는 의미를 담고 있다. 현재 메드레세 내부는 미술관으로 사용되고 있다.

광장 오른쪽에 위치한 건물은 시르도로(Sher-Dor, '용맹한 사자' 라는 의미) 메드레세. 티무르 일족이 이 지역을 점령한 후 투르크계 우즈베크족인 야한그도로 바하도르에 의해 1636년에 건립되었다. 아치에는 사자가 사슴을 쫓는 그림이 그려져 있고 사자의 뒤에는 태양처럼 빛나는 사람의 얼굴이 놓여 있다. 이슬람은 본래 우상을 부정하므로 건축물 장식은 기하학적 도안이 기조로 되어 있다. 이 메드레세의 도안은 인간과 동물의 모습을 주제로 하고 있는데, 영주가 권력을 과시하기 위해 그리게 한 것이라 한다. 우즈베키스탄에서 두 번째로 오래된 메드레세다.

광장 왼쪽에 위치한 건물은 가장 오래된 메드레세인 울르그벡 메드레세(Ulugbek Ma.d.rassah). 티무르의 손자인 울르그벡에 의해 1420년에 선립되었다. 애초에는 이슬람 신학의 강당으로 건립되었으나 나중에 천문학, 철학, 수학 등의 연구소로 사용되었고 티무르 제국 문화의 원천이 되었다. 문에는 '학예를 연마하는 것은 전 이슬람 국민의 의무다' 라는 글이 쓰여 있다.

🔥 **사마르칸드** B.C. 4세기에는 고대 그리스에 마라칸다라는 이름으로 알려졌으며, 아랍인의 지배를 받을 때는 소그디아나의 수도였다. B.C. 329년 알렉산드로스 대왕에게, A.D. 6세기에는 중앙아시아 투르키인에게, 8세기에는 아랍인에게, 9~10세기에는 이란의 사만조에게, 11~13세기에는 투르크계 종족들의 지배 아래 있다가 13세기 콰레즘 왕국에 합병되었다. 1220년에는 몽골의 대정복자 징기스칸에게 점령되어 있다가 1365년 몽골 통치자들에 대항해 반란을 일으킨 후 티무르 제국의 수도로서 티무르 대왕과 함께 역사의 문을 활짝 열게 되었다.

≪ 티무르는 지상에 존재하는 신의 그림자

비비하님 모스크는 레기스탄 광장과 함께 구시가지에 위치한다. 말년에 델리(인도), 알레포(시리아), 다마스쿠스(시리아)로 원정을 떠났던 티무르 대왕은 거기에 있는 웅장한 모스크를 보고 귀국한 후, 사마르칸드에 세상에서 가장 훌륭하고 위대한 모스크를 개축하라고 지시하고 자신이 직접 건축을 지휘하는 열성을 보이기도 했다. 이 모스크는 티무르 사후 3년째 되던 해에 완성되었으므로 그는 대걸작품인 모스크를 보지는 못하고 죽었다. 문의 박공에는 '티무르는 지상에 존재하는 신의 그림자다' 라는 글이 쓰여 있다. 수 세기를 지나면서 장엄했던 모스크도 폐허가 되었고, 입구의 아치 옆에는 높이 50m의 대첨탑이 있었지만 현재는 반쯤 무너졌으며, 부서진 비비하님 모스크를 복구 작업중인 거대한 크레인도 볼 수 있다. 비비하님 모스크는 티무르가 8명의 아내 중 가장 사랑했던 왕비의 이름을 따서 지은 것이라 한다.

레기스탄 광장 동북부에는 아프라샤프 언덕이 있다. 사마르칸드의 전신인 고대 도시 아프라샤프가 마라칸다(고대 그리스에서 사마르칸드를 마라칸다라 하였음)의 유적 속에 묻혀 있는 곳이다. 13세기 몽골군의 침공 이후에 모래에 묻혀 사막화되었다는 전설적인 언덕이기도 하다. 언덕에 올라가면 사마르칸드 시가 한눈에 내려다보인다. 바로 아래의 비비하님 모스크, 그 앞의 레기스탄 광장, 건물들의 모든 돔들이 푸른 색으로 빛나서 '푸른 도시' 라고 노래한 이유를 알 것만 같다.

하지만 아프라샤프 언덕은 황량한 언덕으로 이루어져 있고 기복이 심한 들판에는 작은 낙타 풀과 오아시스에 뿌리를 내리고

간이 바자르의 한가로운 풍경.

사는 강인한 이름 모르는 풀들, 그리고 바위들 뿐이어서 그 옛날 이곳에서 사람들이 살고 있었다는 사실을 상상하기란 어렵다. 그러나 이곳에 사람들이 살았다는 사실이 알려진 것은 한 목동이 여기서 몇 개의 보석을 발견하면서부터였다. 그 발견을 계기로 1958년부터 본격적인 발굴 작업이 시작되었다.

고도의 벽돌 제조 기술이 기원전부터 성읍을 축조하는 데 사용됐음을 추정할 수 있는 흔적이 발견되기도 했고, 3세기 성벽에서 엄청난 수의 벽기둥, 성안에서 급수지를 중심으로 제사와 정치가 행해졌던 흔적도 발견되었다. 이로써 징기스칸의 침입에 대한 많은 부분이 해명되었다. 모스크 안에서 발견된 투구, 화살창, 미완성의 책들, 불타버린 벽화, 많은 사람들의 뼈와 붉게 탄 흙, 탄화된 나무 등은 안으로 피해 들어온 많은 사람들과 함께 모스크가 불타 버렸다는 사실을 말해준다.

아프라샤프 언덕의 남쪽 기슭에 티무르 대왕의 손자 울르그벡에 의해 완성된 집단 묘지 샤히진다(Shahizinda)가 있다. 여기에는 티무르 대왕의 처, 조카, 자매 등 일족이 매장되어 있다. 맨 처음의 푸른 돔이 있는 건물이 울르그벡이 만든 아이의 묘이고, 그곳에서 올라가는 도중에 울르그벡에게 학문적으로 가장 많은 영향력을 끼쳤다는 스승 카지자테루치의 묘가 있다. 계단을 올라가면 왼편으로 푸른 색 아라베스크 모양의 묘가 있는데 이것은 조카 샤드무르크를 위한 것이고, 도로 막다른 곳에는 동생 시린 비카 아카 묘가 있다.

이 영묘에도 흥미로운 전설이 있다. 예언자 무하마드의 사촌인 쿳사므 이븐앗바스가 예배 도중에 이교도의 습격으로 목이 잘리고 말았다. 그러나 쿳사므는 전혀 동요하지 않고 자신의 목을 껴안고 깊은 우물 바닥으로 걸어 들어가 그곳에서 불사의 생명을 얻어 가지고 다시 살아났다. 그러나 불사의 생명도 끝이 있는지 쿳사므의 묘는 이곳의 후미진 곳에 있다. 그럼에도 이러한 전설 때문에 샤히진다(살아 있는 왕) 영묘라는 이름을 얻었다고 한다.

≪ 징기스칸은 파괴하고 티무르는 건설했다

아프라샤프 언덕을 가로질러 추반아타라는 작은 언덕길을 올라가면 울르그벡 천문대가 있다. 언덕 정상에는 태양, 달, 항성 등의 고도 측정과 땅의 위치와 시간을 결정하는 거대한 계기의 흔적이 남아 있고 북쪽에는 작은 박물관이 있다. 현재 남아 있는 것은 육분의(Sextant) 지하 부분과 천문대의 기초뿐이지만 당시의 육분의는 거대한 대리석으로 높이 40m, 폭 63m 크기였다고 한다. 계기는 놀랄 만큼 정밀했고 자오선을 따라 동쪽으로 설치되어 있으며 1018개의 별의 궤적을 기록할 수 있었다고 한다.

박물관에는 당시를 설명하는 모형과 그림이 있으며 울르그벡에 대한 설명이 있다. 울르그벡은 티무르 대왕의 손자로 예술과 학문에 관심을 기울였고, 직접 이들 관측기를 사용해서 행성시 1년을 365일 6시간 10분 8초로 관측했다. 365일 6시간 9분 9.6초 행성시에서 1분도 안 되는 오차를 계산해냈던 티무르시대의 높은 과학 수준을 알 수 있다.

구르에미르(Gur-Emir, 일명 티무르의 묘). '구르'는 묘, '에미르'는 '지배자'란 말로 지배자의 묘란 뜻이다. 사마르칸드 호텔에서 가까운 곳에 있어 걸어서 갈 수 있는데, 티무르의 손자인 무하마드 술탄이 이란에서 전사한 것을 추도하기 위해 1403~1404년 티무르의 명령에 의해 만들어졌으며 그 후 1405년 명나라 원정 도중에 급사한 티무르도 이곳에 묻혀 있다.

돔의 외관에는 코란의 문구 '알라는 위대하다'라는 글이 멋지게 장식되어 씌어져 있고, 위로 계속되는 돔에는 세로로 무수한 홈이 조각되어 있다. 돔은 골격이 되는 64개의 나무로 보강이 되고 골격을 토대로 푸른 타일이 회반죽으로 붙여져 있어 황홀할 만큼 둥근 모양을 띠고 있다. 돔 내부의 금색과 청색으로 채색된 이슬람 문양의 내부 장식은 정말 아름답다. 정면에 흑녹색을 띠고 있는 것이 티무르의 묘이고, 그 옆에 것이 아들의 묘이며, 서쪽 안에는 손자인 울르그벡이 안장되어 있는데, 시신들의 머리는 모두 메카 방향으로 향하고 있다.

그러나 이것들은 모두 가짜 묘다. 뒤쪽으로 돌아가면 조그만 문이 있는데 이곳이 진짜 묘들의 입구다. 관리인에게 얼마의 수고비를 주고서 입장할 수 있었다. 많은 관광객들의 출입으로 인한 부식 등 관리상의 문제 때문에 가짜 묘를 만들어 놨다고 한다. 계속해서 관리인으로부터 1941년 6월 소련의 고고학 발굴

팀에 의해 티무르의 묘가 공개되면서 전설로만 전해 오던 구전
이 사실로 밝혀졌다는 이야기를 들을 수 있었다.

티무르 대왕은 불구였고 울르그벡은 목이 잘려서 죽었다는 사
실 등이 유해에서 증명되었다. 티무르는 젊은 시절 시스탄(이란)
전쟁에서 오른쪽 팔과 오른쪽 다리에 부상을 입어 평생 다리가
불편했고, 울르그벡은 자기 아들이 보낸 자객에 의해 목이 잘리
는 비극적인 최후를 맞았다고 한다. 티무르 왕조의 시조인 티무
르는 대담하고 용맹하며 의지가 강하고 준엄했지만 한편으로는
학자와 문인들을 보호하고 산업을 장려했다. 중앙아시아에는 이
런 말이 있다. "징기스칸은 파괴하고 티무르는 건설했다." 그 말
의 의미를 가슴 속 깊이 되새기면서 고도 사마르칸드와 아쉬운
작별을 고한다.

≪ 우즈베키스탄의 수도, 타슈켄트

이번 여행의 마지막 목적지 타슈켄트는 투어용 버스로 4시간
30분 거리에 있다. 차창 밖으로 눈에 보이는 것이라곤 역시 목화
밭과 작열하는 태양뿐인가 싶다. 타슈켄트에 도착해서 투숙할
호텔로 향하는 버스 차창 밖으로 펼쳐지는 시가지는 현대적인
고층 아파트와 아케이드가 즐비하고 도로도 잘 정비되어 있어
여느 선진국 대도시에 견줄 만하다. 사람들의 옷차림도 고풍스
런 디자인은 거의 눈에 띄지 않고 현대적인 차림새다.

우즈베키스탄 호텔 정(正) 서쪽 숲이 티무르 광장이다. 과거에는 혁명 광장이라 했으나 구소련으로부터 독립한 후, 티무르 대왕 상을 새로이 만들어 세우면서 티무르 광장으로 이름이 바뀌고 시민들의 휴식처로 이용되고 있다. 시민들과 관광객들은 노점상에서 아이스크림이나 음료수 등을 사서 마시며 즐겁게 휴식을 취하는데, 걸어서 5~7분쯤 가면 티무르 박물관이 나온다. 회갈색 벽돌과 대리석으로 이루어진 박물관 안에는 고대부터 현대에 이르는 갖가지 유물과 생활상들이 전시되어 있다.

티무르 광장에서 그리 멀지 않은 곳에 나보이 극장이 있다. 정식명칭은 알류사 나보이 오페라 발레 극장. 제2차 세계대전 때 타슈켄트에 억류된 일본 병사들의 강제 노동으로 지어진 건물인데, 1966년 대지진으로 타슈켄트에 있는 모든 건물이 폐허가 되었을 때 유일하게 파괴되지 않고 남았다.

나보이 극장에서 서북쪽 나보이 거리를 지나 북측으로 바라크한 메드레스가 자리 잡고 있다. 자동차로는 10여 분 거리. 1531년에 세워졌으며 그 후 몇 번의 개축으로 현재의 모습을 갖추었다. 현재 중앙아시아와 우즈베키스탄에 이르는 이슬람교의 본청으로 활용되고 있다. 메드레세 안에는 중앙아시아의 이슬람에 관한 중요한 고문서 자료, 코란 등이 소장되어 있다.

🐻 **타슈켄트** 타슈켄트는 인구 250만의 우즈베키스탄의 수도이자 구소련시대에는 중앙아시아 전역의 문화, 학술, 정치, 과학, 공업의 중심지였다. 구소련의 매스컴에서는 '중앙아시아의 기적' 이라는 제목으로 타슈켄트의 발전을 특종기사로 보도할 정도였다고 한다. 이 도시에서는 실크로드의 잔영(殘映)이나 이슬람의 잔영을 다른 도시들에 비해 쉽게 접할 수 없는데, 그 이유는 1966년의 대지진에 의해 시가지 전체가 완전히 폐허가 된 후 새로운 구획 정리를 포함, 신시가지 건설 계획으로 탄생한 도시였기 때문이다.

≪ 무에서 유를 만들어낸 고려인 동포들

이슬람 신학교인 메드레세의 전경.

현지 여행사에 특별히 부탁해서 타슈켄트 시 외곽을 30여 분 달려 주변의 논과 목화밭의 경지 정리가 완벽하다 싶을 만큼 아름다운 전원으로 이루어진 고려인 촌에 도착했다.

고려인 한 분이 우리 일행을 반갑게 맞이하며 자기네 집으로 안내해서 냉수를 대접하고 내부 구경도 할 수 있게 해주었다. 거실의 가구, 가전제품, 피아노, 그리고 승용차 등을 소유하고 있는 것으로 보아 수도권 외곽의 상류층 가정쯤으로 여겨졌다. 거실과 안방에 있는 TV는 대우 김우중 회장이 2년 전쯤 고려인 촌을 방문해서 기증한 것이란다. 고려인 동포와 담소를 나누었는데, 그는 고국에 있는 우리들이 고려인 동포들의 애환의 역사와 현재를 알아야만 한다며 이야기를 들려주었다.

우리 나라 사람들은 구한말부터 두만강을 건너 제정 러시아의 연해주에 와서 둥지를 틀었다. 1937년 스탈린에 의해 카자흐, 우즈베키스탄 등 중앙아시아로 강제 이주를 당했을 때 한인들의 수는 18만여 명이었다. 이들은 아무 연고도 없는 이곳에서 우수리 강을 사이에 두고 충돌하는 소련군과 일본군의 희생물이 되어 온갖 애환을 겪으며 60년을 살아왔다.

오늘날의 고려인 동포들은 무에서 유를 만들어 낸 사람들이다. 구소련 시절 집단농장의 영웅 칭호를 받은 600명 중 300명이 우리 동포들이었으며 이들이 일군 농장들은 흐루시초프, 브레즈네프 등 VIP들의 모범 농장이었다.

전체 한인 22만 명 중 17만 명이 이 땅에서 태어난 후세들이며, 구소련의 붕괴 후 시장경제로 가는 신생 독립국 우즈베키스탄의 국민으로서 맡은 바 역할을 꾸준히 하고 있다. 한인들은 소수 민족 가운데서 가장 부지런하고 재주가 많으며 생활력이 강한 것으로 소문나 있다. 온건 이슬람 국가이면서 다민족 공존 정책을 쓰고 있는, 120개 소수민족이 사는 우즈베키스탄은 90여 개의 민족 문화 단체가 활동하고 있는데 이 중 25개가 한인 문화 단체로 서구식 조직을 갖추고 있다.

현재 이곳에선 어느 민족이건 정치적 탄압은 없다. 중앙아시아에서 구소련이 붕괴한 후 소수민족들이 민족적 · 종교적 탄압을 받아 그들이 과거에 살았던 극동 지역으로 되돌아가야 한다는 일부 시각 등 한국에서의 보도는 이곳 동포들의 생각과는 매우 거리가 먼 것이다. 이들은 이 나라를 제2의 조국으로 생각하고 있다. 우리는 이들이 보다 나은 이 나라의 훌륭한 시민으로 살아가도록 도와주어야 할 것이다.

대우를 비롯해서 80여 개 한국 기업이 우즈베키스탄에 10억 달러 이상을 투자하며 활발한 경제 활동을 벌이면서 고려인 동포들의 위상을 크게 높였다. 그래서인지 요즘 중앙아시아 사람들의 꿈은 한국 사람이 지은 아파트에서 살고, 한국 사람이 수출한 자동차를 타고 한국제 에어컨 · 냉장고 · 세탁기 · DVD를 갖는 것이라고 한다. 우즈베키스탄 등 중앙아시아의 여러 나라들에게 한국은 정치, 통상, 투자, 문화 등 모든 면에서 네 손가락 안에 드는 중요한 협력 국가가 된 것이다.

CHAPTER 07

중국 청장 지역

◆ 청해성 서령 ~ 티베트 랏사

중국의 청장 지역은 광활한 중국 대륙의 서부를 차지하고 있는 청해성과 서장자치구(티베트)를 합해 부르는 지명이다. 이 두 성(聖)에 걸쳐 형성된 고원이 청장고원이다. 청장고원은 북으로 곤륜 산맥과 남으로 히말라야 산맥에 둘러싸여 있고 중앙에 탕굴라 산맥을 품고 있는 세계 최고이자 최대 고원이다. 청해성 성도(聖都)인 서령(시닝)에서 티베트 성도인 랏사를 잇는 도로가 청장공로(公路)다. 두 도시의 거리는 총 2100km.

이 청장공로를 따라 1996년 청장 지역 대탐험에 나섰다. 출발지점으로 삼은 골무드는 해발 2800m였고 점점 고도를 높여 4800~5000m대를 사흘 동안 달려서 곤륜 산맥과 탕굴라 산맥을 넘어서면서 고도는 차츰 낮아지기 시작했다. 해외 오지 트레킹을 어지간히 다닌 사람들 6명이 모여 탐험대를 조직해서 떠났지만 이런 고도에서 며칠씩 머무는 것은 아주 고통스런 일이었다. 그런데도 그곳이 다시 그리워지는 것은 무슨 까닭일까?

고산준령과 무심히 흘러가는 구름

청해성 서령

서령과 랏사를 잇는 청장공로 상에 있는 마을들 중에서 우리가 머문 곳은 골무드, 투오투오헤이안(일명 탕굴라샨), 낙추였다. 서령은 감숙성 성도인 란조우 서쪽 200km 지점에 있는 도시로 1959년 이 도시까지 본토에서 철로가 개설되었다.

서령은 황하 지류인 황수이 강 유역의 기름진 산간분지에 위치한다. 중국과 투루판 사이에 영토분쟁이 끝없이 일어난 지역으로, 763년 투루판이 이곳을 점령했다가 1104년에 송나라가 되찾고 서쪽의 평화스러운 곳이라는 뜻에서 서령(西寧)이라 이름을 붙였다. 더 이상 전쟁이 일어나지 말라는 뜻에서.

서령에서의 일정을 끝내고 나니 목적

해발5100m인 곤륜고개.

지인 골무드까지 가는 여정에 무슨 문제라도 생겼는지 현지 가이드는 항공편으로 이동하는 것이 어떻겠느냐고 한다. 서령에서 골무드까지는 800km, 자동차로는 꼬박 이틀은 달려야 닿는 거리다.

가이드는 실질적인 청장 지역 답사는 골무드에서부터 시작되는데, 굳이 초반부터 무리할 필요는 없다고 한다. 골무드에서 다시 랏사까지도 사흘 동안 해발 5000m대를 여행해야 하니까.

우리 일행은 그래도 차를 이용하는 게 탐사하는 데는 제격이다, 아니다, 미리부터 힘을 빼지 말자며 의견이 나뉘다가 결국은 항공편을 이용하기로 했다. 서령에서 골무드까지는 비행기로 1시간 20분 정도 걸렸다. 마침 날씨가 맑아 중국 최대의 염호인 청해호와 일월산, 그리고 고비사막도 볼 수 있었다.

🐾 **서령** 서령은 1928년 청해 지역이 성으로 분리되면서 성도가 되었으며 1945년 시로 승격됐다. 이곳의 서남서쪽 약 20km 지점에 있는 호아중현의 파일사는 라마교(티베트 불교)의 한 파인 황모파를 개조한 총카파의 탄생지로 유명하다. 법당의 기와를 황금으로 도금한 진화사도 유명한 사찰이다.

연탄가스를 마시면 기분이 이럴까? 머리가 띵하다. 해발 2800m라면 백두산 높이다. 이 정도면 아직 고소증이 일어날 정도는 아닌데….

골무드에 도착하자 낙추까지 우리를 안내할 가이드가 그곳까지 1050km의 여정을 설명한다. 해발 5000m 이상에서 사흘을 지내게 되므로 고소증에 대처하는 요령도 알려준다.

곤륜 산맥의 고산준령 도로에서 저 멀리 바라보이는 곳이 무즈타그(7723m) 산이다.

골무드를 출발하기 전, 일행은 이 도시를 둘러보기로 했다. 이곳은 인구는 6만 명 정도이고 몽골족, 한족, 카자흐족 등 몇몇 종족이 주변에 자치현을 이루고 있단다. 청해성 중심부에 위치하고 있어 남북과 동서로 횡단하는 포장도로가 이 도시에서 교차한다. 우리는 이 교차로 도시에서 계속 서쪽으로 차를 몰고 가게 된다.

일행 6명을 태운 자동차는 정오 조금 못 미처 골무드를 출발, 투오투오헤이안으로 향했다. 1시간 정도나 달렸을까 벌써 고도계가 3800~4000m대를 오간다. 국내에서 내노라하는 여성 등산인도 벌써 구토에 몸살을 앓기 시작한다.

필자도 가슴이 터질 것만 같고 머리가 쪼개지는 것 같았다. 3시간 정도 달려 고도계가 4800m를 가리키는 가운데 쿤룬샨코우(곤륜 고개, 해발 5100m)에 도달했다. 포장마차 비슷한 집에 들

어가 가져간 라면으로 시장기를 때우려 하지만 면발이 목에 걸려 넘어가질 않는다.

골무드에서 출발한 지 4시간이 지나자 곤륜 산맥의 고산준령들이 펼쳐지기 시작했다. 가까이로 옥로봉(6500m), 저멀리 무즈타그(7723m)가 아련히 자태를 드러낸다.

그러나 너무 피곤해서 이런 진귀한 풍경에도 신이 나질 않는다. 이 고소증을 어떻게 이겨내야 하나 생각뿐. 인간이 난관에 봉착하면 신을 찾는다는데, 그것이 지금 바로 필자에게 해당되는 말일 줄이야. '관세음보살 나무아미타불'을 수없이 외우면서 멋모르고 이번 답사에 참여한 것을 후회했다. 두 여자 대원도 휴대용 산소캔에 의지하면서 고통을 못 이기는 표정들이다.

골무드를 출발한 지 9시간 만에 쿤룬샨코우와 투오투오헤이안 사이에 놓인 풍화산(5100m)에 도달했다. 고도는 떨어질 기미를 보이지 않는다. 가도가도 끝이 없는 고산준령과 무심히 흘러가는 구름뿐.

이곳이 매우 건조한 것은 인도양이나 태평양 계절풍의 영향을 거의 받지 않기 때문이라고 가이드는 설명한다. 연평균 강수량이 50~120mm에 불과해 토양은 척박하고 기온이 낮아서 동식물도 많이 살지 않아 이곳은 말 그대로 황무지와 다름없다.

골무드를 출발한 지 정확히 12시간 만에 하룻밤 쉬어갈 투오투오헤이안에 도착했다. 고도계는 여전히 4800~5000m 사이.

≪ 고도계는 떨어질 줄 모르고

숙소에서 방을 배정받은 대원들은 모두 초죽음 상태다. 필자의 룸메이트는 나이가 많아(68세) 몸을 가누지 못하고 한기와 고소증에 죽 한 숟가락도 뜨지 못한다. 그나마 죽 한 그릇을 다 비운 사람은 탐험대장과 나뿐이다.

토오투오헤이안은 중국이 티베트를 공략하기 위해 세운 전략 요충지다. 그러나 숙소엔 목침대와 담요 2장이 전부다. 추위와 고소증을 호소하니 탐험대장이 아스피린 2알을 건네 준다. 아스피린을 만병통치약이라 하던가? 신기하게도 머리도 안 아프고 귀에서 윙윙 울리던 소리도 그친다.

다음날 아침식사는 죽으로 간단히 때우고 다음 목적지인 낙추를 향해 출발했다. 출발한 지 1시간 20분이 지나자 곤륜 산맥의 지맥인 탕굴라 산맥으로 들어섰다. 해발 고도는 여전히 5000m. 칭하이 성과 티베트가 경계를 이루고 있는 이 산맥을 타고 계속 전진해 4시간 만에 청장공로 구간 중 최고 지점인 탕굴라 샨코우(5231m)에 도달했다.

랏사의 포탈라궁.

탕굴라 고개. 해발 5231m에 위치한다.

　　정복감이나 성취감 같은 건 없다. 탐험대장과 필자를 빼고는 차에서 내려 기념사진을 찍으려는 사람이 없다. 두 대원은 코피를 쏟고 위액을 토하며 괴로워하고.

　　자동차는 계속 낙추를 향해 달렸다. 주위에는 해발 5700m 이상의 고산들이 즐비하다. 멀리, 이 지역 최고봉인 비수단산(6096m)을 스쳐 지나가면서 우리 일행은 어느 계곡에서 점심식사를 했다. 고소증으로 먹기도 힘들어서 서울서 준비해간 인스턴트 미역국에 빵조각을 적셔 먹는 둥 마는 둥 하면서 간신히 요기를 때운다.

　　한참을 더 가다보니 나도 모르게 자동차 안에서 설사를 하고 말았다. 얼마나 냄새가 났을까, 비몽사몽에도 대원들에게 미안했는데 여행이 끝나고 나서 물어보니 다들 고소증에 시달리느라 냄새를 맡지 못했다고 한다.

오후 7시쯤 낙추에 도착했다. 고도계는 여전히 4900m를 가리킨다. 간단히 식사를 마치고 호텔 방에 들어가 샤워를 하고 있는데 탐험대장한테서 전갈이 왔다. 대원 1명이 정신을 잃어서 병원에 가야겠으니 나머지 대원들을 잘 부탁한다고.

만에 하나 불상사라도 일어난다면 어떡하나 걱정이 되어 뜬눈으로 밤을 새우고 나니 피로감이 엄습한다.

≪ 티베트불교의 성지, 랏사

아침을 쌀죽으로 때우고 병원에 간 대원의 상태가 걱정이 돼서 의사까지 대동하고 최종 목적지인 랏사로 향했다. 의사의 진단 결과 그 대원은 생명에는 지장이 없다고 해서 산소통에 의지해서 출발했지만 도착할 때까지 그 대원에겐 거의 반죽음의 행진이었다. 다른 사람들도 별반 다를 게 없었지만.

낙추를 출발한 이후 해발 고도는 계속 4800m대를 유지하다가 랏사 도착 30분 전 즈음에 처음으로 3000m대로 떨어졌다. 4800~5300m대를 꼬박 사흘을 달려 온 대원들은 손목에 차고 있던 고도계가 3990m를 가리키자 다들 살았다는 마음에 박수를 치며 좋아하다가 이내 눈시울이 젖어들며 상념에 잠긴다.

랏사에 도착하자마자 병든 대원을 입원시키고 나서 나머지 일행은 홀리데이인 호텔에 여장을 풀었다.

다음날, 랏사의 날씨는 맑았다. 하지만 해발은 여전히 3800m로 머리는 아직도 띵하고 귀에서는 선풍기 돌아가는 소리가 계속 들린다. 아스피린 3알을 먹었더니 겨우 살 만하다.

티베트는 중국 전체 면적의 8분의 1을 차지하고 있으면서 98%가 황무지이거나 산악지대다. 그 옛날 천축국(인도)으로 순례를 떠났던 삼장법사나 혜초가 굳이 멀리 돌아가야 하는 실크로드를 택한 이유가 이해가 된다. 티베트를 거쳐서 가는 길이 지름길인 줄 안다 한들, 쉽게 엄두를 내진 못했을 것이다. 마르코 폴로도 티베트에 가보지 못한 것이 평생의 한이었다고 하는데.

티베트가 민족적 통일을 이룬 것은 7세기경 송첸감포 때의 일이다. 현재 티베트 인구는 약 500만 명. 이 중 20만 명이 랏사에 거주하고 있다.

겨우 몸을 추스르고 티베트불교의 메카인 조캉사원으로 향했다. 조캉사원은 송첸감포가 아내로 맞은 당나라 태종의 딸 문성공주가 티베트에 시집오면서 불교를 전파한 것을 기려 세운 사원이다. 이곳은 티베트인들이 가장 신성시하는 곳 중의 하나다. 사원 안으로 들어서니 수백 명의 참배객이 예배를 드리며 '옴 마니밧메홈'을 계속 외우고 있다.

조캉사원 밖으로 나오니 사원을 중심으로 원형으로 형성된 바르코르 바자르가 눈길을 끈다. 티베트 최대의 이 노천시장은 순례자들이 순례를 끝내고 고향으로 돌아갈 여비를 마련하기 위해 가지고 있는 모든 것을 팔기도 하고 구걸도 하는 곳이다.

이제 부처의 언덕이라는 뜻의 포탈라궁으로 올라가 본다. 궁에는 1,000개의 방이 있다는데 이 중 80개만이 일반인에게 개방되고 있다.

1645년 제5대 달라이라마가 처음 축조하기 시작해서 송첸감포에 의해 완성된 이 궁성은 성과 궁전, 뒷산의 조성, 이렇게 세 부분으로 이루어져 있다. 성의 규모는 남북 200m, 동서 320m에 최고층의 해발이 4000m이고 동쪽, 남쪽, 서쪽에 각각 3층 누각이 딸린 성문이 있고 남동쪽과 남서쪽에 성루가 있다. 성안에는 사법, 세무, 감옥, 마구간, 일꾼 숙소, 인경원 등으로 구역이 나눠져 있다.

상층부를 이루고 있는 궁의 동서 길이는 무려 360m에 높이는 110m. 백궁, 홍궁, 사원, 광장, 4개의 큰 외성으로 이루어져 있다. 백궁은 달라이라마의 처소로 6층 높이의 중앙 누각 앞에는 지붕으로 덮인 큰 광장이 있다. 중앙 누각에는 역대 달라이라마의 영정을 모신 사당과 각종 불당이 있다. 각 영탑전의 지붕은 금으로 도금돼 있는데, 그 기세가 참으로 웅대하다.

산 정상 서쪽에도 사원이 있다. 뒷산의 호수지대 룽왕탄은 호수 주위에 키가 큰 버드나무들이 심어져 있다. 호수 한가운데에 섬이 하나 떠 있는데 섬엔 아름다운 누각이 세워져 있다.

이제 랏사의 일정도 모두 끝났다. 곤륜 산맥과 탕굴라 산맥을 넘어 티베트의 수도 랏사에 도착하기까지 수천 수만의 봉우리들이 눈앞을 스쳐 지나갔다. 로키 산맥, 그랜드캐니언, 안데스 산맥도 장관이지만 웅대한 티베트의 산봉우리들에는 비할 수가 없다.

CHAPTER 08

부처가 살아 있는 곳

◆ 미얀마

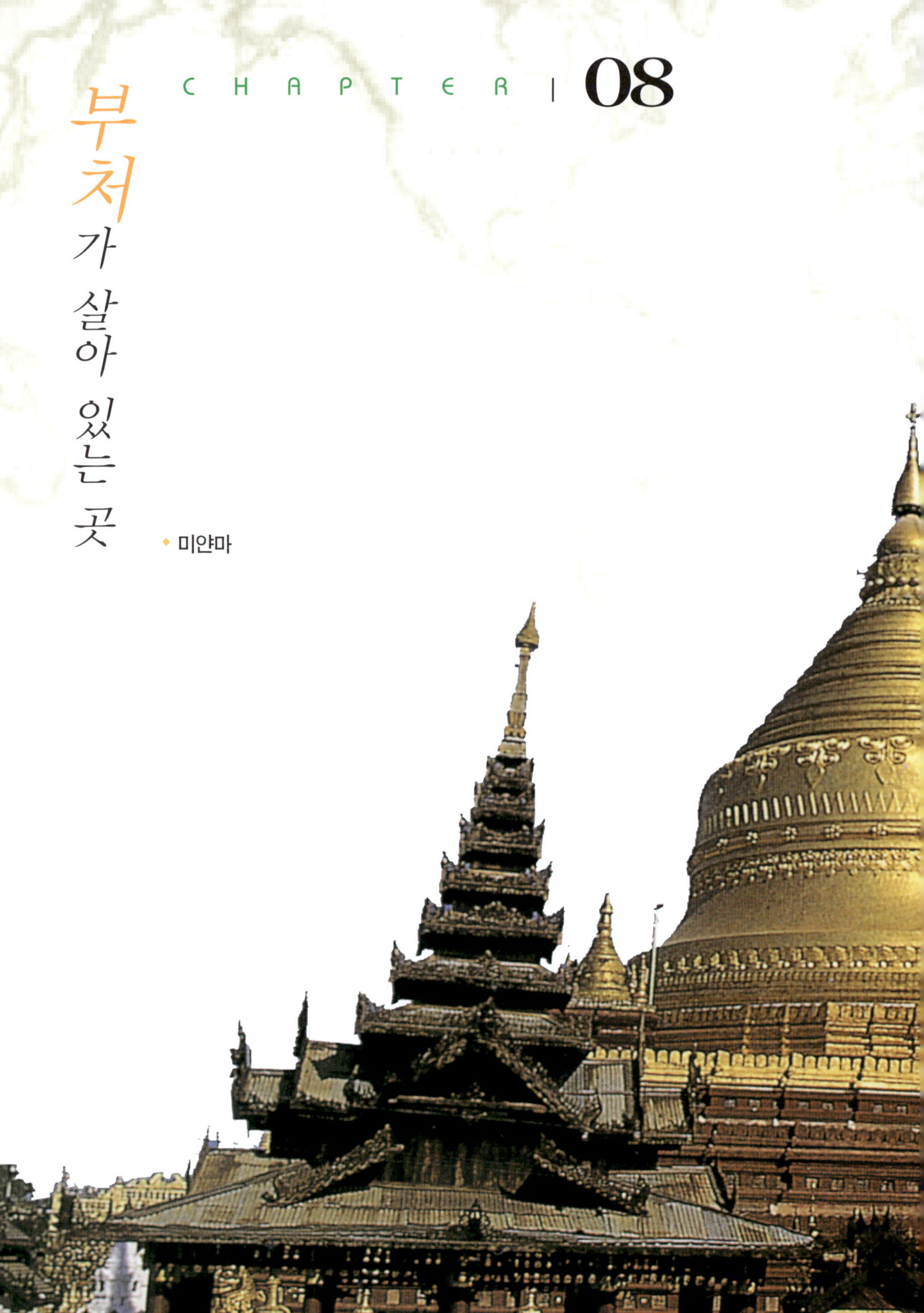

우리에게 미얀마의 이미지는 그다지 좋지 않다. 네윈 장군의 쿠데타 집권이래 군부의 철권통치, 사회주의 체제하의 계획경제, 우리 나라 공직자 17명이 순직하고 15명이 중경상을 입은 아웅산 묘소 폭파사건, 안다만 상공에서 자행되었던 북한 공작원 김현희 일당의 우리 나라 민항기 폭파사건, 민권운동가 아웅산 수지 여사(노벨평화상 수상)에 대한 군부의 탄압…. 그 외에 우리가 아는 것은 여타 인도차이나 국가들처럼 불교를 믿는 개발도상국이라는 것 정도다.

그러나 미얀마로 불교성지순례를 떠나는 이유는 지금부터 2500년 전 부처님 재세시 부처가 직접 방문해 가르침을 내린 곳이기 때문이다. 수도 양곤에 있는 쉐다곤 파고다는 캄보디아의 앙코르와트, 인도네시아의 보로부두르 사원과 함께 세계 3대 사원의 하나다. 과연 직접 가보니 불교를 숭상하고 있는 나라답게 불교 유적지가 참으로 많았다.

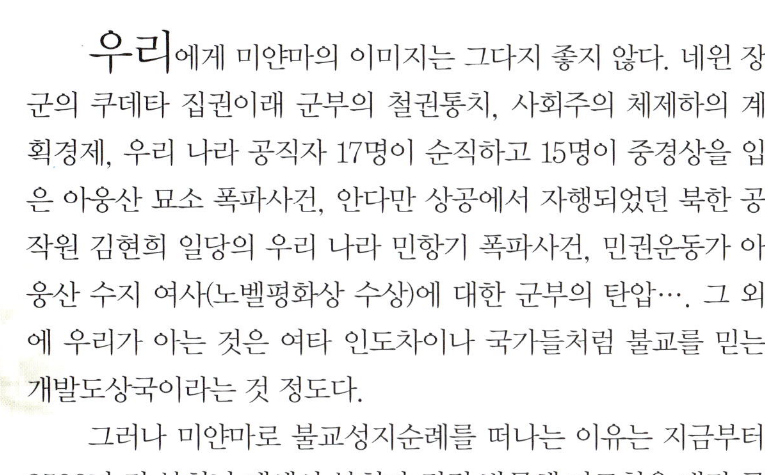

1

도시에 활기를 불어넣는 불교의식

미얀마

11월의 아침, 미얀마의 수도 양곤의 밍글라돈 국제공항에 내렸다. 국제공항이라 하기에 참으로 초라한 모습이다. 이곳 한인 여행사의 한국인 가이드의 안내를 받아 한인 식당 서울관에서 아침식사를 했다.

양곤은 페구 강과 판흘리 강이 합류하는 양곤강의 북쪽에 위치한 조용하고 차분한 도시다. 원래는 몬족의 작은 어촌에 불과했는데 1755년 미얀마족의 아리웅파야가 페구 황조를 무너뜨리고 미얀마 왕조를 건설하면서 '전쟁 끝'이라는 뜻으로 랑군이라는 이름이 붙여졌다. 이후 미얀마의 경제적 중심지가 되었으나 영국이 남부 미얀마를 합병해서 식민지 통치의 거점으로 삼았다. 아이러니컬하게도 바둑판 모양의 현재와 같은 질서 정연한 시가지와 항만은 영국이 건설했다고 한다.

이로써 양곤은 쌀, 석유, 티크의 적출항으로서 뿐만 아니라 정치, 경제, 문화, 교통의 중심지로 발달하게 되었다. 그러나 독립 이후 양곤은 '미얀마인의 손에 의한!'을 캐치프레이즈로 내걸고 외세와 외국 자본을 배척하는 폐쇄적인 외교정책을 펼쳤다. 결과적으로 미얀마인의 도시는 되었지만 지난날의 영화를 회복하

소승불교의 경전인 트리타카의 내용이 새겨진 729개의 흰 대리석비. 만달레이 시에 있다.

지는 못하고 역사의 뒤안길에서 헤매고 있다. 하지만 이곳에 활기를 불어넣어 주는 것이 있으니 이따금씩 벌어지는 불교 축제의 의식들이다.

🔥 **미얀마** 미얀마는 남동쪽으로 타이와 라오스, 북동쪽으로 중국·방글라데시 및 인도와 국경이 맞닿아 있다. 면적은 67만 6577km². 말레이 반도를 따라 내려간 길이 640km의 지협까지 포함해서 남북 길이 2100km이고 폭이 가장 넓은 곳의 동서 길이는 925km정도. 남부와 남서부의 해안선은 벵골만, 마르티반만, 안다만 해와 접해 있다. 산이 많아서 경작지는 전체 국토 면적의 1/6 정도에 불과하다. 열대성 기후로 아시아 남부계절풍의 영향을 크게 받는다. 11월~2월은 서늘하고 건조한 시기, 3~5월 중순은 덥고 건조한 시기, 5~10월은 계절풍이 부는 우기로 나뉜다. 인구는 4400만 명 정도며 종교는 전체 인근 중 90% 정도가 불교를 믿는다. 수도는 양곤.

첫 순례지는 쉐다곤 파고다. 세계 3대 사원의 하나로, 미얀마 성지순례의 하이라이트라 할 수 있는 곳이다. 시가지 북쪽 숲 속에 둘러싸인 '성스러운 황금탑'이란 뜻의 쉐다곤 파고다는 장려하고 우아한 동양문화가 남아 있는 미얀마 최대의 탑이다. 전설에 의하면 약 2500년 전부터 있었던 사원에 두 상인이 인도에서 석가모니의 머리카락 여덟 올을 가지고 와서 바치면서 성스러운 탑이 되었다. 이후 확장을 거듭해서 60여 개의 불탑에 둘러싸인 거대한 불사리탑이 되었다고 한다. 사각형의 기단 위에 사발을 엎어놓은 듯한 모양의 파고다 꼭대기에는 높이가 99m나 되는 첨탑이 솟아 있다. 이렇듯 호화찬란한 탑을 세운 것은 불교가 이 나라의 국교일 뿐만 아니라 국민들의 정신적인 지주이기 때문이다. 또한 미얀마에선 남자는 성인이 되기 위해 10세 전후에 파고다에 들어가 불교의 수행을 거쳐야만 한다고 한다.

한가한 비둘기들의 날개짓 소리 배후로 은은히 울리는 종소리의 파장에 가슴 속 공명판이 화답한다. 속세에 찌든 우리들의 마음을 어느 새 경건해지게 만드는 울림의 주인공은 18세기 싱구민 왕이 증여한 종이라 한다.

오후에 한인이 운영하는 식당 한국관에서 점심식사를 마치고 현지 가이드의 안내에 따라 양곤에서는 차웃탓지 파고다와 까바에 파고다를 순례하기로 했다.

먼저 찾은 곳은 차웃탓지 파고다. 원래 이곳엔 2000년 전에 조성된 거대한 와불(臥佛)이 있었다고 한다. 이 불상을 1930년도에 현재와 같이 미소짓는 아름다운 차웃탓지 와불로 재조성했다고 한다. 가까이서 보면 와불이지만 멀리서 보면 좌불(坐佛)로 보이는, 완전한 ㄴ자의 기형적인 불상이다. 67m의 와불은 현재 미얀마에서 두 번째로 큰 와불이다.

까바에 파고다에는 부처님의 사리와 사리불 사리 및 목련존자의 사리가 있다. '까바'의 뜻은 '세계', '에'는 '평화'로서 까바에 파고다는 세계평화의 탑이라는 뜻이다. 이곳은 현재 미얀마 불교의 중심 역할을 하는 곳인데, 인도 왕사성 칠협굴의 모양을 그대로 본떠 만든 마하파따나 동굴도 이곳에 있다. 이곳의 부처님 사리와 사리불 사리 및 목련존자 사리는 미얀마 국보로서, 인도 최초의 통일국가를 이룬 아쇼카 왕이 8개국에 흩어져 있던 사리탑을 모두 헐어 8만 4000개의 불탑을 조성할 때 산치대 탑에 봉안되어 있던 것이다. 인도가 영국의 식민지였을 당시 영국에 가져갔던 것을 인도 독립 후 인도의 요청에 따라 반환되었다. 이때 미얀마의 초대 수상이었던 우노가 인도 정부에 사리 분배를 요청, 현재 까바에 파고다에 안치했다고 한다.

바간 시가지의 파노라마. 수없이 많은 불탑들이 장관을 이루고 있다.

우리 일행들도 다수의 뜻에 따라 인류의 영원한 스승이신 부처님과 그 제자들의 사리를 친견한 것에 대한 보시금 조로 이곳의 관행에 따라 현지 관리인에게 얼마씩 내고 인류의 영원한 평화를 잠시나마 부처님께 기원했다.

양곤의 까바에 파고다에 안치된 부처님의 사리함.

양곤의 마지막 코스는 미얀마의 독립운동가 아웅산 묘지 참배. 그러나 여기를 관광하기엔 만감이 교차했다. 우리 나라 대통령이 이 나라를 공식 방문할 당시 이곳에 참배하기 위해 왔다가 죽은 우리 정부의 수뇌부 17명이 가장 먼저 떠올랐기 때문이다.

북한의 비밀지령에 의한 북한 공작원들의 테러 공격으로 그분들이 무참하게 최후를 마친 현장이라, 다소 먼 발치에서 희생자들의 넋을 위로할 수밖에 없었다.

≪ 부처님의 원력에 의한 비경

다음날 아침, 바간을 방문했다. 우리가 탄 전세 비행기는 오전 9시 30분경에 바간 공항에 도착했다. 우리가 투숙할 골넨엑스프레스 호텔까지는 1시간 남짓 거리. 양곤에서처럼 리무진 버스를 타고 가이드로부터 바간의 개략적인 역사를 듣는다.

바간은 상(上) 미얀마 중부에 있고 우리의 마지막으로 투어 예정지인 만달레이로부터는 남서쪽으로 14km 떨어진 도시다. 차가 도시에 접근하면서 차창으로 내다보이는 것은 온통 사원과 파고다 일색이다. 수많은 불교 유적이 산재해 있는 인도, 태국, 네팔, 베트남, 라오스, 캄보디아 등을 답사했지만 사원과 파고다의 수에 있어서 미얀마의 바간에 비할 수 있을까? 부처님의 원력에 의한 신비로운 비경 앞에선 감탄이나 탄성조차도 그치고 일순간 마음이 깨끗이 비워지는 듯하다.

간혹 눈여겨보면 형태만 남은 사원들의 유적과 탑들도 넓은 지역에 산재해 있다. 이는 1975년 7월 8일의 대지진으로 중요한 건축물들 가운데 절반 이상이 심한 피해를 입은 결과라고 한다. 현재 유네스코의 지원을 받아 복원되면서 다시 꾸며져 가고 있는 중이다. 전성기 때에는 이곳에 5000개의 사원이 있었지만 지금은 2200개 정도가 남아 있다고 한다.

우리는 오전 10시 30분경에 투숙지인 호텔에 여장을 풀고 현지식으로 아침식사를 마친 후 곧바로 순례를 시작했다. 미얀마 예술의 극치로 일컬어지고 있는 아난다 사원, 부처님의 전두골을 모셨다는 셰지곤 파고다 순으로 탐방을 했다.

미얀마 전성기에 건립된 금빛과 백색의 아난다 사원은 몬족과 인도의 문화를 흡수, 조화시킨 걸작품이다. 12세기에 바간 왕조의 찬지타 왕이 세운 이 사원은 석회칠을 한 벽돌 축조물로 커다란 사변형으로 되어 있다. 금빛의 돔과 첨탑이 솟아 있는 사원의 내부에는 입구의 홀과 이어지는 복도가 있다. 복도의 벽에 볼록 들어간 곳에는 불상이 안치되어 있으며 벽면에는 부처의 전생의 이야기를 나타내는 조각품이 늘어서 있다. 여기 아난다 사원을 비롯한 미얀마의 일체의 사원들은 캄보디아의 앙코르와트, 인도네시아의 보로부두르나 사원과는 달리 벽화가 많이 남아 있는 것이 특징이다.

셰지곤 파고다는 아노라타 왕이 타톤을 정복하고 계획한 첫 번째 기념물로 1044년 바간 왕조 영화기의 아노라타가 즉위하면서 건립에 착수했으나 그의 아들인 잔시타 왕에 의해 완성되었다. 바간 왕조의 건축 양식 중 가장 대표적인 건물이다. 파고다 내부에는 부처님의 견골 사리와 치(齒) 사리가 봉안되어 있는데, 아노라타 왕이 미얀마 전역을 통일한 후 프롬타톰 지방 등 불교가 성행했던 지방에서 가져온 것이라고 한다. 이 파고다는 1085년에 완공되었을 때 높이가 160피트(약 49m)로, 미얀마 불탑의 전형으로 불려지고 있다.

쉐다곤 파고다 안의 거대한 불상.

　순례 여행의 마지막 코스는 만달레이. 비행 시간 30여 분 만인 오전 10시에 만달레이 공항에 도착했다. 수도 양곤에 비해서 북쪽이라서 그런지 11월 중순의 오전 한나절은 우리 나라의 초가을을 연상케 할 정도로 쾌적하다. 인구는 50여만 명으로 미얀마 제2의 도시이며, 양곤에서 이라와디 강을 끼고 북쪽으로 600km 점에 있다. 1857년 알라웅파야 왕조의 민돈 왕이 수도를 건설한 이래 1885년에 영국이 양곤을 수도로 삼을 때까지 만달레이는 빛나는 문화 왕조를 꽃피운 옛 미얀마 왕국의 마지막 수도였으며 2세기 전까지만 해도 행정과 상업, 종교 활동의 번영을 구가했던 곳이다. 이곳에서 첫 번째 순례지는 쿠도도 파고다(Kuthodaw Pagoda).

　1857년 민든 왕의 명에 의해 건립된 쿠도도 파고다는 종교적으로 매우 중요한 곳이다. 이 파고다에는 소승불교의 경전인 트리타카의 내용이 새겨진 흰 대리석비 729개가 봉납되어 있다. 이 석장경은 1857년 2,400명의 승려를 모아 6개월 동안 밤낮으로 일을 진행해서 완성시켰다고 한다. 이 석장경을 탁본해서 책을 만들 경우 400페이지의 책이 38권이나 되어 세계에서 가장 큰 책이 된다고 한다.

　이어 찾은 순례지는 만달레이 힐(언덕). 전설에 의하면 부처가 아난존자를 동반하고 이곳을 다녀갔다고 한다. 그 때 부처는 만달레이 성 쪽을 가리키면서 아난에게 이렇게 말했다고 한다.

　"내가 죽고 난 후 2400년이 지나면 이곳은 왕조의 수도가 될 것이다."

부처의 예언에 따라 만달레이 성은 왕조의 마지막 수도가 된 것이 아닌가 알려지고 있다.

만달레이 순례의 압권이라고 할 수 있는 것은 만달레이 힐의 954계단이다. 이 계단을 밟고 정상에 오르면 만달레이 전역을 한눈에 감상할 수 있다. 우리 일행은 한정된 일정의 강행군으로 인해 심한 피로감에 지쳐 있던 터라, 우리 나라 1950년대에 농촌 시장에 갈 때 타던 반목탄 휘발유 차 비슷한 차를 렌트해서 타고 정상에 올라 시가지를 쭉 훑어봤다. 시가지는 온통 숲 속에 파고다 일색이어서 불교의 나라인 미얀마를 압축해 놓은 느낌이다.

성지를 돌아보고 난 느낌을 정리해 본다면 미얀마는 시원과 파고다와 부처님의 가르침을 빼고는 이야기할 수 없는 나라이다. 국민 개개인이 불교를 주축으로 정신적 주체성을 간직한 나라다. 우리 나라처럼 배타적인 신흥 외국 종교의 침투 등으로 나라와 국민성이 이질화되는 현상이 보이지 않는, 조용하고 각박하지 않은 안정된 나라로 비춰졌다. 지금은 비록 소득 수준에 있어서는 저개발국일망정 가까운 미래엔 활기가 넘칠 수 있는 전망 있는 나라라 여겨졌다.

CHAPTER | 09

인도차이나가
우리를 부른다

◆ 캄보디아

◆ 라오스

인도차이나 하면 막연하게 공산국가들, 인권을 경시하는 나라들임을 먼저 떠올린다. 캄보디아의 경우는 공산주의자 폴포트가 이념이 다르다는 미명하에 양민 200만명을 학살한 킬링필드의 잔혹한 이미지를 쉽게 떨쳐내기 어렵다. 라오스에서는 인민혁명당인 지하 파테트리오가 1975년에 정권을 잡은 후 수많은 양민을 학살하고 국외에 추방했으며, 베트남 역시 헐리우드의 전쟁 영화에 자주 등장할 만큼 전쟁의 상흔은 깊기만 하다.

그러나 캄보디아는 지금으로부터 600~700년 전 인도차이나 반도와 벵골만, 그리고 중국의 남부 운남성까지 세력권을 둔 인구 100만 명의 대도시를 가진 나라였다. 아시아의 관광대국이며 관광천국임을 과시하는 태국이 자랑하는 거대한 에메랄드 사원과 불상이 원래는 라오스의 비엔티안에 있는 불교사원에서 전쟁시 훔쳐간 사실 등을 아는 이들은 그리 많지 않을 것이다.

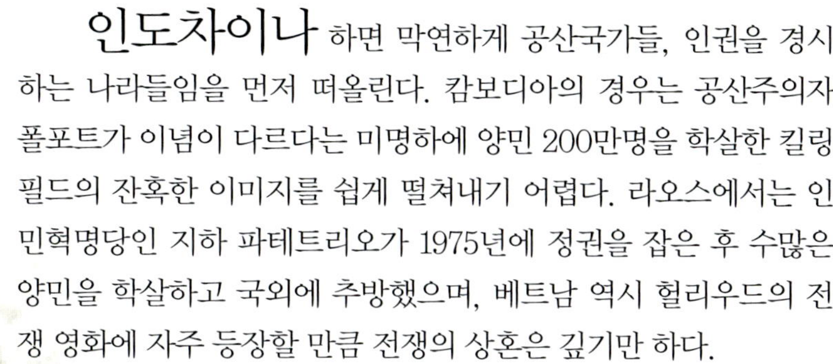

1 킬링필드, 인간의 잔인성

캄보디아

9월 하순, 오전 8시 55분에 캄보디아의 수도 프놈펜 국제 공항에 내렸다. 국제공항이라기에는 너무 초라했는데 입국수속을 마치고 한국인 식당에서 한식으로 점심식사를 했다. 그리곤 곧바로 킬링필드의 현장으로 향했다. 시가지에서 현장까지는 30km 정도.

지금까지 말로만 듣던 킬링필드. 대량학살을 주도한 크메르 루즈의 지도자 폴포트의 만행을 실제로 보게 된 것이다. 200만 명의 동족을 학살했다는 폴포트. 세계에서 공산주의자가 거의 사라진 지금 이념이란 게 과연 무엇이었던가 새삼 되새겨 본다.

우리 일행이 찾은 청아익(Choeung Ek) 지역에서는 약 2만여 유골을 사원에 안치해서 전시하고 있었다. 사원의 관리인이 폴포트 일당의 만행 사실을 설명해주는데 듣기만 해도 끔찍하다. 희생자들은 종교인, 정치인, 지식인 등 소위 폴포트 일당이 말하는 부르주아 계층이었다. 폴포트 일당은 총알이 아까워서 희생자들을 고압 전류로 충격을 주어서 죽여 매장했다니 온몸에 짜릿한 전기가 흐르는 기분이다. 희생자들의 유골을 안치한 사원에서 참배를 하고 무거운 마음을 안고 숙소로 돌아왔다. 어떠한 이념도 사람의 생명을 함부로 한다면 그 가치를 인정받지 못할 것이라는 교훈을 인류에게 보여주는 현장이었다.

숙소에 돌아와 한참이 지났는데도 마음이 계속 무겁게 가라앉아 있었다. 도저히 잠을 이룰 수가 없어 호텔 바에서 일행과 술잔을 나누는데 다들 같은 기분인지 킬링필드가 계속 화제에 올랐다. 학살 만행의 주인공인 공산주의자 폴포트도 프랑스에 유학해서 거기서 학위까지 받은 지식인이다. 그런 지식인이 어떻게 그러한 만행을 저질렀을까 하고 모두들 의아해 했지만 결론은 쉽게 나지 않았고 각자 의문점을 안고 뿔뿔이 흩어졌다.

다음날, 프놈펜의 새벽은 아직 우기가 완전히 끝난 시기가 아니라서 그런지 후텁지근하고 간간이 비를 뿌리고 있었다. 오전 6시 50분에 앙코르와트로 가기 위해 서둘러 공항으로 갔다. 캄보디아 국내선으로 관문도시 시엠립(Siem Reap) 시에 45분 만에 도착해서 (프놈펜에서 시엠립까지 거리는 400km) 공항을 빠져나와 시계를 보니 오전 8시가 되었다.

프놈펜의 인민사원.

≪ 불교의 108번뇌, 앙코르톰

　호텔에서 앙코르톰 문화유적지까지는 북쪽 약 6km 지점 톤레사프호의 북방에 있었다. 앙코르톰은 거대한 도읍지라는 뜻인데, 현존물은 자야바르만 7세(A.D. 1200년 경)가 왕국의 수도로 조성한 것이라 알려져 있다.

　앙코르톰에서 처음으로 마주친 것은 바이욘 신전의 남문과 난간에 늘어선 거대한 신상들이다. 2년 전에 들렀던 이집트 룩소의 카르나크 신전도 이 거대한 신상들에는 비할 바가 못 될 듯 싶었다. 신상들은 여기에만 서 있는 것이 아니라, 각 성문으로 통하는 5개의 긴 도로 양쪽에 각각 54개의 석상들이 서 있다.

🐻 옛 프랑스령 인도차이나연방

　인도차이나는 인도차이나 반도 가운데 베트남, 라오스, 캄보디아를 통칭한다. 인도차이나란 말이 처음 등장한 것은 19세기 초 박물학자 J. 라이든이 대륙쪽 동남아시아 여러 나라를 총칭해서 부르면서였다. 하지만 19세기 말부터 베트남, 라오스, 캄보디아가 프랑스의 식민지가 되면서 프랑스령 인도차이나 연방이 성립된 후, 좁은 의미로 이 세 나라를 지칭하게 되었다.

　20세기 전반, 인도차이나에서는 남부의 쌀을 중심으로 서구의 제국주의적 착취가 행해졌고 이에 저항해서 1930년대부터는 민족주의 운동이 일어났다. 1945년 일본의 항복을 계기로 3국에서는 각기 독립정부가 수립되었고 프랑스의 재침략에 격렬하게 저항했다(제1차 인도차이나 전쟁). 그 후 1954년 제네바 협정에 따라 베트남 북부에서는 베트남민주공화국, 남부에는 베트남공화국, 그리고 라오스 왕국과 캄보디아 왕국의 성립이 인정되었다. 그러나 각국은 경제적 · 정치적으로 분열되면서 1960년 남베트남 민족해방전선이 성립되었고 또다시 전쟁의 불길에 휩싸였다(제2차 인도차이나 전쟁).

　미군이 직접 개입하면서 전쟁은 장기화, 광역화되었으나 1975년 남베트남해방전선, 라오스애국전선, 캄보아디아통일전선 등의 사회주의 세력이 승리를 거두면서 1976년까지 민주캄보디아, 라오스인민민주공화국, 베트남사회주의공화국이 들어섰다. 그러나 1978년 이래 베트남과 캄보디아, 베트남과 중국간에 국경분쟁이 일어났고 1979년부터 발생한 캄보디아 내란은 수많은 난민을 양산하면서 계속되었다.

🐱 캄보디아

　동남아시아 중부 인도차이나 반도 남동부에 있는 나라. 정식명칭은 캄보디아 왕국. 면적은 18만 1040km², 인구는 1300만여 명. 북동부는 라오스, 동부와 남동부는 베트남, 북서부와 서부는 타이에 접하고 남서부는 시암만에 닿는다. 수도는 프놈펜. 메콩 삼각주가 펼쳐지는 남부를 제외하면 주위가 높고 중앙이 낮은 지형이다. 기후는 열대성 기후로 5월 중순부터 10월 초순까지 남서계절풍의 영향을 받는 우기와 11월부터 4월까지 북동계절풍이 부는 건기로 나뉘어진다. 가장 더운 4월에는 프놈펜은 최고 40.9℃까지 올라간다.

앙코르톰의 신상들.

입구로 들어갈 때를 기준으로 하면 왼쪽에 악신(惡神)들이,
오른쪽에 선신(善神)들이 서 있다. 악신들은 얼굴을 잔뜩 찌푸
리고 머리엔 무사들의 장식을 두르고 있는데, 선신들은 아몬드
형 눈과 원추형으로 감아 올린 머리를 하고 참으로 평화스런 얼
굴이다. 그러나 석상들의 얼굴은 복제품인 경우가 많다. 몇몇은
도난당했고, 몇몇은 문화재관리국에서 보관하고 있다. 이 108
신들은 불교의 108번뇌를 의미한다고 한다.

석상들의 위세에 눌려 숨을 죽이고 바이욘 신전의 중앙 사당

하부인 제1 회랑을 거쳐 바이욘 신전의 남문 쪽을 둘러봤다. 남문은 앙코르 건축에서도 독특한 양식을 취하고 있는데 문 자체가 거대한 4면의 얼굴을 한 탑문으로 되어 있다. 흔히 성벽이나 벽 중간에 통로를 만들고 모든 중앙의 통로들을 탑처럼 쌓아올려 벽에서도 유난히 돋보이도록 만드는 양식을 고푸라라고 하는데, 앙코르의 대부분의 건축에서 이 고푸라를 볼 수 있다.

거대한 도읍지라는 이름에 걸맞게 앙코르톰은 너무 방대해서 전체를 한눈으로 훑을 수는 없다. 앙코르톰은 한 변의 길이가 3km인 정사각형 구조를 취하며, 외벽에 5개의 성문이 있다. 동서남북 각 방향과 중앙에 하나. 내부 역시 정확하게 4등분해서 정중앙에 바이욘 신전이 자리를 잡았다. 이러한 구조는 앙코르의 신전에서 흔히 보는 퀸컹스(Quincunx) 스타일로, 사방에 4대륙을 의미하는 4개의 탑과 중앙에 메루 산의 형상을 재현한 것이라 한다. 즉 4구역은 4개의 세상이고, 정중앙의 바이욘 신전은 메루 산을 형상화한 것.

미려하고 장대한 바이욘 신전도 그렇지만 앙코르톰 자체가 1200년 전 캄보디아 옛 왕국의 위용과 신성함을 웅변해주면서 그보다 반세기 전에 세워진 앙코르와트와 함께 앙코르 문화의 쌍벽을 이루고 있다. 백문이 불여일견. 그 많은 돌들은 과연 어디에서 가져왔는지, 그 웅대하고 정교한 조각상들이 과연 인간의 작품이란 말인지 감탄사가 절로 나온다. 불력(佛力)은 과연 이토록 위대한 것일까?

≪ 거대한 무덤과 사원, 앙코르와트

간단히 점심식사를 마치고 캄보디아 여행의 하이라이트라고 할 수 있는, 세계 7대 불가사의의 하나인 앙코르와트로 향했다. 앙코르톰에서 남쪽으로 1.5km 지점에 있는 앙코르와트는 13세기 중반 수리아바르만 2세가 지은 것으로, 앙코르 왕조의 최전성기에 세운 크메르 건축의 최대 걸작품으로 알려져 있다. 건축에 사용된 석재만도 2만㎥에 달한다고 한다. 건축 동기는 수리아바르만 2세가 자신의 유해를 안치하고 상징적, 종교적으로 비슈누(힌두교의 주요 신의 하나) 신과 자신의 영혼을 동일시할 수 있는 거대한 소우주의 건축물로 세우겠다는 것이었다고 한다.

앙코르와트는 현재 불교 사원으로 알려지고 있지만, 건축 동

수미산. 앙코르와트
에 있으며, 세계의 중
심이자 신들의 진리
를 뜻한다.

기가 그러한 만큼 원래는 힌두교 사원이었다. 후세에 불교도들
이 신상을 파괴하고 불상을 모시게 되면서 불교 사원으로 보이
기도 하지만 건물, 장식 등 모든 면에서 힌두교의 사원 양식으
로 지어졌다.

구조는 바깥벽은 동서 1500m, 남북 1300m 직사각형의 웅
장한 규모로 정면은 서쪽을 향하고 있다. 입구에 돌을 깔아 놓
은 참배로를 따라 475m쯤 가면 중앙 사원을 비롯한 주요 건축

폴포트의 인민 학살로 희생 당한 사람들의 유골들.

물들이 있다. 세계의 중심이며 신들의 진리를 뜻하는 수미산의 돌을 사용해서 인공적으로 59m 높이로 쌓아 놓은 것 등 말로는 표현이 불가능한 웅대한 장관을 연출한다. 찬탄에 찬탄을 금할 수 없었다. 이집트의 피라미드도 앙코르와트에는 비교되지 못할 것이라는 것이 많은 이들의 공통된 생각이다.

입구에서 참배를 시작으로 사원을 한 바퀴 돌아 나오는 데도 3시간 정도 걸렸다. 아쉬운 점이 있다면 앙코르톰과 앙코르와트의 건축물들이 제대로 복원되지 못한 데다가 부실 공사로 인해 일부 유적은 돌무덤으로 변했다는 사실이다. 하루빨리 인류의 보고이자 유산인 이 두 사원들이 제대로 복원되어 인류사에 영원한 빛을 발할 수 있기를 기원할 뿐이다.

2

라오스

캄보디아 시엠립 시에서 오전 8시 35분에 비행기에 올라 프놈펜 국제공항을 경유하여 라오스의 비엔티안 국제공항에 도착하니 12시 55분이었다.

우리 나라에서는 금지되었던 라오스 일반 관광 여행이었다. 1995년 9월 20일부터 라오스가 여행자유화지역으로 해제된 후 우리 일행이 이곳에 처음 왔다는 자부심을 안고 도착했다. 일행들은 이미 100여 개 나라를 여행한 여행 전문가들이었는데 4500만 한국인 중에서 특별한 선택을 받는 이들인 양 다들 좋아서 싱글벙글 야단이었다.

호텔에서 뷔페식으로 점심식사를 마치고 자동차로 비엔티안 시내 일주와 국립박물관을 관광했다. 라오스는 불교가 국교인 나라여서 사회 전반에 불교가 스며들어 박물관에도 대부분 불상을 가득 모신 것이 특색이었다.

또 라오스 투어에서 안 사실이지만, 현재 박물관에 전시되고 있는 에메랄드 불상은 모조품들이 많은데, 진품 불상들을 전쟁시 태국에게 빼앗긴 탓이라 한다. 태국이 세계적으로 자랑하는 에메랄드 사원의 에메랄드 불상은 원래 라오스 출신이었던 것이다.

이튿날, 비엔티안에서 2시간 거리의 남웅금댐을 둘러보았는데 규모와 넓이에서 세계적이었다. 댐 곳곳에 아련히 솟아 있는 섬들은 절경 중의 절경이다.

라오스 여행 중에 아쉬운 점이라면 고도 루아푸라방과 메콩 강 지류를 타고 4000개의 섬을 관광하는 선상 크루즈를 하지 못한 것이다. 그나마 역사상 가장 큰 프로젝트로 알려진 우리 나라의 동아건설이 5억 달러에 발주 시공중인 수력발전소 건설 사업에 참여하고 있는 천 지사장의 배려가 없었다면 짧은 스케줄로 이렇게라도 여행이 가능했을지?

해외 여행을 하다보면 새삼 우리의 국력을 느끼는 일이 다반사이지만 라오스에서도 우리의 국력이 어느 단계인지 절실히, 피부로 느껴졌다. 현지 여행사 가이드로부터 정부 인사들까지 만나는 사람마다 사우스 코리아를 환호하면서 자국의 진로를 조언해 달라는 것이었으니!

국립 황금 수투파의 전경.

비엔티안의 박물관 전경.

≪ 생활과 밀접한 라오스의 불교

　라오스는 인구의 90% 이상이 불교를 신봉하는 나라다. 그렇다고 해서 불교가 국교는 아니다. 헌법상 신앙의 자유가 인정된다. 그러나 완전한 자유는 아니다. 개인적으로 다른 종교를 가질 수는 있으나 교리를 가르치거나 전파하는 것은 허용되지 않는다.

　라오스 불교는 캄보디아를 통해 전해진 소승불교다. 불교는 라오스인들의 생활과 밀접하게 얽혀 사고방식과 생활방식에 잠재되어 있다. 따라서 그들에게 종교는 생활의 일부분이라 할 수 있다. 생활이 어려워 공부를 할 수 없는 아이들은 스님처럼 생활하는 학승이 되어 공부를 한다.

　사원에서 데이트를 즐기는 젊은이들도 있다.

비엔티안 외각에 소재하는 라오스 국립공원. 다양한 조각상들을 만날 수 있는 곳이다.

거의 모든 사람들이 어릴 때부터 불교적인 생활에 익숙해진다. 남자들은 10살 정도가 되면 삭발을 하고 수도승으로 불교에 입교하여 불교에 관한 교육을 받으며 절에서 일정 기간 거주해야 하는 전통이 있다. 음식에 대한 절제도 없어서 고기나 담배 등 일반 사람들이 먹는 대부분의 음식을 승려들도 먹는다.

라오스 불교는 일면 샤머니즘과도 밀접하게 접목되어 있다. 가정집, 음식점, 사업체, 학교, 농장, 큰 나무밑, 산꼭대기 등에 신당을 만들어 놓고 있으며 정성을 다하여 이들을 돌봐야 삶의 축복과 육체의 건강을 얻을 수 있다고 믿는다.

승려들은 대부분의 마을에서 아이들을 가르치기도 한다. 읽기와 쓰기, 수학, 역사, 지리 등을 불교적 관점을 바탕으로 가르친다. 마을마다 절이 있으며 그 안에는 교육을 위한 학교가 마련되어 있다.

이렇듯 삶 자체가 곧 불교 신앙이라 할 수 있기에 공산 정권도 불교도들을 계몽시킬 수 없다고 판단하고 전통 공산주의를 포기하고 라오스식 공산주의로 전환했다고 한다.

🔥 **라오스** 동남아시아 북부, 인도차이나 반도 중앙부에 있는 내륙국으로 정식명칭은 라오스인민민주공화국. 면적은 23만 6800km². 인구는 약 600만 명으로 동쪽으로는 베트남, 북쪽으로는 중국, 북서쪽으로는 미얀마, 서쪽으로는 타이, 남쪽으로는 캄보디아에 둘러싸여 있다. 중국과 인도차이나 각국 사이의 접촉지대로써 군사전략상 중요한 위치에 있어서 주변 국가들의 간섭을 많이 받아왔다. 수도는 비엔티안. 기후는 열대몬순기후로 5~9월의 우기, 10~4월의 건기로 나뉘어진다. 11~1월은 비교적 서늘하며(1월 북쪽 지방의 평균 기온 19.2℃), 5월이 가장 무덥다(북쪽 지방의 평균 기온 27.8℃).

CHAPTER 10

불교 문화와 힌두교 문화의 중심지

◆ 인도네시아

흔히들 세계적으로 유명한 불교 3대 사찰로 캄보디아의 앙코르와트, 미얀마의 쉐다곤 파고다, 인도네시아 족자카르타의 보로부두르 사원을 꼽는다. 불교 신자로서 앙코르와트와 쉐다곤 파고다는 4, 5년 전에 방문했지만 보로부두르 사원은 탐방하지 못하고 기회만 엿보고 있던 차였다. 마침 미국에서 생활하고 있는 친구가 귀국 길에 해외 여행을 같이 가자 해서 보로부르드 사원을 둘러볼 겸 인도네시아의 발리 섬과 족자카르타로 코스를 잡았다.

발리는 신혼여행지로, 주말 휴양지로 손꼽히는 대표적인 관광지이지만 발리의 고대 문화의 진수를 느낄 수 있는 곳이었다. 족자카르타는 불교 문화와 힌두교 문화의 중심지로 번영을 누렸던 곳.

1 발리의 삼박자 : 맑은 날씨, 잔잔한 해풍, 관광객의 조깅

인도네시아

직행편이 마땅치 않아서 일본 오사카의 간사이 공항을 경유해서 JAL 비행기편으로 6시간 30분 만에 현지 시간 오후 6시에 발리(Bali) 섬의 주도인 덴파사르 국제공항에 도착했다. 공항은 규모 면에선 금년 초 봄에 방문했던 인도의 캘커타 국제공항보다 훨씬 크게 보이는데 실제로도 크다.

티끌 하나 없는 맑은 날씨와 잔잔한 해풍, 그리고 이곳을 찾은 관광객의 조깅은 마치 발리 섬의 삼위일체인 듯 평화롭게 어우러져 전체적으로 밝은 분위기를 연출하고 있었다. 투숙지인 솔메리아 호텔에서 콘티넨탈 식의 아침식사를 끝내고 한국인 가이드의 안내에 따라 투어를 시작하기에 앞서 발리 섬에 대한 개괄적인 설명을 들었다.

섬의 주요 도시로 주도인 덴파사르는 상가로서의 주된 역할을 하며, 쿨룽쿵은 목공업과 금은 산업의 중심지로, 쿠타는 관광업의 중심지로 발전하고 있다.

발리 주민들은 음악, 시, 춤, 축제를 즐기며 예술과 공예에 뛰어난 솜씨를 가지고 있다. 이들이 내기 게임, 특히 닭싸움을 열광적으로 좋아하는 것은 널리 알려진 사실이다. 이곳 사람들의 예술적 기질은 조각, 그림, 은세공, 목각술 등에서 뚜렷하게 나타나며 죽은 사람의 시체를 담아 화장터로 운반하는 동물 모양의 목관에서도 엿볼 수 있다.

발리는 16세기에 자바 섬에서 이슬람교 세력이 힌두교 세력을 제압했을 때 수많은 귀족, 성직자, 지식인들의 도피처가 되었던 곳으로 지금은 소순도 열도에서 유일한 힌두교의 거점이다. 발리인들은 환생을 굳게 믿으며 인도만큼 엄격하지는 않지만 카스트 제도가 현존하고 있는데 주민의 9/10가 가장 낮은 수드라 계급에 속한다.

1597년 처음 네덜란드인들이 들어 왔을 때 발리 섬은 수많은 이슬림 국가로 나뉘어져 서로 씨우고 있었다. 네덜란드는 1882년 발리 섬 북부에 있는 나라인 불렐렝과 젬브라나를 합병한 후 1894년 근처에 있는 롬모크 섬을 침략, 발리 왕자 아나크 아웅 크투트를 살해했다. 1906년에는 덴파사르를 침공해 3,600명의 발리인을 학살하고 섬 전체를 점령했다. 발리 섬은 제2차 세계대전 동안에는 일본군에게 점령되었고 1950년 인도네시아 공화국의 영토가 되었다.

≪ 발리의 힌두교 사원들

덴파사르(Denpasar)는 발리 섬의 정치, 경제의 중심지다. 인구는 10여만 명 정도로, 발리 섬에서 도시다운 도시로는 유일하다 할 수 있다. 시내에는 택시, 버스, 오토바이가 다니는데 힌두교에서 소를 신성시해서 그런지 한편에서는 소가 유유히 길을 건너도 누구 하나 막지를 않고 마차가 방울을 울리며 지나가는 등, 고대와 현대가 공존하는 것만 같다.

시장과 가자마다 거리 동쪽으로 베테란 거리(Jl.Veteran)와 교차하는 지점에 널찍한 푸푸탄 광장이 나오고 광장 동쪽에 문화 박물관이 있다. 박물관은 발리의 전통적인 고대 건축 양식인 궁전과 사원의 특징을 살린 외관이 장엄한 모습을 드러낸다. 안에는 고대에서 현대까지의 발리 미술 공예품이 전시되어 있다. 선사시대의 무기와 도기, 종교의식에 쓰인 의상이나 장식품, 현대의 공예품, 회화 등 다양한 분야의 컬렉션이 소장되어 있다. 발리 섬의 역사와 문화, 생활을 이해하려면 필히 둘러봐야 할 곳이다.

덴파사르 시 가까이에 발리 섬 최남단의 해변 휴양지 쿠타(Kuta)가 있다. 원래는 작은 어촌이었으나 1970년대부터 오스트레일리아 등지의 서퍼(suffer)들이 몰려들기 시작해서 이제는 세계적으로 손꼽히는 휴양지가 되었다. 지금은 곳곳에서 록 음악이 흐르고 해변에서는 토플리스 차림의 여성들이 활보하는 등 서구풍의 거리로 바뀌고 있었다. 한 잔의 맥주와 더불어 비치 패션의 늘씬하게 쭉 빠진 아가씨들을 구경하는 것도 눈요기로는 그만.

덴파사르 북쪽 17km 지점에 목각품으로 유명한 마스(Mas) 마

발리 발리 섬은 인도네시아 소(小)순도 열도에 있는 섬과 주 자바 섬 동쪽 1.6km 지점에 자리 잡고 있다. 거의가 자바 섬 중부 산맥의 연장 부분인 산악지대로 이루어져 있으며 최고봉은 해발 3142m 높이의 아궁 산. 활화산으로 1963년 3월에 폭발해 1500명 이상의 사망자와 수천 명의 이재민을 내기도 했다. 계절적으로는 5월에서 11월까지가 건기이고 나머지는 우기. 면적은 5561km^{2}로 제주도의 2.7배이며 인구는 350만여 명.

을이 있다. 흑단이나 티크재 등 단단한 재질의 목재로 유려하고 도 힘찬 작품을 제작해내고 있어서, 힌두교 신화에 나오는 신상을 비롯해서 여성상, 어부상 등 서민의 생활을 주제로 한 목각품을 볼 수 있다.

일명 신성한 샘의 힌두 사원이 있는 탐팍시링(Tampaksiring) 마을도 둘러봐야 한다. 베사키 사원(Pura Besakih)이 힌두교 사원의 총본산이라 하면, 이곳은 마을 단위마다 각각 숭배되는 힌두 신을 모신 사원들 중에서 시범적인 사원으로 모델화되어 있는 사원이 있다. 특이한 점 중의 하나는 정수하지 않고도 음료수로 사용할 수 있는 샘물이 넘쳐흐르고 있다는 것. 현지 사람들은 이를 두고 신이 선사한 신성한 샘이라고 믿고 있어서 신싱한 샘의 힌두 사원으로 불려지는 것이다. 발리 섬은 화산 지대로 섬 전체가 석회암으로 이루어져 있기 때문에 물밑에는 항상 석회가 깔려 있어서 정수를 하지 않고 먹을 수 있는 지하수가 이곳에만 극히 예외적으로 허락되어 있다고 한다.

베사키 사원은 덴파사르에서 북동으로 약 40km 지점에 있는 힌두 사원이다. 1만 개가 넘는 힌두교 사원의 총 본산이며 '어머니인 사원'으로 숭앙받고 있다. 힌두교의 삼위일체인 브라흐마, 비슈누, 시바를 모신 복합 사원이다. 힌두교가 발리 섬에 건너오기 전인 10세기 이전에 세워진 사원으로, 삼위일체를 모신 3개의 사원을 중심으로 크고 작은 30여 개의 사원이 넓은 경내를 꽉 채우고 있다. 이 섬에서 가장 높은 아궁 산을 배경으로 한 3~11층의 첨탑은 신비스럽다고 말할 수 있겠다.

≪ 세계 3대 불교사원의 하나, 보로부두르 사원

보로부두르 사원이 있는 족자카르타(Jogjakarta)는 발리에서 국내선 가루다 항공으로 비행거리가 1시간 조금 넘는다. 거리는 현대적으로 세련되어 있지 않고, 조용하면서도 차분한 옛 수도로서의 정취를 풍긴다. 꽉 찬 하루 일정에 따라 현지 여행사에서 제공한 승용차에 탑승해서 시가지 투어는 하차하지 않고 라운드 트립 형식으로 한 바퀴를 빙 돌면서 서툰 우리말과 영어가 섞인 현지인 가이드의 설명을 듣는다.

일명 요그야카르타인 족자카르타는 7~8세기에 인도에서 전해진 불교 문화와 힌두교 문화의 중심지로 번영을 누렸던 곳인 만큼 양대 문화의 우아하고 화려한 전통이 남아 있다. 18세기 이후에는 이슬람의 술탄이 이곳에 군림해서 이슬람 문화예술을 키웠다. 1946~1949년에는 한때 인도네시아공화국의 수도였으며 자타가 공인하는 이 나라 문화의 중심지란다.

보로부두르 불교 사원과 프람바난 힌두교 사원을 향하면서 창가에 바라보이는 술탄의 궁전, 가자마다 주립대학교, 하타 재단 도서관, 소노부도요 박물관을 아쉽게 지나친다.

승용차로 1시간을 달렸을까? 족자카르타 북서쪽 42km 지점에 메라피 산을 비롯한 3000m 급의 화산들로 둘러싸인 녹음이 짙은 평야 지대가 나타난다. 그 한가운데 우뚝 솟은 엄청난 규모의 사원이 우리를 맞는다. 보로부두르(Borobudur) 불교 사원! 미얀마의 쉐다곤 파고다, 캄보디아의 앙코르와트와 더불어 세계 3대 불교 사찰의 하나다. 또 세계 7대 불가사의의 하나라는 흥분과 기대 속에 점심식사마저 잊고 순례에 나선다.

이 사원은 800년경 이 나라의 샤일렌드라 왕조 때 건립되었는데 상징성이 풍부한 탑들과 산 모양을 한, 밀교 의례에 쓰이는 도상인 만다라(Mandala) 등을 조화롭게 결합하고 있다. 건축 양식은 인도의 굽타 왕조와 굽타 왕조 이후의 예술에서 영향을 받았다. 보로부두르의 탑들은 1000년경부터 황폐해지면서 잡초로 뒤덮여 있다가 1907~1911년 네덜란드 고고학자들에 의해 복원되었고, 1980년대 초에 재차 철저한 복원이 이루어졌다.

이 유적은 작은 언덕 위에 펼쳐져 있는데, 언덕 밑에서부터 차례대로 높아지면서 작아지는 5층의 사각형 단, 그 위에 다시 차례대로 높아지면서 작아지는 3층의 원형 단, 맨 위 단 한가운데에 세운 중앙 탑으로 이루어져 있다. 제일 밑의 사각형 단의 한 변의 길이는 112m 가량 되고, 전체 높이는 약 31.5m 정도다. 전체 건조물은 하나의 거대한 돌 위에 놓여 있으며 사방의 각 중앙에는 다음 단으로 올라가는 계단이 있다.

내부에 방은 없으며 사각형 단은 모두 높은 벽으로 둘러싸여 있는데, 그 벽에는 불교 설화들이 돋을새김으로 새겨져 있고 벽감(벽의 일부를 오목하게 파서 조각품을 세워둘 수 있도록 한 부분)들 안에는 아득한 옛날에 성불했다고 하는 구원불상 5개가 안치되어 있다. 사각형 단 위에 있는 원형 단들에는 벽이 없고 종 모양의 탑들이 72개 세워져 있는데, 탑 안에 조그맣게 뚫린 구멍으로 명상하고 있는 부처상이 반쯤 보인다.

벽에 새겨진 돋을새김은 열반이라는 정신적 자유를 향해 올라가는 깨달음의 단계를 나타낸다. 제일 밑단에 있는 돋을새김은 이생에서 행하는 선행과 악행의 과보를 묘사하고 있으며, 둘째 단의 돋을새김은 석가모니의 생애와 본생담(석가모니 전생에 관한 이야기들)의 사건들을 묘사하고 있다. 다음 단에는 대승불교 경전에 실려 있는, 한층 철학적인 주제들을 형상화한 돋을새김이 펼쳐진다. 경이롭다는 말 외에는 모든 언어적 표현을 무색케 하는데….

≪ 인도 최고의 서사문학 '라마야나'

마지막 탐방지로 족자카르타 동쪽 17km 지점에 위치하며 메라피 화산을 배경으로 우뚝 서 있는 프람바난 사원을 찾았다. 지난날의 찬란했던 영화를 대변하는 듯한 이 힌두교 사원은 높이 47m의 대첨탑을 중심으로 해서 8개의 사당으로 이루어져 있다. 첨탑 둘레에는 3층으로 된 외벽이 있었으나 지금은 아쉽게도 많이 무너져 내려앉아 있다. 이 프람바난 사원은 메라피 화산의 폭발로 묻혀 있다가 1937년 네덜란드의 주도로 복원 공사가 시작되어 1957년 지금의 모습을 되찾게 되었다고 한다.

사원의 중앙에는 시바 신을 모신 사당이 있고 오른쪽에는 브라흐마 신, 왼쪽에는 비슈누 신을 모신 사당이 있다. 그 중 날씬한 처녀의 모습을 뜻하는 말인, 로로종그랑이라 불리는 시바 신 사당의 외부 벽에는 힌두교의 대서사시 '라마야나'의 이야기를 새겨 놓은 정교한 부조가 눈길을 끈다.

🐱 **족자카르타** 족자카르타는 인도네시아 자바 섬 족자카르타 특별 주의 주도 자바 섬 남해안에서 내륙 쪽으로 29km 들어간 지점, 메라피 산(2891m) 가까이에 있다. 1946~1949년에는 한때 인도네시아공화국의 수도였으며, 자타가 공인하는 인도네시아의 문화 중심지다. 현재 인구는 50만여 명.

‘마하바라타’와 더불어 인간의 삶과 영혼을 구원하는 인도 최고의 서사문학으로 꼽히는 ‘라마야나’는 일명 ‘라마의 사랑 이야기’로 불린다. ‘라마야나’는 ‘라마가 걸어간 길’을 의미하는데, 고대 인도에 전해오던 비슈누 신의 화신인 라마 이야기를 B.C. 300년경 시인 발미키가 산스크리트어로 엮어낸 대서사시다. 고대 인도 문화의 근간을 이루는 베다의 가르침을 실천하는 것을 목적으로 구전되어 온 신화 문학이다. 신들의 신 비슈누가 코살라 왕국의 왕 다샤라타의 아들 라마로 환생해서 하늘의 신들을 괴롭히고 지상을 악으로 물들이는 악귀들의 제왕 라바나를 물리치는 모험담을 담고 있다.

이 사원의 특징은 힌두교의 건축물이면서도 그 속에 불교적인 색채가 섞여 있다는 것이다. 또한 겉으로 보기엔 유럽의 고딕 양식을 생각나게 하지만, 정감이 어린 그 모습에선 깊은 번뇌에 잠겨 있음을 느낄 수 있다.

보로부두르 불교 사원과 프람바난 힌두교 사원은 과연 듣던 대로 규모의 장대함, 조각의 섬세함과 화려함이 갖춰진 자바 문화예술의 극치였다. 인도네시아가 세계에 자랑하는 문화유산일 뿐만 아니라, 이곳을 찾는 이방인들에게 더없는 황홀경을 안겨주는 보물이었다.

CHAPTER 11

현대판 도원경을 찾아

- ◆ 시킴
- ◆ 부탄

시킴(인도)과 부탄을 두고 흔히들 서양인들은 샹그릴라(Shangrila), 지상낙원, 유토피아라 부르고 아시아(일본)에서는 현대판 도원향(桃園鄕)이라고 일컫는다. 아마도 히말라야 산맥 깊숙이 오지에 만년설과 빙하가 벽을 두르고 있어 문명의 이기가 침입할 여지를 차단한 채 오랜 세월 자연 그대로의 청정함을 간직하고 있어서일 것이다.

하지만 18세기 중엽부터 인접 국가들인 네팔, 시킴, 부탄 등이 장기간 전쟁을 벌이고 또한 서구의 침략도 받으면서 서양인들의 지상낙원은 전쟁터가 되었다. 전쟁의 와중에서 그 옛날의 비경은 그대로 남아 있을까 궁금하기만 했는데 마침 오지 전문 여행사를 하는 친구의 안내로 2000년, 8일간의 여정으로 그 궁금증을 풀게 되었다.

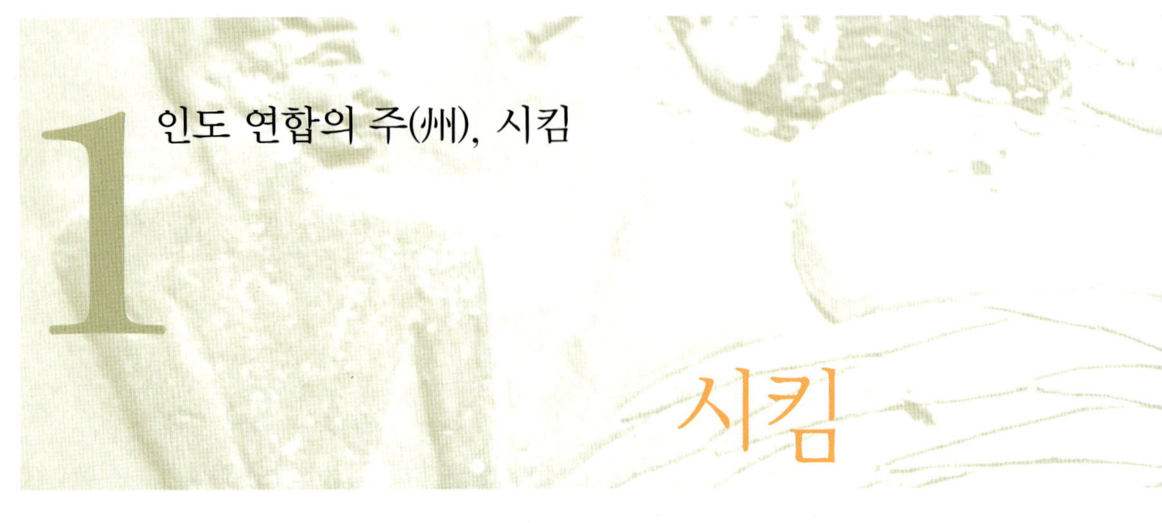

1 인도 연합의 주(州), 시킴

시킴

인디아 에어라인으로 인도의 캘커타를 경유, 인도 서벵골 주의 백도그라 공항에 도착한 시간은 오후 3시. 백도그라 공항에서 목적지인 시킴의 주도 강토크까지는 120km인데, 자동차의 평균 시속이 25km라 꼬박 6시간을 달렸다.

노면은 거의 대부분이 비포장도로라 해발 2000m 이상에 건설된 꼬불꼬불한 절벽 위를 달리는 것은 서스펜스 브리지를 연상하게 한다. 도로도 도로지만 마치 곡예를 하는 것처럼 아슬아슬한 기사의 운전 솜씨는 두려움을 느끼게 하면서 가슴을 조이게 하는데 한편으론 아낌없이 찬사를 보내고도 남음이 있다.

고지대의 구비길. 조심운전을 당부하는 안내판이 설치되어 있다.

≪ 꼬불꼬불한 절벽 길의 곡예사

목적지인 강토크(Gangtok)까지 수백 미터 밑으로 장장 100km가 넘게 펼쳐지고 있는 티스트(Teest) 강과 랑기트(Rangit) 강의 급류가 연출하는 장관은 경이롭기만 하다. 현지인 가이드의 말에 의하면 여기가 세계를 통틀어 래프팅 3대 코스 중 하나라고 한다. 6월부터 10월까지가 최절정인데 전 세계 래프터들을 끌어들여 열광케 한단다.

노변의 깎아지른 산야의 정글화된 산림은 불에 타고 있다. 인공적인 산불이다. 경작지를 다소 넓히려는 의도로 우기 직전인 1~3월에 산림에 불을 놓아 경작하고 있는 것이란다. 우리 나라 50년대 강원도의 화전민을 연상하게 한다. 곳곳이 연기로 자욱해서 대자연의 맑은 공기를 갈망하였던 일행들에겐 실망감을 주지만 인간이 먹고살기 위해선 어쩔 수 없는 일인지?

이 나라 시간으로 오후 8시에 정확히 시속 25km로 6시간 만에 투숙지인 티베트 호텔에 여정을 풀었다. 시쳇말로 반 초죽음이 된 자동차 여행이었기에 식사를 마치고 샤워를 하자마자 누우니 잠자리가 수면제와 같다.

🔥 **시킴** 시킴(Sikkim)은 현재 인도의 가장 작은 주 가운데 하나로 히말라야 산맥 동부에 자리 잡고 있다. 서쪽과 동쪽으로 각각 히말라야의 독립 왕국인 네팔 및 부탄과 접해 있으며, 북쪽과 북동쪽으로는 중국의 티베트 자치지역, 남쪽으로는 인도의 서벵골 주와 경계를 이룬다. 선사시대부터 세 부족이 거주한 것으로 알려져 있으며 뒤이어 역사시대에 많은 부족이 유입되었다. 가장 큰 규모의 이주는 18세기 중엽과 19세기 사이에 주로 네팔 북부와 동부로부터 이루어졌다. 민족간의 갈등이 커지면서 18~19세기 네팔, 부탄 등과 장기간 전쟁을 벌였으며 1839년부터는 영국의 침략을 받고 영토의 일부를 점령당했다. 인도가 영국으로부터 독립한 후 시킴은 정치적 격동기를 겪었다. 1950년 시킴은 인도의 보호령으로 간주되었으나 1975년에 실시된 주민 투표에서 시킴은 인도 연합의 한 주가 되었다. 면적은 7096km^{2}이며 인구는 45만여 명.
전체 면적의 2/3가 만년설에 덮여 인가를 찾아볼 수 없는 산들로 이루어져 있다. 가장 중요한 산군(山群)은 해발 8580m의 칸첸중가 산을 중심으로 한 산군이다. 칸첸중가 산은 인도의 최고봉이며 세계에서 세 번째로 높은 산이다. 기후는 고도에 따라 고도가 낮은 지대의 열대성 기후부터 만년설과 빙하가 있는 고지대의 북극성 기후까지 분포한다.

다음날, 아침식사를 마치고 가이드가 제시하는 여정에 따라 도시 전체를 개괄적으로 둘러보는 라운드 트립(Round Trip)을 하면서 이 나라 최대의 불교 사원인 롬테크 사원과 몇 군데의 명소를 방문하기로 한다.

≪ 시킴 최대의 대승불교 승원

필자 일행은 여행사에서 제공해준 승용차 편으로 중등학교, 병원, 법원, 현대식 상점, 옛날 왕궁과 부속 예배당, 중앙 꽃 전시장, 2개의 사원, 재래시장을 들러 본다. 이어 1958년 대승불교를 연구하기 위해서 도서관과 박물관을 갖추어 설립한 남기알 티베트학 연구소를 방문한다. 이 연구소는 러시아의 상트페테르부르크 도서관과 중국의 베이징 도서관을 제외하고 티베트 관련 서적을 세계에서 가장 많이 소장하고 있다. 불교 신자가 아니더라도 시킴의 형성 과정에 관심을 가진 사람이라면 꼭 한 번쯤 가보라고 추천하고 싶은 곳이다.

🔥 **강토크** 강토크는 1975년 군주제가 폐지될 때까지 시킴 왕국의 수도였다가 1976년에 인도에 합병된 후 시킴의 주도로 되었다. 해발 1700 m에 위치해 언덕 꼭대기란 뜻의 강토크란 이름을 가지고 있는데, 도시 전체가 옥수수를 재배하는 넓은 계단식 경사지에 자리 잡고 있다. 옥수수, 쌀, 콩, 오렌지를 거래하는 교육의 중심지이며 1962년 국경이 폐쇄되기 전까지는 북동쪽으로 21km 떨어진 나투 고개(나툴라)를 거쳐가는 인도-티베트 무역로의 주요 거점이었다. 현재 라충과 라첸을 지나 티베트 국경 근처까지 뻗어 있는 북(北)시킴 고속도로(1962년) 및 인도 남서부로 연결되는 국도의 기점이다.

강토크 시가지에서 남서쪽으로 8km에 시킴을 대표하는 대승 불교 승원, 룸테크 불교 승원이 있다. 규모 면에서의 웅장함은 말할 것도 없고 외관의 단청이라든지 건축학적인 세심함은 감탄스럽다. 대승불교의 꽃이라는 보살상의 현란한 자태라던가 벽화, 탱화, 청동상들을 포함한 귀중한 예술품의 보고라 하겠다. 한 가지 서운한 점이 있다면 필자의 욕심이랄까, 외국 관광객에 한해서만큼은 금기시되고 있는 내부 사진 촬영을 허용했으면 하는 것이다.

사실 이번 시킴(Sikkim) 투어는 부탄을 여행하기 위해 경유하는 코스지만, 지나친 강행군과 자동차 고장 등 우여곡절이 겹쳐서 필자를 포함한 일행 모두가 극심한 피로감에 시달렸다. 기분 전환을 할까 해서 티베트 호텔에서 사 가지고온 섹스 바이블 카마수트라의 성애 장면을 펼쳐 보고는 피로를 잊은 양 부탄을 향한다.

≪ 도원향, 샹그릴라

잠시, 도원향(桃園鄕)의 전설적 기원에 대해 알고 넘어가자.

옛날에 신선이 살았다는 전설적인 중국의 명승지 도원경(桃源境)은 속세와 떨어져 있는 선경(仙境)을 가리키는 말인데 나아가서는 이상향(理想鄕, 유토피아)의 뜻으로도 쓰인다. 도연명의 도화원기(桃花源記)에서 비롯된 말로, 무릉도원이라고도 한다.

진나라 태원(太元) 연간, 즉 효무제 때 무릉이라는 곳에 사는 어부 한 사람이 조각배를 타고 강을 거슬러 올라가다 보니 때아닌 복숭아 꽃잎이 떠내려오고 있어 이상히 생각하여 열심히 노를 저어 상류로 올라갔다. 이윽고 낯선 산골짜기에 이르렀는데 양쪽 일대가 온통 눈부신 복숭아꽃으로 뒤덮여 있었다. 다시 노를 저어 올라가자 마침내 강물이 끝나는 막다른 산이었다. 그런데 그곳 산기슭에 굴이 뚫려 있어 어부는 그곳에 배를 묶어 놓고 굴로 들어갔다. 처음에는 사람 한 명이 겨우 드나들 정도였으나 50~60보를 들어가자 굴은 활짝 넓어졌고 드넓은 벌판에 번듯한 집들과 오곡백과가 무르익어 있었다. 사람들은 모두 웃는 얼굴이었고 형형색색의 비단옷을 입고 있었다.

어부가 그곳에서 극진한 대우를 받으며 여기가 어디냐고 물어본즉, 옛날 그들의 조상이 진나라의 전란을 피하여 이곳으로 피난 왔다 하였다. 이들은 한, 위, 진 나라로 이어지는 몇 백년 간의 세상일을 전혀 모른 채 평화로운 별천지에서 생활하고 있었다. 5, 6일 후 그곳을 떠난 어부가 집으로 돌아와 곧장 원님에게 이 사실을 알리고 사람들을 시켜 다시 그곳을 찾아갔으나 어부 자신이 남겨 놓은 표적조차도 찾을 수가 없었다고 한다.

부탄

2

해발 1000~2000m의 울퉁불퉁한 도로를 타고 160km 거리를 지프차에 의지해서 7시간 만에 부탄의 푼초링 시(市) 두룩 호텔에 도착했다. 현지인 가이드의 안내를 받아 호텔 룸에 여장을 푼 게 현지 시간으로 저녁 11시. 일행들은 너나 없이 반 초죽음 상태다. 기분 전환으로 저녁 만찬과 함께 곁들이는 맥주 몇 잔이 유일한 낙이랄까?

≪ 호텔에서 만난 샹그릴라의 천사

다음날 아침이다. 일어나자마자 맨손 체조라도 하듯 발걸음을 옮긴 곳이 전형적인 부탄 식으로 건축된 푼초링 게이트웨이. 샹그릴라의 천사라도 한 번 만나 사진이라도 찍을까 하는 심사인데 우연히 만난 아가씨는 너무나도 수줍어한다. 사진 촬영에 응하는 몸가짐도 조심스럽고 잔잔한 미소만 살포시 띠고 있는 얼굴은 동양도 아니고 서양도 아닌, 전설적인 도원향에서나 만나 볼 수 있을 법한 표정이다. 언어가 통한다면 사진을 찍어준 데 아낌없이 고마움을 전하련만 눈짓만으로만 작별 인사를 고한다.

호텔에서 아침식사를 끝내자마자 현지인 가이드로부터 부탄에 대한 오리엔테이션에 이어 여정에 대한 설명을 듣는다.

부탄의 역사는 잘 알려져 있지 않으나 남쪽으로 이주하던 티베트인들이 19세기에 이 지역에 정착하기 시작했다는 것은 확실하다. 국민들은 예의가 바르고 근면하며 주변 히말라야 산계의 여러 나라 중에서 가장 풍요한 생활을 누리고 있다고 한다.

여행 코스는 전용 버스로 3박 4일간 푼초링 – 팀푸 – 푸나카 – 왕디포드랑 – 파로까지 곳곳의 명소를 중심으로 짜여졌다.

푼초링(Phuntsholing)은 어제 거쳐온 인도-부탄 고속도로(1968년 개통)를 통해 들어가며, 인도에서 부탄으로 들어가는 주요 관문이자 수도 팀푸를 연결해 주는 곳이다. 국경 도시답게 상공업과 무역이 여타 도시들보다는 상당히 발달한 곳으로 인구는 4만여 명. 관광 명소인 푼초링 게이트웨이, 관공서, 불교 사원 등은 팀푸로 가는 길목에서 차에서 내리지 않고 두루 돌아보았다.

🔥 **부탄** 부탄은 기본적으로 티베트 문화권에 속하며 티베트처럼 쇄국정책을 써왔다. 그러다 제2차 세계대전 후 인도 정부는 부탄과 면한 인도 영내에 여행 금지선을 설정해서 외국인의 입국을 한층 더 어렵게 했기 때문에 현재까지 외국인 입국자가 적어서 전설적인 상그릴라의 비경으로 존속해 올 수 있었다. 1997년까지 입국한 외국인은 6,000명 정도. 그 중에서 일본인이 1200명 정도였는데 아시아 환란 이후에는 일본인을 포함한 아시아인은 전무하단다. 면적은 47,000km^2, 인구는 150만 명.
국토의 대부분이 표고 2000m 이상의 산악 지대로 구성되어 있고 티베트와의 국경 지대에는 쿨라캉리(7554m), 초모라리(7344m)등 7000m 급의 높은 산이 솟아 있고 기후는 아열대에 속하지만 고산지대이기 때문에 온대 지대보다 약간 낮다.

≪ 히말라야 계곡의 장엄한 원시림

푼초링을 출발한 지 2시간 가량 되었을까? 해발 2000~3000m 이상의 장엄한 동부 히말라야 계곡에 다다른다. 장엄한 원시림이다. 이름 모를 꽃들과 산새들, 때묻지 않은 산야가 연출하는 비경은 비길 데 없이 아름답다. 미국의 그랜드캐니언이 아무리 장엄하다 해도 이곳에 비할 수 없다는 것이 필자를 비롯해서 일행들 모두의 의견이다.

특히 인간의 손을 타지 않아 원시시대의 순수함을 그대로 간직하고 있다는 면에서 그 가치는 더욱 높아지는 듯하다. 금강산을 직접 가본 분의 말에 의하면 이곳 동부 히말라야 계곡은 금강산보다도 깨끗하다고 한다.

4시간쯤 달렸을까? 시장기가 느껴지는 걸 보니 점심시간인 모양이다. 식사를 끝내고 다시 차를 타고 달려가다 잠시 마을의 주택을 방문했는데 외벽이 온통 거대한 남근상이다. 까진 귀두라든지 고환, 정액을 사정하는 것 등 너무 적나라한 모습에 일행들은 좀 의아스런 표정들이다. 안내인의 말에 의하면, 남근상은 다산을 상징하는 것으로서 인구가 적다보니 다산만이 가정과 국가에 충성하는 것이란다.

오후 7시쯤, 드디어 부탄의 수도 팀푸에 닿는다. 투숙지인 리버뷰(River View) 호텔은 최근에 신축한 것이라서 매우 깨끗해 보인다. 시설과 서비스는 여느 관광 대국의 특급 호텔에도 뒤지지 않는다.

자연도 너무나 청정하고 호텔도 깨끗하고 사람들마저 순수하니 그동안 나도 모르는 새 몸과 마음에 쌓인 탁한 기운들이 말끔히 씻겨 내린 듯 기분이 그렇게 홀가분할 수가 없다. 해서 같이 여행하는 분들에게 한턱 내면서 같이 마음을 나누고 싶어진다. 함께 여행하면서 만나는 사람들하고 술잔을 나누는 것도 여행의 한 즐거움이 아닌가? 오늘 같은 날 술잔치를 벌이지 않고 어찌 지나칠 수 있으랴.

호텔 바에서 조니워커 블랙을 거나하게 마시고, 그것으로 끝내긴 아쉬워 2차로 룸에 자리를 마련했다. 홍콩 면세점에서 사 가지고 온 조니워커 블랙을 마시는데, 아뿔싸! 바에서 마신 술은 가짜였다. 술맛에 대해서만큼은 모두들 일가견이 있는 사람들인지라 가짜임을 알아차릴 수 있었다. 한바탕 쓴웃음을 짓고 말았지만, 지상의 낙원도 가짜 술장사만큼은 태국이나 여타 동남아의 관광 대국에 뒤지지 않는다고 한마디씩 한다.

팀푸 부탄의 수도 팀푸는 부탄의 중서부 히말라야 산맥의 윙 강 유역 해발 2000m 지점에 자리 잡고 있다. 1962년에 정부의 공식 수도로 지정되었고(이전에는 어느 곳이든지 왕이 있는 곳이면 수도였다) 1966년부터 수력발전소에서 전력이 공급되고 있다. 활주로도 있고 인도-부탄 국립 고속도로가 인도에서 부탄으로 들어가는 주요 관문인 푼초링 시와 이곳 팀푸를 연결해준다. 인구는 2만여 명.

≪ 샹그릴라의 만병통치약

　이튿날 아침. 호텔에서 웡 강을 대각선으로 하여 바라다 보이
는 시가지 전체는 풀벌레, 새 소리를 제외하고는 아무 소리도
들리지 않는다. 따사로운 햇빛과 조용하고 평화로운 분위기여
서 이곳이 과연 한 나라의 수도인가도 싶고, 도시 자체가 샹그
릴라화(化)한 듯 하다.
　아침식사 후 맨 처음 찾은 곳은 정부청사. 유서 깊은 요새 수도
원인 타시초 요새를 개축, 확장해서 정부청사로 활용하고 있는
데, 아름다운 건축물은 부탄의 전통적인 건축 양식을 보여준다.

부탄의 민속춤.

　왕궁 주변에 형성되어 있는 계단식 농경지는 이 나라의 경제
활동 중 농업의 중요도를 보여주는데 농작물로는 벼, 옥수수,
밀이 재배되고 있다. 그래서인지 이 나라의 식단에는 일반적으
로 밥이 올라오므로 우리 나라 여행객들의 걱정거리 중 하나인
음식 타령은 없을 것이다.

여행객들에게 뭐니뭐니 해도 빼놓을 수 없는 즐거움은 재래
시장을 방문해서 그 나라의 특산물을 1, 2개쯤 사는 것이리라.
잘만 고르면 단순한 기념품 이상의 가치를 오래 지니니까. 부탄
의 특산물 중 하나는 석청(Honey)이다. 해발 2000∼3000m 이상
에 자생하는 로도덴드런화(네팔의 국화, 일명 만병초화)에서 꿀을
채취해서 벌의 먹이로 하는 꿀이다. 만병초화란 뜻처럼 만병통
치약이란다. 믿거나 말거나 한 말이지만, 남성 발기부전 치료에
도 이걸 따라갈 만한 게 없단다. 이런 이유에서인지 부탄 사람들
은 도원경에 사는 사람들답게(?) 천수를 다할 때까지 남녀노소
가리지 않고 스스럼없이 벽면에는 거대한 남근상을 그려 놓고
성관계를 즐기면서 발기부전이며 비아그라 같은 건 모르고 평생
을 지낸단다(파키스탄의 훈자마을처럼 부탄에도 최장수 촌이 있다).
일행 중 한 사람은 이 석청을 한때 여의도에서 1병(0.6ℓ)에 4 만
원을 주고 구입했었는데, 여기서는 2병을 미화 4달러에 구입했
다고.

다산을 기원하는 남근상
이 그려진 벽화.

≪ 고도(高度) 5000피트의 고도

푸나카를 향해 팀푸에서 자동차로 2시간 정도 달렸을까, 그 유명한 도출라 고개에 다다른다. 해발 3030m(1만 218피트)로 부탄에서 가장 매혹적인 전망이 눈앞에 펼쳐지는 곳의 하나다. 가이드의 말에 의하면, 11월부터 다음 해 2월까지는 장엄한 총천연색 캔버스를 연상시킨다는 것이 알맞은 표현이란다.

지금은 그 절정기가 지난 후인데도 여러 잡목들 사이에서 로도덴드론(만병초) 나무의 붉은 색, 핑크 색, 흰 색, 노란 색, 자주색 꽃송이들의 화사한 자태가 어우러지면서 이방인들에게 그 모습을 뽐내는 듯하다. 가장 쉬운 말이긴 하나, 자연은 위대하다는 건 이를 두고 하는 말일까? 팀푸에서 푸나카로 이어지는 길은 히말라야의 장엄한 장관의 하나라 하기에 충분할 듯 싶다.

드디어 고도 5000피트에 위치하는 부탄의 고도(古都) 푸나카에 도착한다.

푸나카에서 팀푸 쪽으로, 동서로 가로지르는 길목인 포추 강과 탕추 강이 접하는 왕디포드랑 계곡에는 왕디포드랑 요새사원이 있다. 두 강의 합류점에 서 있는 이 요새사원은 수세기 동안 부탄의 많은 최고 실력가들이 군웅할거 하던 시절, 한때는 정치 1번지였단다. 마침 우리 일행이 요새사원을 방문하는 날엔 종교의식이 행해지지 않아 내부를 들어보지 못했는데 못내 아쉽다.

🐻 **푸나카** 1637년에 사브렁 뉘가왕 남겔에 의하여 건설된 겨울 수도로, 1955년 수도가 팀푸로 옮기기 전까지는 수도로서의 역할을 다한 도시이며 부탄에서 기온이 가장 온화한 곳으로 유명하다. 또한 포추 강과 모추 강이 합류되는 이곳의 대표적 명소인 푸나카 요새사원(Dzong)에는 요새사원을 지은 사브렁 뉘가왕 남겔의 시신이 방부 처리되어 있을 뿐만 아니라, 많은 종교의식과 관련된 유물들이 보관되어 있다. 18~19세기에는 대화재, 지진, 눈사태 등으로 거의 전부가 파괴된 상태였지만 최근 현재의 왕의 지시에 의해 완전 복구되었다고 한다.

　마지막 여정지는 파로. 부탄 서부에 있는 하 주(州) 주도로, 히말라야 산맥의 파로 강 연안에 자리 잡고 있다.

　먼발치에서 바라다 보이는 7층탑이 있는 거대한 직사각형 건물이 파로 요새를 중심으로 도시가 세워져 있는 것이 보인다. 1962년 팀푸가 수도로 지정될 때까지 부탄의 문화, 상업, 정치 중심지였던 파로는 인도 – 부탄 국립 고속도로를 통해 인도와의 국경지방에 있는 푼초링과 이어진다.

　그 나라의 문화와 역사를 알려면 박물관을 방문하는 게 기본이라 우선 이곳의 국립박물관부터 찾아가 본다. 박물관 안에는 고대부터 현대에 이르기까지 제작된 불상과 불경이 대부분 전시되고 있다. 이 나라는 불교를 생각하지 않고는 정치, 경제, 문화도 생각할 수 없는, 삶 자체가 불교인 것만 같다. 부처님의 자비와 사랑이 이 나라에 지금과 같이 영원히 같이 하기를 빌어 본다.

　이어 탁상불교 승원을 향한다. 이 승원은 파로에서 가장 유명한 명소의 하나라는데 일명 호랑이 보금자리라고 한다. 그런데 어렵쇼! 어느 이교도인지 누군가가 2년 전에 승원에 불을 내어 현재 개축중이라 방문은 불가능하단다. 허탈할 수밖에…. 하는 수 없이 먼발치에서 망원경으로 응시하면서 가이드의 설명만 들어본다.

　이 승원은 위치상 해발 1만 피트 산의 3000피트 즈음되는 산기슭 끄트머리에 매달려 있다. '호랑이의 보금자리' 라고 불리는 이유는 이 승원의 창건자 구르 파드마삼브바(Guru Pa.d.masam-bva)가 이 나라 부탄에 와서 이 곳을 찾아왔을 때 호랑이를 타고 왔기 때문이란다. 어느 나라이든 아름다운 전설은 있는 법. 믿을 수밖에!

이어 드루길(Drugyel) 요새사원으로 향한다. 이곳은 파로 계곡으로 20km 거리에 있는 가장 인상적인 요새이며, 이 나라에서 가장 오래된 승원이다. 건축 양식은 산만하고 무계획적인 것이 오히려 지금 와선 계획적으로 보이는 거대한 건축물이다. 대웅전에서 돌출부의 밑 부분까지 아래로 뻗어 있고 사람들이 지나가는 길은 높은 벽으로 둘러쌓아 인적이 보이지 않는 것이 특징이기도 하다.

마지막으로 농가 주택을 주인의 허락을 받고 들어가 본다. 우리 나라의 농가 주택과 별반 다를 비가 없는데, 집 안에 불상을 모시고 있는 걸로 보아 두터운 신앙심의 발로인 듯 싶다. 주인한테 이것저것 묻는 중에 들은 얘기인데, 이 나라는 모든 동물의 살생은 금하는데 돼지만큼은 도살해서 먹는단다. 다른 육류는 대부분 인도에서 수입해서 먹으며 소는 도살하지 않고 늙어 죽는다든지 할 때만 먹는다고. 집 주위가 쓰레기 하나 없이 그렇게 깨끗할 수가 없다. 이 때문에 일본인들이 이곳을 현대판 도원향이라 부르는지도 모르겠다.

흥분과 기대로 시작했던 부탄의 투어도 끝이다. 호텔에서의 마지막 밤은 일행들과 반주를 곁들여 이 나라 최후의 만찬을 즐기면서 이별을 아쉬워 할 수밖에야.

CHAPTER 12

히말리야 산맥을 끼고 있는 나라들

◆ 네팔

◆ 스리랑카

◆ 인도

기독교가 불법으로 금지되는 나라

네팔

네팔의 문화는 종교와 떼놓을 수 없다. 불교는 카투만두 분지에서 찬란한 문화를 형성했다. 불교 문화의 정화인 스투파(Stupa)는 이 나라의 대표적 건축물로서 그 장식이 화려하기 그지없다. 금은 세공도 뛰어나며 18세기 이후의 불화(佛畵)에는 훌륭한 작품이 많다.

네팔 여행은 일반적으로 일주일 정도가 적당한 것으로 알려져 있다. 필자도 6박 7일간의 여정으로 네팔 문화사적지를 답사했다. 여행 코스는 카투만두, 파슈파티나트, 바드가온의 순으로 이어졌다.

≪ 여러 종교가 사이좋게 공존하는 나라

우리 일행이 타고 온 타이항공기는 태국의 돈무앙 국제공항에서 비행시간만 약 3시간 정도 걸리는 카투만두 동쪽 약 11km 지점에 위치하고 있는 트리부반 국제공항에 안착한다.

국제선 청사는 1989년 5월에 준공했다는데, 쾌적한 분위기의 현대식 건물이다. 공항에서 우리 일행이 묵을 크리스털 호텔까지는 리무진 버스편으로 30여 분 거리. 계절적으로는 우리 나라의 동짓달 그믐쯤인 11월 하순인데, 거리마다 가로수의 주종을 이루는 벚꽃나무가 활짝 펴 우리를 반갑게 맞이하는 듯하다.

다음날 아침. 현지 가이드와 함께 데르바르스 스퀘어부터 투어를 시작한다. 좁다란 골목길을 오가는 사람들의 행렬이 영화들에서 익히 본 중세의 한 도시를 떠오르게 한다. 거리에는 갖가지 화려한 천이 걸려 있는 민가와 가게가 이어지면서 소나 돼지의 배설물이 너저분하게 깔려 있다.

데르바르스 스퀘어는 이러한 구시가지의 중심지인 구 왕궁 앞의 광장으로 주변엔 사원들이 많이 있는데, 하나 특이한 점은 광장 북쪽 사원 창문에 새겨져 있는 시바 신과 그의 처(妻) 파르바티의 조각이 이채롭다는 것이다.

수도 카투만두에 있는 힌두사원.

구왕궁의 이름 하누만도카는 왕궁 입구에 붉은 칠을 한 원숭이 신(神) 하누만 상(像)에서 이름을 따온 것으로, 안에는 역대 왕들의 초상화가 걸려 있다. 왕궁 북쪽에는 왕실 부속 탈레주 사원의 3층 탑이, 서쪽에는 목조사원인 유서 깊은 카스타만 탑이 있다. 이 탑은 한 그루의 거목으로 지었다고 한다.

이제 아산 광장으로 향한다. 사통팔달의 드넓은 광장은 풍속이 제각기 다른 사람들의 물결이 분주하게 이어지고 있어 가장 카투만두다운 분위기를 연출하고 있다. 이곳에서 인드라초크 방향으로 가면 마첸드라니트 사원이 있는데 이 나라의 독특한 파고다형 건물로, 사방에는 부처의 일대기가 그려져 있다. 가이드의 설명에 의하면, 파단의 '빨강 마첸드리'와 비교해서 '하양 마첸드리'라고 부르는 이 사원에서는 매년 3월 하순부터 4월까지 화려하게 꾸민 수레를 몰고 파단까지 가는 마첸드라의 성대한 축제가 열린다고 한다.

네팔　네팔은 지리적으로는 히말라야 산맥의 중남부에 위치하고 동남서쪽은 인도와 경계를 이루며 북쪽으로는 티베트와 접하고 있다. 이런 이유로 인종은 북부의 티베트, 미얀마 계통과 남부의 인도 아리안 계통으로 나누어진 여러 종족들로 이루어져 있다. 국토 면적은 한반도 전체의 2/3 정도이고 나라 전체가 산악지대로 이루어져 있다. 이곳 사람들은 해발 3000m 이하의 산은 언덕이라고 말할 정도로 높은 산들이 많은 나라다. 티베트와의 국경에는 에베레스트(8848m), 칸첸중가(8598m), 로체(8511m), 마칼루(8481m), 다울라기리(8178m), 마나슬루(8156m), 안나프르나(8091m) 등 고산들이 줄지어 솟아 있고, 남쪽 테라이는 정글이 계속되는 평탄한 지대가 펼쳐진다.
　기후는 전체적으로 대륙성 기후이며 6~9월의 우기와 5~10월의 건기로 구분되는데 건기에는 일교차가 심하다. 종교는 힌두교가 국교이나 라마불교 등의 소수 종교도 있다. 특이한 사항은 기독교가 금지되어 있다는 것. 나라 살림은 등산객에 의한 외화와 관광수입으로 운영되고 있다.

≪ 네팔 불교의 성지

다음 목적지는 스와얌부나트 불교사원. 카투만두 시가지에서 서쪽으로 3km 지점에 있다. 카투만두에서 가장 오래된 절로 건축된 지 2000년이 넘는다고 하는데, 네팔 불교인 라마교의 성지로 신성시되면서 관리되고 있다.

현지인의 말에 의하면, 카투만두 분지는 일찍이 호수였는데 문수보살이 호수의 물을 말려 버렸을 때 제일 먼저 떠오른 것이 바로 스와얌부나트 사원이었다. 385계단을 오르다보면 양쪽에는 석불과 사자, 코끼리 등의 조각이 줄지어 있다. 이곳은 야생 원숭이들이 많이 살고 있어서 '원숭이 사원(Monkey Temple)'이라고 불린다. 금빛으로 빛나는 스투파에 그려져 있는 거대한 눈은 2000년 동안이나 카투만두 분지를 수호하듯이 굽어보고 있었다.

우리 일행은 가이드의 안내에 따라 차를 타고 곰파 티베트 사원에 도착한다. 티베트인을 포함, 여타 불교인들의 사원에서 느껴지는 경건함에 일행들은 절로 고개가 숙여지는 것만 같다. 어린이를 위한 수호상에서는 힌두교도들도 머리를 숙이고 있어서 네팔의 타 종교인들은 서로를 헐뜯지 않고 사이좋게 공존하고 있다는 것이 느껴졌다. 타 종교를 인정하지 못하고 상호 비난하는 작태에 안타까운 마음이 들었던 종교인이라면 꼭 한 번 이곳을 찾아보고 귀감으로 삼았으면 한다.

≪ 노골적인 성교 체위와 환생을 위한 화장(火葬)

이어 찾은 곳은 파슈파티나트. 힌두교도면 누구나 성스럽게 여기는 갠지스 강으로 흘러 들어가는 마그나티 강가에 있는 사원이다. 카투만두에서 동쪽으로 5km 지점. 시바 신을 모시는 사원으로서 13세기에 건립되었으며 황금빛의 2층 지붕으로 축조되어 있다. 이교도들은 이곳을 출입할 수 없으므로 우리 일행도 현지 가이드의 안내에 따라 강 건너편에서 내부를 바라볼 수밖에 없었다.

주변에는 시바 신의 상징인 남근(링가 : 남자의 성기)을 모신 100개가 넘는 사당이 즐비하게 늘어서 있다. 벽면에는 남녀의 갖가지 성교 체위를 노골적으로 묘사한 부조들까지 있으니 처음에는 무척 당황스럽다. 유교적 전통에 익숙한 우리 정서로 볼 때 충격적인 장면이 아닐 수 없었다. 성행위를 묘사한 부조물들을 보고 나서 우리 일행은 남녀가 얼굴을 마주 보기조차 민망하여 한동안 시선을 딴 데로 돌리곤 했다. 수치심과는 다른 모종의 부끄러움 때문이었다.

부끄러움에 쩔쩔매는 우리와는 달리 현지인들은 아무렇지도 않게 여기는 모양이다. 힌두교에서는 생식과 번영, 다산의 상징으로서 시바 신의 성기를 숭배한다고 한다.

다음으로 바그마티 강가의 화장터로 발길을 옮겼다. 화장을 위해 이것저것 준비하는 사람들, 장작을 쌓는 사람들, 장작에 불을 붙이는 사람들로 북적이고 있었다.

힌두교도들은 바그마티 강물을 성수로 여기면서 그 물로 목욕하면 속세의 찌든 때와 육신을 정화시킬 수 있다고 믿는다. 또한 시신을 태워 뼛가루를 강에 뿌리면서 내세에서는 현세보다 나은 여건에서 태어나기를 기원한다. 죽은 이를 화장하는 연기 속을 그 가족과 친지들이 거니는 풍경은 삶과 윤회의 문제를 새삼 생각하게 만든다.

계속해서 우리는 보드나트 라마불교 성지로 향한다. 카투만두 시내 중심가에서 동쪽으로 7km 지점에 있는 파슈파티나트에서 2km 정도 떨어져 있다. 세계에서 가장 큰 스투파가 있는 사원으로, 중앙에는 부처의 사리를 묻고 흙을 쌓아 그 위에 세운 반원형의 불탑 위에 다시 사방으로 눈〔目〕이 있는 사각형의 탑을 얹어 놓았다. 신도들은 이 눈이 삼라만상을 지켜보고 있다고 믿고 있다. 반원형의 탑 주위에는 불경을 넣은, 조그마한 구리로 만든 차(車)가 있다. 참배자가 경문을 외우면서 이 차를 돌리면 불경을 1천 번 외우는 공덕을 쌓는 것과 같단다.

다음 목적지인 바드가온은 힌두교와 불교가 융합된 네팔 종교예술의 중심지로 알려진 곳이다. 카투만두에서 동쪽으로 약 14km 지점에 있으며 말라 왕조의 수도로 번영을 누린 곳이다. 여기에는 '55창문의 궁전'이라 불리는 구왕궁을 비롯해서 파고다 건축의 최고 걸작품이라는 5층 탑 나아타폴라, 전쟁의 신 바이라브를 모셔놓은 바이라브나트, 비슈누 신을 모신 다타르레야 사원 등이 있다.

구왕궁은 1427년 약사말라 왕에 의해 세워진 것으로, 목각이 빼어나게 정교한 문틀을 갖춘 55개의 창문 때문에 55창문의 궁전으로 불린다고 한다. 현재 구왕궁의 일부분은 미술관과 박물관으로 개조되어 있다. 한정된 스케줄 때문에 미술관과 박물관 내부는 관람하지 못하고 18세기에 세워진 금빛 찬란한 황금의

문을 뒤로 하며 바그마티 강을 건너 네팔 불교의 중심지인 파단
으로 향한다.

≪ 토종닭의 향수, 서양 제국주의자들의 종교

　파단은 현재 네팔의 제2도시로, 불교와 힌두교 사원을 비롯해
서 붉은 벽돌로 지어진 민가들이 조화를 이루고 있다. 역사적인
고도(古都) 파단엔 수많은 사원이 왕궁을 둘러싸고 있는 데르바
르 스퀘어(왕궁 광장)를 비롯해 크리슈나 신을 모시고 있는 석조
사원 크리슈나만디르, 카투만두의 세트(하양) 마첸드리와 쌍벽
을 이루며 비교되는 파단의 수호사원 라트(빨강) 마첸드리 등 국
보급 사원이 많다.

　일주일간의 네팔 여행은 이제 끝나간다. 여행은 늘 즐거우면
서도 피곤한 일이라는 것을 여행할 때마다 느끼지만 이번 네팔
여행도 마찬가지다. 우리 나라 음식이 제일 먹고 싶은데 마땅치
가 않아 향료는 넣지 않고 마늘, 소금만 들어간 네팔의 닭백숙을
시켜 먹는다. 우리 나라 토종닭 맛이다. 정말 오랜만에 먹는 미
식! 아니 수십 년 만에 먹는 맛있는 음식 같다. 그럴 수밖에 없는
것이 닭도 우리 나라에서 1960년대에 기르던, 조그마한 뜰에 뛰
어다니던 토종닭 그대로니까. 기름기 없이 쫄깃쫄깃 하면서도
고소한 그 맛. 지난날의 닭고기 맛과 향수를 네팔에서 맛보았다
는 것이 신기하다.

　네팔은 종교의 자유를 인정하는 나라다. 힌두교가 국교지만 라마불교, 회교, 기타 소수 종교들이 공존한다. 그러나 기독교만은 법으로 금지되어 있어 좀 의아스러웠다. 필자가 여행해 본 국가들 중에서 기독교가 불법으로 금지되어 있는 곳은 네팔과 부탄왕국(불법 금지화), 중국(외국인에 의한 선교활동 불법 금지화)으로 기억하고 있다. 왜 이들 국가들이 회교, 불교와 더불어 세계 3대 종교의 하나인 기독교를 배척하는지 궁금해서 숙소인 호텔로 돌아와 미국 코넬대학 출신의 호텔 사장에게 그 이유를 물어 봤다. 그에게서 들은 얘기는 이렇다.

　서양 제국주의자들은 남의 나라를 침탈할 때 우선 그 나라의 최고 통치자인 왕에게 충성하는 척후병으로 선교사를 파견해서 선교라는 미명하에 전 국토를 횡행시키고 정탐 활동 등으로 그 나라의 고유의 정신 문화를 오염시킨다. 그 다음, 선교사의 정탐 활동 자료를 토대로 해서 총, 칼에 의한 학살과 만행으로 식민지화시킨다. 이 나라 네팔도 초기의 영국 식민정책에 의해 똑같은 위기를 맞은 과거가 있기에 기독교는 철저히 배격한다는 것이다.

소승불교의 원조국

스리랑카

우리 나라, 중국, 일본을 위시하여 동북아시아의 몇몇 나라가 대승불교국이라면, 스리랑카는 소승불교(일명 상좌부불교)의 원조국이라고 할 수 있다. 불교가 가히 국교라 할 수 있으며 고대로부터 맥을 잇고 있는 부처의 가르침과 발자취가 배어 있어 불교신자라면 한번쯤 가보고 싶은 나라다.

≪ 콜롬보 국제공항에 도착하다

우리 나라에선 직항편이 없어 일본의 후쿠오카에서 에어랑카 UL457로 갈아타고 현지 시간으로 20시 30분에 콜롬보 국제공항에 도착했다. 마침 몬순기로 접어드는 4월이라서 그런지 후끈거리는 열대지방의 고온 다습한 기온이 온몸을 휘감는 듯하다. 나중에 안 일이지만, 이 나라는 4월이 제일 더운 계절이란다.

다음날 아침. 우기라서 그런지 호텔 주변의 열대성 나무들은 비를 흠뻑 맞은 채 서 있다. 잎새마다 맺힌 물방울이 에메랄드빛을 발하며 손님들을 맞이하는 양 방긋 웃는 것 같다. 호텔식 아침식사를 끝내고 현지 가이드로부터 이 나라에 대한 오리엔테이션을 받는다.

캔디의 불치사 내에 모셔져 있는 불상.

콜롬보는 스리랑카 투어의 첫 출발점이 되는 곳이다. 인구는 100만 명 정도인데, 수많은 국제회의가 열렸던 곳이며 외국인들에 의해 만들어진 남서부 해안의 항구도시로 가장 서구적인 도시다. 그래서인지 스리랑카의 전통적 분위기는 다분히 퇴색해 있다. 숙소인 인터콘티넨탈 호텔에서 오전 10시 30분에 포트(Fort) 지구로 향한다.

포트 지구는 포르투갈과 네덜란드의 지배를 받던 시대에 성채가 있었던 곳으로 지금은 비즈니스 거리가 되었다. 리무진 버스 차창 밖으로 보이는 기계탑은 나이가 150세가 넘었는데 그 옛날엔 등대 역할을 했다. 기계탑을 중심으로 주위엔 온통 영국식 건물이 즐비하고 은행, 식당, 보석 상가로 꽉 차 있다. 대통령 관저와 주변의 네스 총독 동상은 콜롬보 도로의 기점이 되고 있는 곳이다.

콜롬보에서 가장 활기 넘치는 거리는 페타(Pettah) 지구인 듯 싶다. 포트역 북쪽으로 펼쳐져 있는 바자르(시장) 지구로 이 나라 최대의 상점가를 이루는 곳이어서 노점상을 비롯하여 별의별 보석이라든지 잡다한 상품들이 즐비하다. 여행을 하다 보면 간단한 쇼핑은 즐거움. 이곳에서 즐길 수 있는 쇼핑거리는 보석으로는 사파이어, 가죽 제품으로는 물소 가죽 제품이 유명한데 가격은 천차만별이다. 기호에 따라 합리적인 가격으로 구입할 수 있는 비결은 사파이어는 중간 정도의 등급을 골라 상인이 부르는 가격의 5분의 1 내지 3분의 1 가격으로, 물소 가죽제품은 3분의 1 가격에 흥정을 하는 것이다.

인터콘티넨탈 호텔 가까이에는 녹지로 이루어진 광장, 골 페이스 그린(Galle Face Green)이 있다. 옛 국회의사당 건물, 초대 수상 세나나야케의 동상, 여(女)수상 반다라나이케의 동상이 있어 일명 추억의 거리로 불린다.

콜롬보 박물관은 1872년 영국의 실론 총독 윌리암 그레고리 경에 의해 세워진 곳으로, 고대의 불상과 불경 서적·도자기·가면 등 2500년이나 되는 이 나라의 역사를 대변하는 스리랑카

부처님 치아가 모셔져 있는 캔디의 불치사.

최대의 박물관이다. 4000부가 넘는 야자나무 껍질로 된 수사본과 캔디 왕조시대의 장신구와 가구 등은 눈여겨 볼 만하다.

포트 지구에서 남쪽으로 11km쯤 가면 테히 왈라 동물원(Dehiwala Zoo)이 있다. 동남아시아에서 최대의 컬렉션을 자랑하는 동물원이다. 원숭이, 뱀, 호랑이, 사자 등 2500종 이상의 동물과 500종이 넘는 수족관의 어패류도 진귀한 볼거리. 동물원의 하이라이트는 코끼리 쇼다. 댄스를 선보이기도 하는 코끼리의 곡예가 흥미있게 진행된다.

콜롬보에서 마지막 탐방지는 켈라니야(Kelaniya) 불교 성지. 부처님께서 콜롬보를 방문했을 때 목욕을 한 곳이다. 콜롬보 시가지 동쪽 약 8km 지점에 있다. 이곳 라자마하비하라 사원 경내의 흰불탑은 B.C. 3세기 것이며 외부에는 불상과 보석, 19세기의 벽화 등이 있다. 사원 안내인의 말에 의하면 매년 2월에는 베라헤라 축제가 열린다. 캔디의 베라헤라 축제와 대비되는 행렬이 이곳을 누비고 수많은 코끼리떼 사이에서 춤꾼들이 어울려 민속춤을 춘단다. 치장한 코끼리떼가 불사리를 등에 싣고 나타나는 장면이 하이라이트라고.

🐾 **스리랑카** 스리랑카의 면적은 6600km²로 남한의 2/3 정도이며 인구는 약 1억 9백만 명이다. 인종은 인도 유럽계가 주종을 이루는 아리안족, 일명 싱할라인(불교도)이 대부분이나 타밀인(힌두교)과 무어인(이슬람교)을 포함하여 '버거'라 불리는 유럽인과의 혼혈 인도 소수 있다. B.C. 6세기에 북인도에서 건너온 싱하리족을 중심으로 싱하리 왕조가 창건된 후 아누라다푸라에 수도를 정하고, B.C. 4세기에는 산스크리스트의 서사시 '라마야나' 안에 랑카(Lan Ka)로 등장하면서 고대 그리스와 로마에까지 알려졌다. 또한 유구한 역사를 간직한 나라로 인도에서 불교를 받아들여 상좌부불교(소승불교)를 발전시킨 불교 문화의 정수를 이룬 곳이기도 하다.

≪ 스리랑카의 고도, 캔디

다음날. 이 나라에서 스리랑카 분위기가 가장 깊이 스며 있는 고도 캔디(Kandy)로 향한다. 콜롬보에서 북동쪽으로 약 110km 거리에 있는데, 자동차로는 콜롬보에서 3시간 30여 분 거리다.

스리랑카 중부 도시 캔디는 해발 488m 지점에, 캔디 왕국의 마지막 왕이 건설한 인공호수 근처에 마하웰리 강을 끼고 있다. 1480년경에 처음 왕국의 수도가 되었다. 1592년부터 영국이 캔디의 마지막 왕을 몰아낼 때(1815년)까지 포르투갈, 네덜란드가 잠시 점령했을 때를 제외하고 유럽 식민시대에 계속 독립을 고수한 싱할라 왕조의 수도가 된 곳이기도 하다.

불치사(Dalaba Maliguwa)는 캔디 호반(후술)의 조용하고 차분한 분위기 속에서 스리랑카를 대표하는 팔각형 불교 사원이다. 분홍빛 벽에 붉은 기와를 얹은 대표적인 싱하리 건축 양식의 사원.

신발을 벗고 안으로 들어가니 참배객이 줄지어 서 있다. 잠시 후 나팔과 북이 울리더니 상아와 은을 상감한 문이 열리면서 참배객들은 부처님의 치아가 보존된 금궤를 친견한다. 이 부처님의 치아는 B.C. 543년 인도에서 석가모니를 화장할 때 입수한 것을 4세기경 인도의 카링가 왕자가 머리카락 속에 감춰서 실론에 들여와 아누라다푸라에 봉안한 것이다. 그 뒤 수도를 옮길 때마다 부처님의 치아도 함께 이동했으며 마지막으로 이 고도 캔디에 보관되고 있다고 한다.

사원 동쪽 가까이에 있는 구왕궁 건물 일부는 현재 박물관으로 사용되고 있다. 전시품 중에서 눈여겨볼 만한 것은 야자나무 껍질 수사본이다.

불치사 남쪽으로 아주 가까이 있는 인공호수 캔디호(Kandy Lake)는 불치사를 에워싸듯이 펼쳐져 있다. 이 호수에선 신성시되는 흰 자라와 물고기가 사육되고 있는데 낚시는 일체 엄금되고 있다. 호수 주변의 가로수 길은 아름다운 산책로이기도 하다. 일몰 후 가로등불 아래서 전통 차, 캔디 차[茶]를 마시는 것도 이국적인 멋의 하나. 호수의 동쪽 수라투라 홀(Surathura Hall)에서 매일 밤 열리는 캔디의 전통 춤을 1시간 30분 정도 관람하는 것도 이국에서의 정겨운 밤을 만들 수 있는 기회이다.

캔디 시 중심가에서 남동쪽으로 약 6.5km 지점에는 페리테니아 식물원(Peradeniya Botanic Garden)이 있다. 열대 식물원으로 총면적 5.6km² 이며 전체를 다 구경하려면 상당한 시간이 든다. 14세기의 왕 파라쿠라마바후 3세가 왕비를 위해 만든 궁과 정원이란다.

식물원 내부엔 지금도 궁전의 유적이 이곳저곳 남아 있다. 또한 스리랑카를 기억하라는 의미에서 매운맛의 식물들을 모아 둔 스파이스 가든을 비롯한 약용 관상용 식물 4000종이 심어져 있다.

콜롬보에의 켈라니아 불교성지 라자마하비하라 사원 경내의 흰불탑. B.C. 3세기 것이며 외부에는 불상과 보석 19세기의 벽화 등이 있다.

스리랑카 최대의
석굴 사원 담불라
(Dambulla).

거대한 빈장나무와 종려나무·난초 컬렉션이 특히 유명한데, 여행의 피로도 풀 겸 싱그러운 공기를 마시며 천천히 거닐어 보는 것도 좋을 듯하다.

≪ 스리마하 보리수

아누라다푸라(Anuradapapura)는 콜롬보 북동쪽 250km 지점에 위치하고 있는 스리랑카 최고의 고도(古都)다. B.C. 260~210년경에 인도에서 전래되어 온 불교와 더불어 1300여 년 동안에 걸쳐서 번영을 누렸으나 10세기에 들어와 외침에 견디다 못 해 수도를 옮기면서 유적 도시로 남겨진 곳이다. 미힌탈레·폴론나루·시기리야와 함께 문화의 삼각지대의 중심 도시로 알려지기도 한 곳.

콜롬보에서 리무진 버스로 이곳에 도착하니 5시간 30여 분 걸렸다. 투어 스케줄에 따라 첫 번째 탐방지는 스리마하 보리수(Surimaha Bodhi Tree).

철도역에서 1.5km쯤 되는 곳에 위치하고 있는 스리마하 보리수는 B.C. 3세기에 상가미타 공주가 석가모니가 성도(成道)했던 보리수의 나뭇가지를 갖고 와서 심은 것이라고 한다. 19세기에 코끼리로부터 보리수를 보호하기 위해 돌 축대를 쌓았으며, 1966년쯤인가 은제 울타리가 쳐져서 안에는 들어갈 수 없고 주변에서 순례자들이 합장하는 모습만 볼 수 있다.

스리마하 보리수 전면에는 돌기둥 로하파사다(Lohapasada)가 서 있다. B.C. 2세기에 두투가마니 왕이 건립했으며 지붕이 구리로 되어 있었기 때문에 황동 궁전이라고 한다. 이곳은 소승불교의 중심지인 대사찰(마하비하라)에 해당된다.

로하파사다 인근 북쪽에는 거대한 불탑 루반벨리세야 대탑(Ruvanyeliseya Dagaba)이 있다. 높이가 55m인 만두 모양의 탑으로 B.C. 2세기 두투가마니 왕에 의하여 건축이 시작되었으나 왕은 완성을 보지 못하고 사다팃사 왕자가 완성시켰다 한다.

루반벨리세야 대탑에서 북쪽으로 두파라마 대탑(Thuparama Dagaba)이 있다. 높이가 19m인 종 모양의 흰 탑으로 B.C. 4세기 후반에 석가의 오른쪽 쇄골을 안치하려고 세운 것이다. 아누라푸라에서 가장 오래된 불탑으로 알려지고 있다.

미힌탈레(Mihintale)는 스리랑카에서 최초로 불교가 전래된 성지로 1934년 정글 속에서 잠자고 있던 유적군이 발굴된 이래 이 나라에서 가장 중요한 성지의 하나가 되었다. 정상까지는 네 지역으로 계단이 이어지는데 1840계단이나 되어 오르기에 힘이 든다. 계단을 오르기 시작하면 B.C. 1세기에 세웠다는 칸타카치타야 불탑을 대할 수 있다. 다시 계단을 조금 더 올라가면 암바스탈라 대탑이 나타나고, 정상에는 석가모니의 머리카락을 모셔 놓았다고 하는 마하세야 불탑이 있다. 여기서는 아누라다푸라의 인공호수와 불탑을 바라볼 수 있다.

≪ 싱하라 왕조의 수도

폴론나루와(Polounnaruwa)는 스리랑카의 싱하리 왕조의 문화와 예술이 보존된 명소로, 싱하라 왕조의 수도였던 곳이다. 아누라다푸라 남동쪽 99km 지점에 위치하는 스리랑카 제2의 고도이기도 하다. 전성기에는 미얀마나 타이에서 불자들이 이곳으로 유학 올 정도로 번성했던 불교도시였다고 한다.

쿼드랭글(Quadrangl)은 싱하리 왕조 때 불치사가 있던 지역이다. 이 지역은 거의 원형으로 보존되어 있는데, 불교 유적 투파라마(Thuparama)는 옛 싱하리 양식의 건물로서 불당 내부엔 석가모니의 여러 모습이 그려져 있다. 여기에서 이어지는 북동쪽 도로에서 2km쯤 떨어진 높은 곳에 불치사 바타다게(Vatadaga)가 서 있다.

갈비하라(Galvihala)는 불교 유적으로 널리 알려진 곳으로, 자연석에서 파낸 대불상이 있으며 전면에는 4.6m 높이의 좌불상

폴론나루와의 갈비
하라. 불교유적으로
널리 알려진 곳인데,
자연석에서 파낸 대
불상이다.

이 있다. 이웃하고 있는 석존 사원에는 조그마한 불상들이 있는데, 가운데 오른쪽에서 두 번째에 있는 높이 6.7m 입상은 성도 2주일째 되는 부처님의 상이라고 한다. 맨 우측의 와불은 길이가 13.4m 되는 열반 불상이며, 특히 불자라면 한 번쯤 친견해 보는 것도 뜻 있는 일이라 생각된다.

이것으로 스리랑카의 7박 8일간의 문화탐방은 끝내기로 한다. 한 가지 아쉬움이 있다면, 분리주의자 타밀 반군들의 빈번한 테러 때문에 대통령궁, 국회의사당 등의 공공청사는 방문하지 못했다는 것이다.

3 여행의 최종 목적지

인도

인 도는 여행의 마지막 목적지라는 말이 있다. 민족, 문화, 언어, 전통이 너무나 다양하게 공존하기 때문에 지구상의 어느 나라와도 비견할 수 없는 다양성과 볼거리를 지니고 있기 때문일 것이다.

세계 4대 인류문명 발생지 중 하나인 인더스 강 유역의 문명지인 인도의 역사는 그 장구한 세월과 위대한 문화를 자랑하고 있다. 인도 역시 다른 나라와 마찬가지로 멸망과 쇠퇴의 역사가 되풀이 된 적은 있다. 그러나 그 문화는 근본적인 맥락에서 벗어나지 않고 현재까지 이어져 내려왔다. 실제적으로는 그 옛날 찬란했던 이집트·그리스·초기의 로마·잉카 등의 문화들이 그 색을 잃고 심지어 중국마저도 고유의 유산을 경안시하고 있는데, 인도만큼은 수십 세기 동안 고유 문화를 보존해 왔다. 인류의 대표적인 문명권을 비교적 원형에 가깝게 보존하고 있어 그 가치가 더욱 두드러진다. 부처님의 출생과 열반도 느껴보고 싶었던 것이 인도 여행의 취지 중 하나였다.

≪ 강물로 세속에서 찌든 육신을 정화한다,
　바라나시

　　네팔의 카트만두에서 우리가 탄 비행기는 2시간여 만에 바라나시에 도착했다. 바라나시는 인도 문화의 중심지이자 힌두교의 성지다. 시바 신의 성도인 이곳은 인도 전역에서 찾아온 힌두교도들로 늘 붐비는데, 갠지스 강 중류의 서쪽을 따라서 이루어진 인구 250만 정도의 대도시다.

　　흥분과 기대 속에서 우리 일행은 현지 가이드의 인솔하에 바라나시의 하이라이트라고 할 수 있는 가트(Ghat)로 향한다. 가트는 목욕장, 즉 갠지스 강을 두고 하는 말이다. 힌두교도들은 갠지스 강에 세속에서 찌든 육신을 담그는 것을 인생 최고의 꿈으로 생각한다. 바라나시에서는 동이 틀 무렵 정화 의식이 절정을 이룬다.

　　우리 일행도 현지 여행사의 시간에 맞추어 이곳에 도착했으므로 해돋이와 함께 강변에서 목욕하는 사람들과 죽음을 기다리는 사람, 거지들을 함께 맞이할 수 있었다. 별난 의식을 구경하

카메라 앞에서 활짝 웃고 있는 인도 학생들.

려면 보트를 빌려 타고 강 안으로 들어가 보는 것이 좋다는 가이드의 말에 보트 한 척을 빌려 타고 강변에 3km 정도 줄지어 선 가트를 눈여겨보았다. 열심히 주문을 외는 사람, 강물을 마시는 사람, 코를 막고 물 속에 머리를 넣은 채 물장구를 치는 사람, 사리를 입은 채 물 속으로 들어가는 사람, 양치질하고 세수하는 사람, 강변에서 볼 일 보는 사람, 이런 별스런 모습들을 배경으로 해가 떠오르고 있었다. 조금 떨어져 있는 화장터에서 화장 순서를 기다리는 시신들은 삶과 죽음, 그리고 윤회의 비밀에 대한 궁금증을 나그네의 마음에 심어 주고 있었다.

삶을 마감하고 연기로 화하는 이들과 영혼의 정화를 위해 목욕을 하는 살아 있는 사람들이 혼재하는 공간 바라나시. 삶은 무엇이고 죽음은 또한 무엇인가? 끝없이 돌고 도는 윤회의 수레바퀴라 했는데, 과연 시작은 어디이고 끝은 어디인가? 그 속에서 우리 인간은 어느 찰나를 살아가고 있는가?

인생의 근본 문제에 대한 의문을 마음에 품고 굴리면서 비슈와나트 사원, 툴시 마나스 사원, 두르가 사원, 사르나트 사원을 차례로 둘러보았다.

비슈와나트(Vishwanath) 사원은 현대식 사원으로 바라나시 힌두대학 교정에 자리 잡고 있으며, 황금빛 첨탑이 있어서 '황금 사원(Golden Temple)'이라고도 불린다. 가트에서 목욕을 마친 사람들이 줄지어 들어가는 개방적인 사원으로, 내부에는 시바 신의 남근 조각상이 모셔져 있다.

툴시 마나스(Tulsi Manas) 사원은 두르가 사원 곁에 1964년에 건립된 흰 대리석의 건물. 비슈누 신과 그의 화신 라마, 비슈누 신의 부인 락슈미와 그녀의 화신 나푸르나랄을 모셔 놓았다.

두르가(Durga) 사원은 시바의 아내 두르가를 모신 사원인데, 원숭이가 많이 살고 있기 때문인지 원숭이 사원이라고도 한다. 괴상한 짓을 많이 한다는 이 여신은 무섭게 단장되어 있고 사원의 바깥 또한 붉은 핏빛으로 칠해져 있다.

사르나트(Sarnath) 사원은 바라나시 시내에서 북쪽으로 10km의 지점에 위치하는 불교 성지다. 일명 녹야원(鹿野園)이라고 하는데, 부처가 여기서 최초로 설법을 했다고 한다. 룸비니, 붓다가야, 구시나가라와 더불어 불교의 4대 성지를 이루고 있다. 활기찬 힌두교의 성지 바라나시와는 대조적으로 당시의 번영을 조용히 간직한 채 웬지 적막감만 감돈다.

🐾 **인도** 인도는 히말라야 산맥 이남, 인도 반도의 대부분을 차지하는 공화국이다. 정식명칭은 인도공화국으로 면적은 328만 7590km^2, 인구는 11억 명. 동쪽은 미얀마 · 중국과 접경하고 방글라데시를 둘러싸고 있으며 서쪽은 파키스탄, 북쪽은 네팔을 사이에 두고 중국과 닿아 있다. 수도는 뉴델리. 인도인은 4000년 전에 현재의 수도보다도 뛰어난 하수도 시설을 가진 모헨조다로의 문명 도시를 인더스 강 유역에 건설했을 뿐 아니라, B.C. 7세기에는 '우파니샤드'를 비롯한 베다 문헌들을 남겼다. 아직도 남아 있는 카스트 제도의 잔재 속에서 최고위 계층인 브라만을 비롯하여 크샤트리아, 바이샤, 수드라의 체취를 느낄 수 있는 곳이다.

세계 7대 불가사의 중 하나인 타지마할 사원. 1983년 세계문화유산으로 지정되었다.

≪ 지옥과 극락이 공생하는 곳, 캘커타

캘커타는 동양 최초의 노벨상 수상자인 라빈드라나트 타고르가 출생하고 활동한 곳으로도 유명하다. 인도의 동쪽 관문이자 인구 1100만이 넘는 인도 최대의 무역항으로 1912년 수도가 뉴델리로 옮기기까지 인도의 정치, 경제의 중심지였다. 하지만 방글라데시가 파키스탄으로부터 독립한 이후 유입된 난민으로 인해 인구 과잉, 빈곤, 실업 등을 비롯한 현대 도시병을 앓고 있다. 지옥과 극락이 공생하는 곳이라 할까?

바라나시에서 캘커타까지는 국내선으로 1시간 40여 분 정도 걸린다. 공항에서 투숙지인 힌두스탄 인터내셔널 호텔까지는 50여 분 만에 도착했다. 인도 여행이 힘들다는 것은 누구나 아는 사실이지만 호텔에 도착하자마자 현지식으로 저녁식사를 간단히 마치고 룸메이트와 내일의 투어를 생각하니 걱정과 노파심 때문에 잠을 쉬 이룰 수가 없었다.

그래도 다음날 아침 공기는 상쾌했다. 마침 12월이라, 캘커타 여행의 최적의 시즌에 이곳을 찾아왔다는 가이드의 말에 안도의 한숨도 나왔다. 습기도 별로 없고 최적의 컨디션을 유지할 수 있을 듯했다.

현지 가이드의 안내에 따라 시내 중심부와 북부 및 서부, 남부로 나누어 집중적으로 탐방하기로 했다.

우리 일행은 우선 마이단 공원으로 향했다. 남북 길이가 3km나 되는 후글리 강과 초링기 거리 사이에 펼쳐진 넓은 공원인데, 이른 아침이어서 그런지 요가와 조깅하는 사람들이 상당히 많다. 공원인데도 염소를 방목하는 사람이 있는가 하면, 인도의 여타 도시와 마찬가지로 이른 아침인데도 구걸하는 거지들이 많다. 특히 외국인들을 보고 여기저기서 달려드는 거지들은 꽤나 성가신 존재들이다.

초링기 거리는 캘커타 최고의 번화가로 우리 나라 서울로 치자면 압구정동이나 명동과 같은 곳이다. 동쪽에는 오베로이그랜드 호텔과 고급 식당들, YMCA, 인도 박물관 등이 있다.

인도 박물관은 이탈리아 양식의 거대한 박물관으로 1875년에 지어진 건물. 불교와 힌두교에 관련된 조각과 석상들, 무굴 제국과 티베트 제국의 회화 등이 전시되어 있다. 한마디로 말해서 인도의 역사와 문화를 살필 수 있는 귀중한 유물 전시관이다. 모헨조다로와 하라핀에서 출토된 인더스 문명과 이슬람시대의 유물은 학술적인 가치가 높다 한다.

타고르 하우스는 아시아 최초의 노벨상 수상자인 시인 타고르가 태어나고 작품활동을 하다가 타계한 집으로, 소위 벵골 르네상스의 중심 인물들이 모여 문학과 문화를 논하던 곳이다. 현재는 라빈드라바라티 대학이 되어 있고 박물관이 된 별관에는 타고르의 유품들이 전시되어 있다. 기탄잘리(Gitanjali), 즉 신게 바치는 노래로 유명한 타고르의 체취를 잠시나마 느껴 볼 수 있는 귀중한 시간이었다.

당신은 나를 영원하게 하셨으니, 그것이 당신의 기쁨입니다. 이 연약한 배를 당신은 끊임없이 비우시고 신선한 생명으로 영원히 채우십니다.

이 가냘픈 갈대 피리를 당신은 언덕과 골짜기 너머로 지니고 다니셨으며, 이 피리로 영원히 새로운 노래를 부르십니다. 영원히 사라지지 않는 당신의 손길에 나의 작은 가슴은 즐거움에 젖어들어 말로 표현할 수 없는 소리를 외칩니다.

그칠 줄 모르는 당신의 선물을, 나는 이처럼 작은 두 손으로 받들고 있습니다. 오랜 세월이 지나도 당신은 여전히 채우고 계십니다. 그러나 여전히 채울 수 있는 자리는 나에게 남아 있습니다.

– 타고르, 〈기탄잘리〉 중에서 –

≪ 캘커타의 지뢰밭

다크시네슈와르 사원은 후글리 강변 시가지 북쪽 14km 지점에 있는 캘커타 최대의 힌두교 사원이다. 1847년 신앙심이 깊은 한 여신도가 세운 것이라는데, 시바 신과 칼리 여신을 모신 사원이다. 여기서 힌두교의 위대한 성자 라마크리슈나가 신과의 합일점을 구가하여 사랑과 봉사의 실천을 설법하면서 일약 세계적으로 유명해졌다고 한다.

칼리가트는 후글리 강의 지류인 탈리스날라 기슭에 있는 힌두교 성지로 칼리 여신을 모시는 칼리 사원이 있고, 사원 내부엔 여성을 상징하는 검은 돌이 있다. 캘커타의 수호신 칼리를 참배하기 위해 모여드는 신도들로 항상 붐빈다. 경내에서는 매일 염소의 목을 쳐서 제물로 바친다고 하는데 이교도들은 이곳에 들어가서 구경할 수 없다.

우리 일행들은 경내에 들어가면 힌두교를 믿을 수 있는 기회가 될 수도 있다고 사제를 허락해서 경내에 들어갔으나 제를 올리는 시간이 조금 지난 후여서 염소의 목을 자르는 것은 보지 못했다. 하지만 잘린 염소 머리와 군데군데 뿌려져 신에게 바친 피를 보고 역겨움만 느끼게 되었다.

캘커타 변두리에는 누가 이름을 붙였는지 지뢰밭이라는 것이 있다. 그런데 캘커타의 지뢰는 전혀 색다른 것이다. 일행 중에 한 분이 손 씻을 물을 찾던 중 100m 전방에서 물웅덩이를 발견하고는 빠른 걸음으로 달려갔다가 그 물에 빠져버렸다. 울상이 되어 달려오기에 이유를 물어 보니 그곳은 물웅덩이가 아니고 똥 시궁창이었다는 것이다. 인도인들은 오른손은 신성시하며

음식을 먹는 데 사용하고, 왼손은 변을 보고 난 후에 항문을 물
로 씻는데 사용한다. 가이드 말에 의하면, 그래서 누구나 물만
보면 그곳에다 변을 보고 왼손으로 항문을 씻어서 똥 시궁창이
될 수밖에 없다는 것이다. 거기에 지뢰밭이라는 이름을 붙인 게
인도인들인지, 외국 관광객들인지는 가이드도 잘 모르겠다고
한다.

≪ 두 얼굴을 가진 도시, 델리

인도에선 델리, 아그라, 자이푸르를 두고 황금의 삼각지라 부
른다. 우리 일행은 델리의 인디라간디 국제공항에 도착했다. 캘
커타에서 인디라간디 국제공항까지는 비행기로 3시간, 공항에
서 투숙지인 하야
트리젠시까지는
차로 40여 분 거
리였다.

델리는 두 얼굴
을 가진 도시로서
뉴델리와 올드델
리로 구분된다.
뉴델리부터 둘러
보기로 하는데,

갠지스 강에서 목욕을 하는 힌두교도.

1949년 영국으로부터 인도의 수도로 지정되면서 현대적인 모습으로 변해 시가지와 도로는 잘 정리되어 있다.

콘노트 광장은 뉴델리의 중심이 되는 원형 광장이다. 뉴델리 유일의 상점가로 관청, 방송국, 항공사, 백화점, 은행, 각종 상점이 밀집되어 있다. 광장 한복판은 잔디와 꽃으로 가꾸어진 조그마한 공원으로 꾸며져 있고 이 공원을 중심으로 하여 도로가 방사상으로 뻗어 있다. 광장 2km 서쪽 지점에는 바를라 만디르 힌두 사원이 있는데, 이 사원 왼쪽에는 불교 사원이 대조를 이루고 있다. 이 불교 사원의 무료 숙박소는 불교도라면 누구나 묵어갈 수 있다고 한다.

비자이초크는 대통령 관저와 정부 청사가 들어서 있는 인도의 정치 1번가로, 영국에 의해 캘커타에서 이곳으로 수도를 옮길 때 계획 도시 뉴델리의 한 부분으로 건설된 거리다. 거리 동쪽 끝에 개선문 스타일의 인도 문이 세워져 있는데, 높이가 42m나 되는 우람한 아치의 벽면에는 1만여 개가 넘는 인도 장병들의 이름이 새겨져 있다. 제1차 세계대전 당시 영국을 위해서 전사한 군인들의 혼을 위로하기 위한 기념물이라고 한다.

고성(古城) 프라나킬라는 인도 문에서 남동쪽 야무나 강 가까이, 동물원 옆에 있다. 이 성은 신화 마하바라타에 등장하는 판다일족이 일으킨 푸라스타의 도읍지로 무굴 제국의 옛 영화를 만끽할 수 있는 곳이다.

쿠트브미나르는 뉴델리 남쪽에서 16km 떨어진 교외에 있는데 힌두교와 이슬람교 두 양식이 혼합된 높이 73km의 5층 석탑으로 뉴델리의 대표적인 유적 중의 하나다. 1199년에 건립되었으며, 내부는 나선형의 379계단을 올라가게 되어 있다. 그러나 요즘은 2층까지만 공개되고 있었다. 경내에는 인도에서 가장 오래된 이슬람 사원 크라툴 이슬람 모스크가 있는데 4세기에 세워진 높이 7.2m에 이르는 철기둥 신은 세계 7대 불가사의 중의 하나다.

올드델리는 뉴델리가 남쪽 교외에 건설된 이후 올드델리로 불리고 있는데, 델리의 500만 인구 중에서 90%가 밀집되어 있어 서민들의 삶이 이루어지고 있는 곳이다.

올드델리 관광의 하이라이트라고 할 수 있는 곳은 랄킬라, 일명 델리 성이다. 한때는 "지상에 천국이 있다면 바로 이곳이다."라고 했을 만큼 아름다운 성이었다고 한다. 보석과 귀금속으로 장식되고 아름다운 휘장이 드리워져 있었으며, 궁전 안으로 연결된 수로에는 맑은 물이 흐르고 있었을 것으로 추정되므로 외적으로는 분명 천국처럼 느껴졌을 것이다. 점령군인 영국에게 수없이 침략당하면서 현재의 모습으로 변했다 하니 그러한 아름다움도 전쟁 앞에서는 속수무책인 모양이다.

랄킬라는 아그라에 있는 영원한 사랑의 기념비인 타지마할을 건립한 샤자한이 건축했다고 한다. 정문인 라호르 문과 남문인 델리 문이 있는데, 정문인 라호르 문을 들어서면 3층의 아름다운 내문(內門) 나우바트카나가 있고 뜰 안쪽에는 흰 대리석의 궁전 디와니암이 보인다. 이 궁전 안쪽으로 예배소 모티 마스지드, 디와니카스 궁전, 왕의 침실이 있는 궁전 등이 있어 무굴 제국의 전성기를 만끽할 수 있다.

자마마스지드(Jama Masjid)는 이슬람교도의 성전으로 랄킬라 인근에 자리 잡고 있는데 흰 대리석 돔과 높은 첨탑 등이 돋보이는 모스크는 폭이 60m, 길이가 36m나 된다. 이 모스크는 인도 최대의 국가 무굴 제국의 최후의 걸작이라고 한다. 모스크 주변에는 많은 가게들이 즐비한데 여행객들은 휴식도 취할 겸 델리 여행 기념으로 부담 없는 골동품을 한두 점씩 구입하기도 한다. 필자도 미화 50달러 내외의 옛날 소품을 두 점 사서 지금까지 보관하고 있다.

라지가트는 1948년 1월 30일 파키스탄과의 분리 독립을 반대한 극우파 힌두교도 청년에게 암살 당한 마하트마 간디가 화장된 화장터인데, 랄킬라 동쪽의 야무나 강 기슭에 위치하고 있다. 야무나 강 기슭에는 네루 가문의 3대(네루, 산자이 간디, 인디라 간디)가 화장되어 있는 샨티바나, 2대 수상인 샤크티리의 화장터가 있는 비자가트 등도 함께 자리 잡고 있다.

≪ 황금의 삼각지의 한 고리, 자이푸르

자이푸르(Jaipur)는 델리에서 비행시간으로 1시간여 거리인데, 특급 핑크시티 익스프레스를 이용해서 가기로 했다. 5시간 30여 분 만에 도착한 자이푸르는 온 시가지가 불그스름한 빛깔의 고도(古道)여서 핑크시티라는 이름으로 알려진 이유를 알 것 같았다. 자이푸르는 서부 라자스탄 주의 주도이기도 했고 18세기 초 자이싱 2세에 건설된 천문대와 황토색의 5층 건물인 바람궁전, 아름다운 정원이 있는 왕궁, 북동쪽 산중턱에 있는 산상의 요새 등 많은 명소가 있다.

토후 왕국의 궁전으로 1728년에 건립된 시티팰리스는 구시가지의 4분의 1을 차지하고 있다. 궁전 중앙에는 달의 궁전(Moon Palace)이라는 7층 높이의 건물이 우뚝 서서 달빛처럼 빛나고 있으며 주위에는 맑은 샘과 울창한 숲이 조화를 이루고 있다. 1층에는 왕족의 의상과 무기 등을 전시해 놓은 박물관이 있고 남동쪽에는 일반 알현 궁전이, 북서쪽에는 귀빈 알현 궁전이 있다.

뒤쪽 시가지 중심부에는 하와마할(Hawa Mahal)이라는 궁전이 있는데, 황토색 5층 건물로서 바람의 궁전(Palace of the Winds)이라고도 한다. 현지 가이드의 설명에 의하면 건물의 어느 쪽에서나 바람이 잘 통하도록 설계되어 있다고 한다. 또한 18세기 중엽에 세워진 이 궁전은 왕비와 궁녀들이 일반 군중에게 얼굴을 내보이지 않고 거리의 축제나 행사 등을 볼 수 있도록 설계되었다고 한다. 지금은 이방인들이 이 나라의 진솔한 삶, 역동하는 자전거, 마차, 인력거 등과 옛거리의 모습을 바라보는 장소가 되고 있다.

산상의 성채는 시가지 북쪽 11km 지점에 있는데 자이싱 2세가 시내로 천도하기 전까지 600여 년 간 영화를 누렸던, 견고한 성채와 궁전으로 이루어진 요새다. 무굴 제국에 최후까지 항거하였던 라지프트족의 요새였는데 아직까지 원형 그대로 보존되어 있다. 천장에 수많은 유리 조각으로 수놓은 별들이 어우러진 거울, 후궁들이 다녔다는 미로인 가네시 문 등은 당시의 모습을 어렴풋이 짐작할 수 있게 해준다.

아잔타 석굴.

황금의 삼각지 중 마지막 코스인 아그라는 델리의 남쪽 200km 지점, 자이푸르의 서쪽 300km 지점에 위치하고 있다. 16~17세기에 걸쳐 무굴 제국의 수도로서 번영과 영화를 누렸던 곳이며 인구 80만의 유서 깊은 지방 도시다. 이 도시가 유명한 것은 샤자한이 아내의 죽음을 애도하며 건설한 대리석 영묘 타지마할(Tajmahal)이 있기 때문이다.

1983년 유네스코에 의해 세계문화유산으로 등록된 인도의 대표적 이슬람 건축물 타지마할은 '마할의 왕관'이라는 뜻으로 그 이름에 걸맞게 세상에서 가장 아름다운 묘소로 알려져 있다. 무굴 제국의 4대 황제인 자한기르의 셋째 아들 샤자한(Shah Jahan)은 데칸고원에 이르는 넓은 지역을 누빌 때, 페르시아의 귀족 아사프 칸의 딸 뭄타즈마할(Mumtaz Mahal)과 결혼한다. 그는 아내를 너무나 사랑했는데 1629년의 원정 중에 아내가 산후열로 세상을 뜨자 아내의 죽음을 비통해 한 나머지 영혼과 사랑을 영원히 기념하기 위해 묘소를 건립한다.

사진으로만 접해 오던 타지마할을 막상 마주 대하고 보니 그 아름다움에 매혹되어 탄성이 절로 나왔다. 여행을 하는 것은 세상을 알기 위한 목적도 있겠지만 현장에서 직접 느껴 보는 감흥 또한 커다란 소득이 아닐 수 없다. 타지마할 앞에서는 아름답다거나 우아하다는 형용사를 아낌없이 쏟아 부어도 좋을 것이다.

현지에서 들은 이야기에 따르면 샤자한은 타지마할을 완성한 후에 이 세상에 이보다 더 좋은 묘소는 건설하지 못하도록 이 묘소에 동원된 건축가들의 손을 전부 절단했다고 한다. 아름다움의 이면에 그런 끔찍한 사건이 있었다면 남아 있는 아름다움의 의미를 다시 생각해 볼 필요가 있을 것 같다. 그러나 지금으로서는 사실 여부를 확인할 도리가 없고 말없는 건축물만 남아 그 자태를 뽐내고 있을 뿐이다.

타지마할 묘소는 당시 국가 수입의 5분의 1에 해당하는 4천만 루피가 들어갔으며 세계 각지에서 2만 명의 건축가와 노동자가 동원되었다고 한다. 분명히 타지마할은 살아서 숨쉬고 있는 듯하다. 가로 300m, 세로 580m의 부지에 붉은 사암과 대리석이 멋진 조화를 이룬 타지마할 무케두아로 정문이 서 있다. 이 정문 지붕 위의 한가운데에는 전면에 11개, 뒷면에 11개씩 흰색의 뾰족한 돔이 나란히 조각되어 있는데 이는 22년에 걸쳐 완성된 공사 기간을 뜻한다. 아름답게 장식된 정문을 들어서면 높이 65m, 한 변의 길이가 94m인 좌우 대칭의 돔이 푸른 하늘과 짙은 녹음으로 드리워진 정원의 중앙에 자리 잡고 있다.

이 타지마할은 신을 모신 신전도 아니요, 더욱이 인간이 살기 위한 집도 아니다. 사랑하는 아내의 죽음 앞에 바친 묘소일 뿐. 그런데도 이 건축물이 아름답고 우아한 예술품이라고 찬사를 받고 있는 것은 아내를 향한 한 남자의 절절한 사랑 때문이 아닌가 한다. 39살에 생을 마감하면서 임종 전에 남편에게 "저를 위해서 이 세상에서 가장 아름다운 무덤을 만들어 주세요."라는 유언을 남긴 아내를 향한 사랑.

마침 우리가 타지마할을 둘러본 날이 음력으로 10월 12일이라서 현지 여행사의 권유에 의해 옵션투어 형식으로 예정에 없던, 달빛 속의 환상적인 타지마할을 구경하기도 했다. 애절한 사랑의 이야기가 서려 있는 흰 건물 타지마할이 달빛 아래 드리워진 연못 위에 투영되어 마치 거울을 들여다보는 것 같은 환상적인 모습은 두고두고 못 잊을 것 같다.

≪ 컴퓨터 강국의 홈리스들, 뭄바이

인도 발전의 선구자 뭄바이는 필자에게는 옛 이름인 봄베이라는 이름으로 더욱 친숙하다. 뭄바이에는 카주라호에서 비행기로 1시간 20여 분 만에 도착했다. 해안선을 따라 높이 솟은 빌딩들은 약진하는 인도의 모습을 보여주는 듯했다. 뭄바이는 또한 인도에서 가장 현대적인 인상을 주는 곳으로 인도의 저력과 가능성을 내포하고 있는 도시다. 공항에서 숙소인 라마인터내셔널까지는 리무진 버스로 40여 분 거리.

뭄바이는 그 역사가 파란만장하다. B.C. 3세기의 마우리아 왕조를 비롯한 인도 여러 왕조의 통치를 받아 왔고, 13세기에는 이슬람 제국의 지배하에 들어갔으며, 1534년부터는 포르투갈의 식민지였으나 1661년 포르투갈의 왕녀인 캐서린이 영국왕 찰스 2세와 혼인함으로써 영국에 양도되었다고 한다. 19세기 중엽에는 7개의 섬이 이어지면서 식민지시대의 번영을 구가했고, 인도

민족 자본의 뿌리로 성장했으며, 인도 독립운동의 모체인 국민회의파 제1회 대회가 열리면서 반영(反英) 운동의 선구자 역할을 했다.

숙소까지 가는 길은 환상적인 드라이브 코스로 알려진 머린 드라이브가 포함되어 있는데다가 초야의 야경은 금상첨화였다. 조로아스터교의 파르시족이 조장(종교의식으로 시신을 독수리 등의 새가 와서 먹어 치우도록 한 의식)하는 곳인 침묵의 탑도 가이드의 설명을 들으면서 두루 볼 수 있었다.

▲ 자이푸르의 상징인 하와마할의 전경.

◀ 신에게 바치는 정성.

다음날, 뭄바이의 아침은 12월인데도 후텁지근했다. 12월의 평균 기온이 최고 31℃, 최저 21℃ 정도라고 한다. 뭄바이의 중심지는 인도의 그 어느 도시들보다 서구적인 냄새를 풍긴다. 많은 택시와 2층 버스, 사리를 걸치고 손수 자동차를 운전해 가는 여인들은 뭄바이에서만 볼 수 있는 산뜻한 풍경이다.

한편 인도의 상징인 빈부의 격차 또한 뉴델리, 캘커타 등 다른 도시들과 마찬가지로 극심하다. 밤중에 도로변에는 쓰레기처럼 누워 자는 사람들이 눈으로 헤아릴 수 없을 정도이다. 인간의 삶이라고 할 수 없었다. 인도를 두고 지옥과 천국이 공존하는 곳이라고 일컫는 것이 결코 거짓이 아니었다. 인도엔 미화 5달러 정도로 한 달 동안 생활을 꾸려 가는 사람이 있는가 하면, 보잉

727기를 자가용으로 두고 호화생활을 즐기는 상류층이 있다. 그런가 하면 첨단 과학 분야에서는 수소폭탄을 제조하고, 컴퓨터 소프트웨어 분야에서는 세계 제일의 노하우를 자랑한다.

이렇듯 극과 극을 달리는 인도의 현주소는 삶에 대해서 새삼 다시 생각하게 만든다. 같은 인간의 삶인데 호화롭게 한평생을 사는 사람은 무엇이고 길거리에서 자식들과 먹고 자는 사람들은 무엇인가, 집도 없이 하루 하루를 걸식으로 연명하는 사람들에게 첨단 과학기술은 무엇인가 하는 의문들이 파도처럼 일어나게 만드는 나라다.

≪ 인도 여행의 마음가짐 일체유심조

뭄바이 여행의 마지막 코스는 칸헤리 석굴. 뭄바이에서 40여 분 만에 도착했다. 칸헤리 석굴은 서인도 최대의 불교 석굴 사원으로 2~8세기경에 조성된 석굴은 109개다. 현재 불상과 조각들이 많이 남아 있는데 부처의 입상과 불탑이 뛰어난 제1~3굴이 유명하며 엘로라, 아잔타와 함께 인도의 석굴 사원을 대표한다.

우리 일행을 맞는 불상들은 유순한 자비의 눈빛을 하고 있었다. 희번덕거리는 인도인의 눈빛과는 전혀 다르게 온화한 분위기를 자아내고 있었다. 인도 여행을 하다보면 누구나 접하는 걸인들의 구걸 행위와 인도인들의 우직함에 피로를 느끼는 것이

다반사다. 하지만 칸헤리 석굴의 부처님 상을 친견하는 순간부터 피로가 싹 가시고 지금까지 인도에서의 달갑지 않았던 인상 등이 모두 지워진다.

부처님 상 앞에 합장하면서 부처님 말씀 중에 '일체유심조(모든 게 생각하기 나름이라는 뜻)'라는 글귀를 유념하면서 인도 여행이 끝날 때까지 좋은 뜻으로 '인도 일체유심조'를 새기기로 했다.

다음 목적지는 역시 석굴 사원인 아잔타. 마침 일행들 중에 불교 신자가 많아서인지 아침 일찍부터 서둘렀다. 아우랑가바드에서 북쪽으로 106km 거리인데 리무진 버스로 2시간여 만에 도착했다. 이곳의 아잔타 석굴은 B.C. 2세기에서 A.D. 7세기에 걸쳐 데칸 고원의 현무암이 침식되어 생긴 가파른 벼랑을 굴착해서 조성한 석굴이다.

총길이 500m에 크고 작은 30개의 석굴로 이루어진 이 불교 사원은 수도하는 스님들의 손에 의해 공사가 이루어졌으나 7세기경에 돌연 정글에 묻히게 되었다. 1891년 범 사냥을 하던 존 스미스라는 영국군 장교에 의해 우연히 발견되면서 그 위용을 드러냈다고 한다. 1000년 동안 정글 속에서 잠을 자다가 발견된 셈이다.

아잔타 석굴은 기상 천외하게도 한 덩어리의 바위를 하나 하나 파고 들어가 그 안에 불당과 승원을 만들고 불상을 새겨 현재까지도 채색이 선명한 벽화를 그려 놓았다. 규모 면에서는 그리 내세울 게 없지만, 그 아름다움과 섬세함은 사람들을 압도하고도 남는다 하겠다.

우리 일행은 우선 제1굴부터 둘러보기 시작했다. 벽과 천장의 벽화가 뛰어난 6세기 무렵에 조성된 승원으로 보살이 연꽃을 들고 명상에 잠겨 있는 모습과 풍만한 육체미를 자랑하는 여성의 곡선들과 하복부의 관능적인 자태는 가히 압권이라 할 수 있다.

제2굴에는 마야 부인의 회임도(懷妊圖)와 부처님 탄생도 등을 담은 벽화와 천장의 장식 등이 뛰어난 예술성을 보여주고 있다. 제9굴과 10굴은 B.C. 1세기에서 A.D. 2세기의 예불당인데 아잔타 석굴 중에서 가장 초기의 것이라 한다. 안쪽에는 각각 불탑이 서 있고 기둥이나 벽에는 후대에 그려진 벽화가 남아 있다.

제16굴은 부처님의 이복동생 난다의 출가를 슬퍼하는 난다의 아내를 묘사한 '죽은 공주'와 활을 당기는 벽화가 있고, 제17굴은 싯다르타 왕자와 왕자비 아쇼다라의 다정한 궁정생활 등을 그린 벽화가 있는데 이 17굴의 벽화의 보존 상태가 가장 좋다고 한다. 제26굴의 출입구 왼쪽에는 부처님의 열반상이 있는데 아주 평화로운 모습이고 그 안쪽에는 악마와 싸우는 부처님의 모습이 조각되어 있다.

🐾 법정 스님의 인도 기행문 중에서

아잔타 석굴에 대한 참고자료를 수집하다가 법정 스님의 인도 기행문 중에서 마음에 와 닿는 부분이 있어 발췌 정리해서 실으면서 아잔타 여행과 인도 여행을 끝내고자 한다.

"데칸 고원의 한 덩어리로 된 거대한 암벽에 파 놓은 이 석굴 사원에서 우리는 인간의 끈기와 저력 앞에 옷깃을 여미게 되고 정신 공간의 그 넓이를 보고 고개를 숙이지 않을 수 없다. 흙과 바위처럼 진실하고 순박했던 옛 사람들은 몇 세기에 걸쳐, 반사되는 햇빛만을 의지해 망치와 정을 가지고 묵묵히 파 들어가 무표정한 바위에 숨결을 통하게 한 것이다. 이와 같은 신앙과 정열과 우직한 그 저력은 어디서 온 것일까? 인간이란 도대체 어떤 존재이기에 이런 일을 해 놓았을까?

인도는 어디를 가나 역사와 종교와 철학과 사상이 깃들어 있다. 웅대하고 화려한 유적과 사원이 있는 그 그늘 아래 너무도 가난한 빈민들이 있다. 그들이 몸담고 살아가는 집은 풍화된 유적보다 훨씬 초라하다. 그러나 인도는 결코 가난한 나라만은 아니다. 갠지스와 히말라야의 저력이 있다. 비록 오늘날 물질적으로 가난할망정 그들의 삶은 그 뿌리를 든든한 대지에 내리고 있다. 흥망이 유수하다면 대지는 언젠가 반드시 소생할 시절이 온다."

누군가 말했듯이 인도의 과거는 돌로 남아 있고 현재는 몸부림치며 미래는 반드시 소생할 것이다.

문명의 이기를 타고 달린다

실크로드

실크로드(Silk Road), 일명 비단길은 내륙 아시아를 횡단하는 고대 동서 통상로를 근대에 와서 독일의 지리학자 라이트호펜이 처음 사용하면서 붙여진 이름이다. 동방에서 서방으로 간 대표적 상품이 중국산 비단이었던 데서 유래하는데 물론 서방으로부터도 보석, 옥, 직물 등의 산물이나 불교, 이슬람교 등도 이 길을 통해 동아시아에 전해졌다.

중국을 중심으로 한 동방과 서방 각국의 정치·경제·문화를 이어준 실크로드는 총길이가 6400km에 달하는데, 중국 중원지방에서 시작해서 허시후이랑을 가로질러 타클라마칸 사막의 남북변을 따라 파미르 고원, 중앙아시아 초원, 이란 고원을 지나 지중해 동안과 북안에 이른다.

이 엄청난 실크로드를, 그 옛날 대상들이 목숨을 걸고 말이나 낙타를 타고 지나다니던 길을 이제(1999년) 문명의 이기인 자동차를 타고 그 일부나마 따라가 본다. 코스는 1차로 우루무치에서 출발해서 두루판, 우루무치, 알마타(카즈흐), 우루무치 경유, 서안의 순으로 이어졌다. 2차는 중국 신강성 커스에서 출발, 카라코람 하이웨이를 따라 파키스탄의 라호르까지 총 1500km. 동서를 잇는 무역로 실크로드를 따라 고대 4대 문명 발생지의 하나인 인더스 강변의 불교 성지를 찾아가는 여정이다.

실크로드는 타클라마칸 사막의 주변에 산재한 다수의 오아시스 나라들의 대상활동에 의하여 유지된 것으로 그 무역의 이익은 동방에서 중국인을, 북방에서 유목민을, 또 남방에서는 티베트인을 끌여들여 그들에 의하여 강화되었다. 그러나 한편 이와 같은 외부세력에 의하여 시장이나 상로를 독점하려는 군사적 진출이 있었기 때문에 아시아의 형세를 좌우할 만큼 그 영향력이 커졌다.

이 길의 동방과의 연결은 B.C. 2세기 후반의 한무제 때라고 하지만, 그보다 2세기나 앞서서도 이미 동서의 교섭이 있었던 증거가 지적되고 있다. 그것은 중국의 전국시대부터 한대(漢代) 초기에 걸쳐 깐쑤성 서부를 점거하고 하고 있던 월지(月氏; 禹氏)가 비단의 중계무역에 종사하였다는 흔적이 있기 때문이다. 그것은 당시 서역의 옥(玉)이 월지의 중계로 활발히 중국으로 수입되었고 이것을 중국인이 '우씨(禹氏)의 옥'이라고 부르는 데서 추측된다. 그 옥의 대가로서 당연히 비단의 수출을 생각하게 되기 때문이다.

이와 같은 동서무역은 한무제 때에 이르러 조정의 관심을 크게 불러일으켰으며, 장건이 서역으로 특파(B.C. 139~126년)된 것을 계기로 하여 처음으로 서방의 사정이 공적 기록에 오르게 되었다. 그 후 역대의 왕조는 예외 없이 동서의 무역에 열의를 나타내어 실크로드를 통과하는 여러 오아시스 나라들을 정치적으로 지배하려는 움직임도 활발하였다. 이와 같은 정세하에서 서방의 물건과 문물, 특히 이란의 배화교·마니교 및 로마

🐫 **실크로드** 실크로드는 지형적 특성에 따라 세 부분으로 나뉜다. 동쪽 부분은 중원에서 둔황까지 이르는 구간으로, 역대에 장안(지금의 시안 또는 뤄양)을 기점으로 했고 허시후이랑이 중요한 길목이었다.

중앙 부분은 둔황 서쪽에서 파미르 고원 동쪽까지이며 이 길은 타클라마칸 사막에 가로막혀 사막 남쪽(쿤룬 산맥 북쪽)과 사막 북쪽(톈산 산맥 남쪽)으로 가는 두 길로 나뉜다.

서쪽 부분도 남북의 두 갈래가 있어서 서역남로(西域南路)는 파미르 고원의 쿠시쿠르간에서 서쪽으로 쿠산국에 이르고, 여기서부터는 뱃길로 천축(인도의 옛 이름)에 들어갈 수 있으며 인더스 강을 따라 내려가 아라비아해와 홍해로 들어가서 지중해와 이집트의 알렉산드리아까지 이른다. 서역북로(西域北路)는 강거(漢魏 시대 중앙아시아의 키르기스 평원을 중심으로 활동했던 투르크계 유목민족국가)에서 서쪽으로 이란을 지나 곧장 지중해와 로마로 이어지는 길이다. 이 길은 거의 수천 리로 이어져 지금의 러시아 연방, 아프가니스탄, 파키스탄, 인도 등 10여 개 국가를 거쳐간다.

이 세 부분 가운데 동쪽 부분은 역사적으로 변화가 심하지 않았지만 중앙과 서쪽 부분은 많은 변화가 있었다. 실크로드 여행의 경우 대략 30일 정도가 적당하다는 것이 여행을 다녀온 사람들의 공통된 의견이다.

에서 이단시되었던 그리스도교의 한 파인 네스토리우스파까지
도 중국으로 전래되었다.

7세기 중엽에 당조가 타림 분지에 안서도호부(安西都護府)를
설치한 무렵은 실크로드의 최전성기라고 생각된다. 그러나 안녹
산의 난이 일어나고(755년), 티베트군의 진출이 있어 당조와 서
역과의 직접적인 교섭이 단절되자 서역의 동부는 위구르인(人)
이 점거하여 의연히 고대부터의 문화를 계승하고는 있었다. 그
러나 서부에는 이슬람 세력이 전진하고 있어서 실크로드는 중간
의 파미르 근처에서 중단되는 경향이었고 이와 같은 경향으로
인해 결국 정치적으로 투르키스탄이 동서 2분으로 연계되어 오
늘에 이르고 있다.

또한 중국의 비단을 서방으로 운반한 점을 중시한다면, 실크
로드가 점하는 범위는 더욱 넓어져 이란이나 지중해 연안까지
연장되기도 하고, 북아시아의 유목민을 매개로 하는 스텝 지대
를 관통하는 무역로(스텝 루트)나 남방의 남해제국(南海諸國)을
매개로 하는 해상교역로(Sea Route)를 포함하지 않으면 안 된다.

목초지와 사막 그리고 오아시스

우루무치 ~ 두루판 ~ 알마타(카자흐) ~ 서안

실크로드 여정의 첫 코스는 우루무치. 위구르어로 '아름다운 목장' 이라는 뜻을 지닌 고유명사만큼이나 낭만적인 도시다. 우루무치 공항에서 시내까지는 대략 30~40분 거리. 가로수 그늘이 드리워진 거리에는 붉은 벽돌집과 아파트가 줄지어 있는데 주민의 대부분은 노랑이나 밝은 청색이 칠해진 나지막한 전통가옥에서 산다고 한다.

≪ 아름다운 목장, 우루무치

우루무치 공항에 저녁 늦게 도착해서 우리 일행은 곧장 시내의 홀리데이인 호텔로 와서 짐을 풀었다. 다음날 아침, 지난밤 팩소주를 과음한 탓인지 아침 8시가 지나서야 눈을 뜰 수 있었다. 간단히 아침식사를 마치고 나그네의 발길을 멈추게 한다는 바자르 자유시장부터 가보았다.

상점 주인들은 생활용품들을 골고루 갖추고 저마다 손님을 끌기 위해 벌써부터 야단법석이다. 우루무치의 모든 상점 간판은 위구르어와 한자가 나란히 함께 표시되어 있어 눈길을 끈다. 시장을 이곳저곳 기웃거리는데 꼬챙이에 꿰어 구운 양고기가 눈에 들어와서 일행들과 양고기를 안주 삼아 맥주 한 잔으로 시장기를 채우고 나니 날아갈 듯한 기분이다.

시장에서 나와 자동차를 타고 3시간쯤 소요되는 톈산 산맥의 동부 브그드오라의 산정을 향했다. 그곳 산정에는 천지라 불리는 아름다운 산정호수가 있는데 호수까지 올라가는 산길은 아주 어려운 드라이브 코스다. 천지 여행은 5월과 10월 사이에만 가능하다고 하는데 이 기간 외에는 호수가 얼음으로 덮여 있어 길이 아주 험하다고 한다.

산길을 올라가면서 보니 고원의 풍부한 목초지 사이로 급경사의 물줄기가 시원스레 흐르는데 카자흐족 목동들이 이동식 천막과 파오를 만들어 쉬는 모습도 정겹기만 하다. 드디어 도착한 천지. 사방이 산으로 둘러싸여 아담한 호수를 이루고 있는데 울창한 숲과 푸른 물의 조화는 가히 신비롭기만 하다.

🐱 **우루무치** 우루무치는 중국 대륙의 서북쪽에 위치하며 하늘을 찌를 듯한 높은 봉우리들이 남북 400km, 동서 200km로 길게 뻗어 있다. 사계절 항상 만년설을 이고 있는 톈산 산맥의 봉우리들은 사막을 횡단하면서 중국 대륙을 남과 북으로 타림 분지와 중가리아 분지로 갈라놓는다.

톈산 산맥의 북쪽에 있는 중가리아 분지는 알타이 산맥에 의해 몽골과 인접해 있는데 톈산의 만년설이 녹은 물이 중가리아 분지에 흘러들어 톈산 산맥의 북쪽 기슭에 오아시스와 초원을 만들고 있다. 점점이 흩어져 있는 오아시스엔 유목민들의 거주지가 형성되어 있는데, 오아시스들을 연결시키는 길이 톈산북로다.

우루무치는 신장 위구르 자치구의 수도로 톈산북로에서는 가장 큰 도시다. 인구는 100만 명으로 30여 개의 소수민족으로 구성되어 있다. 위구르족, 카자흐족, 몽골족이 대부분을 차지하고 있다.

≪ 사막 가운데 피어난 오아시스

다음 코스는 투루판. 위구르어로 '낮은 땅'이란 뜻의 투루판 시가지는 해발 18~106m이고 가장 낮은 지대는 해면 밑으로 154m다. 지표온도는 여름엔 70℃까지 올라가고 겨울에는 영하 30℃까지 내려간다고 한다.

투루판은 우루무치에서 동남쪽으로 200여 km 거리의 분지에 위치하므로 우리 일행은 차를 타고 내리막길을 한참을 내려가야 했다. 드디어 도착한 투루판. 사람은 물론이고 날짐승조차 보이지 않는 망망한 열사의 대지 한가운데 투루판은 마치 선경과 같은 모습으로 자리를 잡고 있었다.

세인들은 투루판을 두고 혹독한 환경 속의 천국이라고 한다. 오랜 옛날부터 사막 가운데 피어난 오아시스로 불릴 만큼 사람

들이 살기가 좋아 여러 왕조가 다투어 차지하려던 생명의 땅이
란다. 이 생명의 땅 전체가 희한하게도 온통 포도밭으로 에워싸
여 있다. 목화와 멜론도 많이 재배되고 있다고 하지만 눈에 보이
는 것은 온통 포도밭뿐이다. 사막에서 여무는 포도의 맛이 궁금
한데 무엇보다 이런 데서 포도가 자랄 수 있나 의아하다.

　안내원은 톈산 산맥에서 흘러 들어온 물을 카레즈(Karez)라는
시스템을 통해 오아시스로 보내서 건조한 기후에 잘 견디어 내
는 포도 등 과일을 생산한다고 한다. 오아시스로 흘러 들어온 지
하수와 대기 중의 따가운 햇볕 속에서 자란 포도 맛은 정평이 나
있다고. 포도 수확기는 9~10월이라 안타깝게도 맛을 보지는 못
했지만 문헌을 통한 참고자료나 주민들의 이야기를 들어보더라
도 이곳의 포도는 지중해 지방의 포도들과 함께 세계 최고의 당
도를 자랑한다고 한다.

　도시 전체를 아우르고 있는 포도밭을 뒤로 하고 우리 일행은
천불동으로 향했다. 투루판 시내에서 북동쪽으로 약 45km 지점
에 있는 석조사원 천불동은 햇빛을 받아 불꽃처럼 타오르는 화
염산 북쪽 기슭에 있다. 위구르어로 '베제크리크', 즉 장식된 집
이란 뜻의 사원 주변에 장관을 이루는 57개의 석굴은 남북조시
대부터 원나라 때까지(6~14세기) 만들어졌다는데, 금세기 초 슈
타인 등의 외국 탐험대가 많은 불상을 가져가서 석굴 안은 많이
훼손된 상태였다.

≪ 천제가 손오공을 가둔 화염산

이글이글 타오르는 불꽃처럼 보이는 화염산.

이곳에서 한 가지 아쉬운 점이 있다면 인근 주위만을 촬영할 수 있었을 뿐, 천불동 내부는 사진을 한 장도 찍지 못했다는 것이다. 중국 당국은 여행객에게 일체의 사진촬영을 불허한다는데 잘못된 관광정책인 것 같다. 세계 유수의 관광지를 두루 들러봤지만 관광세 명목으로 사진 촬영 시 추가로 돈을 더 받는 경우는 있어도 사진 촬영을 일체 금하는 경우는 없었다. 역사의 유물을 세계에 선전한다면서 사진 촬영을 금하는 것은 이율배반적인 관광정책이 아닌가?

아쉬움을 남긴 채 우리가 탄 지프차는 화염산을 지나가게 되었다. 글자 그대로 이글이글 타오르는 불꽃처럼 보였다. 수만년을 지나면서 사막의 한가운데에 긴 산맥을 형성하면서 우뚝 선 화염산은 생명이 있는 생물이라곤 살 수 없는 불모의 산이다. 그런데도 옛 중국인들의 표현만큼이나 기막힌 자연경관을 연출하고 있었다.

여행을 같이 하는 일행과 중국의 고대소설 『서유기』에 대해 이야기를 나누게 되었는데 말썽꾸러기 손오공을 하늘의 천제가 가두었다는 산이 바로 지금 우리가 보고 있는 화염산이었다. 그런데 소설 속에서는 울창한 숲으로 이루어진 것으로 묘사되고 있으니 이것을 두고 백문이 불여일견이라나 할까? 일행들은 한 바탕 파안대소를 터트리며 흘러내리는 땀을 식혀본다.

화염산을 지나 도착한 고창고성은 투루판 남동쪽 45km 지점에 위치한다. 한족 국문태가 세운 고창국의 섬으로 남북 1.5km, 동서 1.4km 거리의 정사각형 모양이다. 현장법사가 당(629년)에서 인도로 가던 중 이곳에서 극진한 대접을 받고 답례로 1개월간 불경을 강의했다고 한다. 후세에 전해지는 현장법사의 저서 중에 고창고성을 두고 인간의 위대함과 불력의 힘을 찬탄한 부분이 있다고 한다. 하지만 지금은 모래벽돌로 지은 왕궁과 성벽은 풍화되어 흙만이 산더미처럼 쌓여 있으며 일본이 주관하는 유네스코의 유적보존지로 남아 있다.

강행군을 계속하며 오늘의 마지막 목적지인 교하고성을 향해 차를 몰았다. 서쪽으로 10km를 가야 하는데 시 외곽을 빠져나가면서 눈에 들어오는 것이라곤 화염산의 긴 산맥뿐이다. 남쪽을 향하고 있는 화염산은 태양열을 흡수해서 땅 속에 열을 저장한다고 한다. 지표면이 당연히 달아오를 수밖에 없어서 75℃의 기온이 기록된 적까지 있다고 한다. 그 옛날 이 뜨거운 길을 낙타나 당나귀를 타고 터벅터벅 지나가야 했으니 사람도, 동물도 얼마나 괴로웠을까. 지금은 에어컨이 구비된 차를 타고 재빨리 통과할 수 있다는 것만으로도 참으로 행복하단 생각이 든다.

교하고성은 강에 둘러싸인 구릉 위에 동서로 위치하고 있었다. 교하고성은 한대에는 차사전국의 도읍이자 성곽도시로 번영했으며 7세기 당나라가 고창국을 멸망시키고 이곳에 안서도호부를 두었다고 한다. 성 입구의 안내문을 보면 현재 남아 있는 유물 중 불탑 사원, 관청, 주택, 부엌 등은 당대의 것이라고 한다.

≪ 카자흐공화국의 알마타

    실크로드의 연장선상의 한 도시인 카자흐공화국의 알마타로 가기 위해 이른 아침 우루무치 국제공항에서 일행과 함께 1시간 정도 담소를 나누며 간단한 요기를 했다. 우루무치는 일교차가 심하기 때문에 아침에는 제법 서늘해서 한기를 느낄 정도다. 비행시간 1시간 40여 분 만에 카자흐공화국의 수도 알마타 국제공항에 안착했다. 말이 국제공항이지 우리 나라 강릉공항의 시설과 규모 정도다.

    1박 2일이라는 한정된 일정 때문에 알마타에서는 현지 가이드의 안내로 승용차를 타고 시내관광만 하기로 했다. 실크로드의 연장선상의 한 도시를 찾았다는 데 그 의미를 두면서.

    알마타는 우루무치, 투루판과 동일시되는 도시로 같은 모슬렘 문화권이며 인종분포와 생활양식이 비슷하다. 인구는 90만 정도. 톈산 산맥의 하나인 자일리스키알라타우산지의 북쪽 사면 선상지(線上地)인 오아시스의 중앙에 위치하고 알마아팅카 강이 시를 관류하여 일리 강에 합류한다. 시가지는 바둑판 모양으로 도로가 정비되어 있고 대체로 깨끗한 편이다.

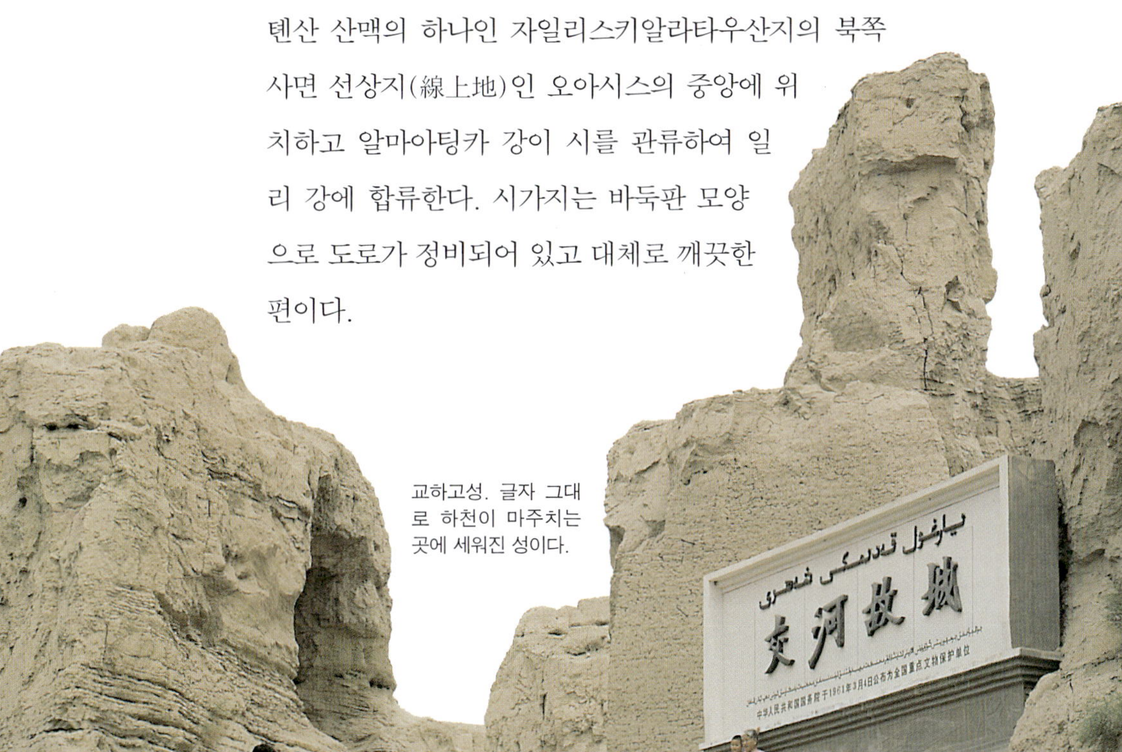

교하고성. 글자 그대로 하천이 마주치는 곳에 세워진 성이다.

현지 안내인의 말에 따르면 알마타는 카자흐어로 '사과의 아버지'란 말인데 이런 연유에서인지 시 안팎에는 사과 과수원 등이 많이 산재해 있다. 한 가지 아쉬운 점은 우리말을 할 줄 아는 현지 교민이 없었다는 점이다. 안내인도, 우리 일행도 짧은 영어 실력으로 엎치락뒤치락 하는 사이 하늘엔 벌써 노을이 물들어 가고 있었다. 피로를 달랠 겸 시내에서 우리 나라 포장마차 같은 곳을 하나 찾아 기울인 몇 잔의 술이 알마타 여행을 장식한 피날레였다.

≪ 만리장성의 서편 끝에 위치한 가욕관

실크로드 여행은 자연에의 도전이라고 할 수 있을 것 같다. 강행군을 해서 그런지 며칠 안 됐는데도 심신이 모두 피곤해진다. 알마타에서의 다음날, 오전은 온전히 휴식을 취하고 정오에 만리장성의 서편 끝에 위치하는 가욕관(嘉欲關)으로 가기 위해 긴 열차여행을 떠났다.

우루무치에서 가욕관까지는 1122km로 밤낮 없이 25시간을 달려야 하는 거리다. 광활한 타클라마칸 사막의 면적은 37만 km^2로 일본 전 국토의 면적과 같은 넓이다. 가도 가도 끝이 없는 사막 위로 펼쳐진 지평선을 무심히 바라보며 무료함을 이겨낼 수 있는 것은 집사람이 준비해준 팩소주와 마른 멸치볶음뿐. 일행 두 사람과 함께 팩소주 몇 개를 들고 나서 우리는 국내 제일의 가수인 양 '꽃타령'을 부르다가 그냥 잠들고 말았다.

목적지인 가욕관도 타클라마칸에 있는 오아시스의 일부인 소도시다. 현지 가이드의 안내로 이곳에 위치하고 있는 만리장성 서편 끝을 둘러보았다. 중국 어느 곳에서나 볼 수 있는 만리장성과 별다른 점은 없었다.

가욕관 시내에 있는 장성 호텔에서 기본 중국식으로 느지막하게 점심식사를 했다. 식당 종업원 중에 한국말을 하는 아가씨를 만나서 반가웠다. 한족이지만 신의주에서 태어나 10년 전에 중국으로 이주해서 이 호텔에 근무한 지 몇 년째라고 한다. 현지인은 중국말, 안내인은 영어와 일어밖에 하지 못하니 그 아가씨의 평안도 사투리가 그렇게 정겨울 수 없어 기념으로 사진 한 장을 같이 찍었다.

여행은 계속되어 안내원과 지프차에 탑승한 지 6시간 만에 돈황 호텔에 여장을 풀었다.

≪ 돈황의 오아시스

돈황의 오아시스는 망망대해 같은 고비 사막에 흡사 청색 물감을 몇 방울 떨어뜨려 놓은 듯한 느낌으로 다가왔다. 서쪽은 타클라마칸 대사막이고 이어 파미르 고원을 넘으면 구소련, 지금은 독립국가연합으로 분할된 중앙아시아다. 그래서 서방의 여러 나라에서 중국으로 무역하려는 대상이나 사신들이 이곳 돈황에서 묶었다고 한다. 또 중국에서 서방으로 떠나는 무역상, 구

돈황의 막고굴.

돈황의 오아시스. 서방과 중국을 오가는 무역상, 구법승 등이 기나긴 여행을 준비했던 곳이다.

법승도 여기서 기나긴 여행의 준비를 했다니 돈황은 미지의 나라에의 동경과 낭만적인 탐구심을 불러일으키는 이른바 실크로드의 관문인 것이다.

돈황의 상징은 사막에 펼쳐진 세계의 대화랑 막고굴(莫高窟)이다. 청나라 말기 명사산 기슭 천불동의 주지승 왕원록이 아편을 피우려고 불을 댕기자 선향의 향기가 벽으로 빨려 들어가므로 부수어 보았더니 대량의 경문을 간직한 동굴이 나타났다. 명사산은 바람이 세고 모래언덕의 모래가 날카롭게 운다〔泣〕 하여 붙여진 이름. 앞에는 대천하(大泉河)라는 강이 흐르는데 이 강이 명사산의 기슭을 깎아 단애(斷崖)를 이룬다. 깎아지른 벽면을 바로 뚫고 형성된 1천여 개의 석굴이 바로 막고굴이다.

돈황은 우리에게는 잊을 수 없는 곳! 신라의 고승 혜초의 왕오천축국전이 막고굴의 제17호굴 장경동에서 나왔다는 사실만으로도 우리와 깊은 인연으로 맺어진 도시다. 1905~1908년 제정 러시아의 지질학자와 프랑스의 동양학자 폴페리오가 찾아와 동굴을 발견, 조사하면서 귀중한 경문이 햇빛을 보게 되었다고 한다.

막고굴의 492개 석굴 중 우리 일행이 둘러본 것은 이 제17호 동굴을 포함해서 6개였다. 그런데 이곳 역시 관광객에겐 일체의 사진 촬영이 불허되고 있어 아쉽게도 외곽만 촬영했다. 아쉬운 점이 어디 이것뿐이랴. 이곳 돈황은 관광객들에게 옛날의 영화를 팔아 생계를 잇는 현실로 바뀌었으니, 인도의 승려와 신라의 혜초 등 많은 수도승들이 무엇을 위해 뜨거운 모래와 작열하는 태양 속을 걸어갔던가? 어쩜 돈황은 인간이 궁극적으로 추구하는 인류 역사의 비밀이 간직된 곳인지도 모르겠다.

궁극적인 이상을 좇아 형극의 길도 마다하지 않았던 구도자들의 발자취를 간직한 채 돈황은 말이 없다.

≪ 하늘아래 모든 길은 장안으로 통한다

이젠 여행도 종점이다. 서안(옛 이름 장안)의 아침 햇살은 유난히 작열했던 것 같다. 서안은 중국의 비단을 먼 유럽까지 실어 나르던 비단길, 즉 실크로드의 시발점이며 또한 서방의 여러 문화가 들어온 종착지였다.

B.C. 1124~771년 서주시대부터 당대에 이르기까지 서안은 1000여 년 간 중국 11대 왕조의 도읍지로서 고대 동양사의 핵심적 역할을 해왔다. 유구한 역사 속에서 비록 단속적이긴 하지만 이곳을 수도로 삼았던 왕조가 많았다는 점, 독특한 문화와 예술을 창출해낸 점에서 단연 최고의 비중을 차지하는 역사적인 도

시다. 또한 황하문명이 꽃피고 두보와 이태백의 당시(唐詩) 세계가 열리던 한민족의 문화중심지이다. 특히 "하늘아래 모든 길은 장안으로 통한다."라고 하였을 만큼 무역의 중심지로서 중요한 몫을 차지해온 것은 누구나 다 아는 사실이다.

현지 안내인인 우리 교민의 안내로 최대의 여행편의를 제공받아가며 진시황의 장대한 땅 속 궁전인 병마용갱(兵馬俑坑)으로 향했다. 진나라 때의 유물인 이 지하 대군단의 발견은 20세기 고고학상의 최대의 발견일 것이다.

지표에서 45m 지하에 만들어진 거대한 진시황제릉의 토용군단! 똑바로 서 있는 사람과 말은 모두 실물 크기인데 갑옷을 입고 무기를 든 군사의 표정은 제각각이다. 군단은 1열 72개의 3열 횡대인데 그 뒤로 보병, 기병, 전차가 이어지고 있다. 가이드의 설명에 따르면 지금도 발굴 작업은 계속되고 있으며, 이보다 더 많은 양의 토용군단이 지질조사에 의하여 확인되었으나 후세를 위해서 더 이상 발굴하지 않기로 했단다.

서안의 여행은 황제 현종과 양귀비의 로맨스가 서려 있는 화청지, 이어 고종과 그의 부인이며 역대 군주 중에서 단 한 사람의 여자 제왕인 측천무후(623~705년)가 묻힌 건릉(乾陵)을 마지막으로 사실상의 실크로드 1차 여행은 끝났다.

혹시 필자의 실크로드 여행 코스가 방향을 잘못 짚은 게 아닌가 하고 생각할 사람도 있겠으나 반대 방향인 서역에서 동방으로도 특색 있는 여행이 될 수 있다는 것을 말하고 싶다. 우리 일행은 동방에서 서역으로 기수를 잡았는데 난주 비행장의 보수공사가 다 끝나지 않았다는 게 그 이유임을 밝혀둔다.

2 고산병을 이기며 달려보는 옛 교역로

중국 신강성 커스 ~ 카라코람 하이웨이 ~ 파키스탄 라호르

≪ 사막의 오아시스 도시, 커스

2차로 떠난 실크로드 여행의 첫 코스로 잡은 곳은 중국 신강성의 커스다. 중국 신강성 성도 우루무치에서 커스까지는 비행기로 1시간 30분 거리. 호텔에 여장을 풀고 저녁식사를 마치고는 서점에서 구입한 가이드북을 참고하면서 커스가 어떤 곳인지 알아보기로 한다.

커스는 옛날부터 주로 교역의 중심지로서 중요한 역할을 해왔다. 톈산 산맥과 쿤룬 산맥이 만나는 파미르 산맥 기슭에 자리 잡고 있어 서쪽으로 우즈베키스탄, 타지키스탄, 키르기스스탄의 경계 지역에 있는 페르가나 계곡과 남쪽으로 인도의 잠무카슈미르, 북쪽으로 우루무치와 이리 강 유역으로 이어지는 대상들의 교역로를 관장했다.

이튿날 아침이다. 커스의 아침은 톈산 산맥과 쿤룬 산맥의 영봉들의 설산이 아련히 이른 아침의 햇살과 합장하는 양 눈부시게 시야에 아른거린다. 아침식사를 끝내고 먼저 찾은 곳은 커스 박물관이다. 이 지방의 내역을 수박 겉 핥기 식으로나마 파악해

볼 수 있는 필수 방문지다. 전통의상, 선사시대 이전의 유물들이 즐비하다. 특히 최근에 발견된 고대인 미라는 흥미롭다. 키가 190cm 이상이고 머리카락이 은발 혹은 금발에 가까운 것으로 봐서 이곳의 터전이 그 옛날부터 지금까지 한족이 아닌 서역인이 기거한 유적지임을 알 수 있다.

시가지에서 동쪽 10km 지점에 웅장한 이슬람식 묘가 있다. 1640년 이 고장의 권력을 쥔 아바호자(Apakhoja)가 부친을 위해 세운 묘인데 20m 높이의 돔으로 된 건축물로 내외부가 장엄하고 화려하게 치장되어 있다. 이후 아바호자 가(家)의 가족 묘지가 되어 70명이 넘는 후손들의 집단무덤으로 변했다. 청나라 건륭제의 후궁이었던 향비(香妃)의 묘도 있다. 그녀는 건륭제의 구애를 계속 거절하다가 1756년 22세 때 멀리 베이징으로 끌려갔으나 고향을 잊지 못해 시름시름 앓다가 29세에 죽었다 한다.

이 도시의 중앙에 있는 에이티가르 사원(Idkah Mosque)은 종교적인 중심지다. 휴일에는 이슬람을 경배하는 수천 명의 신자들이 모여들어 알라신을 찬양하며 이후에는 종교적인 의식의 관례에 따라 Seman춤(우리나라의 공중 줄타기놀이와 같은 춤)을 추는 전통을 이어가는 곳이기도 하다. 마침 필자도 공휴일에 이곳을 찾아 Seman춤을 볼 수 있었다.

마침 일주일에 한 번씩 일요일에 장이 서서 일명 '선데이 바자르' 라는 시장이 선

커스의 바자르. 호객 행위와 흥정으로 시끌벅적하다.

다기에 그곳을 찾아갔다. 커스 현의 여러 종족들이 모여서 무역과 상거래를 하는데 동쪽 끝에 있어 이름이 '이스트 게이트 바자르'이다. 과연 세상의 잡동사니는 몽땅 모아놓은 듯한데 이곳 사람들이 다 모인 양 인산인해를 이루면서 호객행위와 물건 흥정으로 온통 시끌벅적하다.

일행 중에 한 사람이 특산품 중에 기념이 될 만한 것으로 위구르인이 즐겨 만들어 파는 칼을 하나 사고 싶다면서 값을 흥정해 달란다. 1개에 미화 60달러를 부르기에 절반을 깎아서 30달러에 샀다. 나중에 알고 보니 다른 사람은 20달러를 주고 샀단다. 10달러 바가지를 쓴 셈인데 그 사람에게 계속 미안했다. 외국 어디를 가던 전통시장에선 바가지 쓰지 않도록 조심할 일이다.

🐾 **커스** 커스의 옛 이름은 카슈가르(Kashgar 또는 Kaxgar). 중국 신장 웨이우얼(위구르) 자치구에 있는 인구 300만의 중심 도시다. 타림 분지 서쪽 끝에 있으며, 바람에 의해 침적된 황토와 충적토로 이루어진 비옥한 오아시스에 있다. 오아시스는 카슈가르 강과 수많은 우물에서 물을 공급받는다. 이 지역의 기후는 매우 건조해서 연평균 강우량이 100mm밖에 되지 않는다. 비는 대부분 무더운 여름철에 내린다. 평균기온은 1월이 영하 6℃, 7월이 26℃이다. 중국이 커스를 처음 지배한 것은 B.C. 2세기로, 간쑤성에서 쫓겨나 이 지역에 살고 있던 월지인에게서 빼앗은 것이다. 그러나 A.D. 1세기 월지인이 커스를 다시 점령하자 중국의 지배는 끝이 났다. 북부와 동부에서 쳐들어온 민족들 사이에 커스를 두고 뺏고 빼앗기는 혼란기가 한동안 이어졌다. 당대(618~907년)인 7세기 말과 8세기 초에 중국이 다시 이 지역을 점령했지만, 이 도시는 변방이어서 중국의 지배력이 거의 미치지 못했다. 752년 중국인들이 다시 후퇴한 후 돌궐과 위구르(10세기와 11세기) 및 서요(12세기)가 잇달아 커스를 점령했다. 1219년 몽골족이 이 지역을 차지한 뒤, 중국과 중앙아시아를 잇는 육상 교통은 일찍이 유례를 찾아볼 수 없을 만큼 번창하기 시작했다.

14세기 말에 커스는 티무르족에게 약탈당했다. 그 후로 수백 년 동안 수많은 전쟁으로 고통을 겪다가 1755년에 마지막으로 청나라(1644~1911년)에 점령당했다. 1862~1875년에는 이슬람교도의 반란의 중심지였으며, 그 뒤 이슬람교도인 야쿠브 베그 장군이 세운 나라의 수도가 되었다. 1928~1937년 마중영이 이끄는 또 다른 이슬람교도의 반란이 이 지역에서 일어났지만, 이 지방의 군벌인 성스차이가 소련의 도움을 얻어 결국 이 반란을 진압했다. 그러나 중국의 중앙정부는 1943년에야 이 지역에 대한 지배력을 회복했다.

≪ 산맥을 따라 꼬불꼬불 이어지는 고속도로

다음날이다. 이제부터 카라코람 하이웨이(Karakoram High-way)를 달리는 여정이 시작된다.

카라코람 하이웨이를 따라 리무진 버스로 약 3시간 만에 스바스르 고개(해발 4000m)를 넘으니 고산병 증상이 나타난다. 가슴이 답답하고 숨이 차다. 가지고 있는 아스피린을 2알 먹고 나니 한결 몸과 기분이 가벼워지는 것 같다. 우리가 자동차를 타고 향하고 있는 산맥은 무스타거 산맥이다. 일명 커스 산맥인데 이 산맥의 중심 줄기는 파미르 산악 지역의 동쪽 가장자리와 평행하게 북북서 남남동쪽으로 322km 뻗어 있으며 궁거얼 대산계에서는 7719m 높이로 솟아 있다. 커스에서 남서쪽으로 160km를 달렸을까, 손에 잡힐 듯 장엄한 무스타거 산(7546m)이 빙하와 함께 그 웅장한 자태를 드러낸다. 탄성과 감탄뿐, 그 위용에 입을 다물고 만다.

오후 2시에 점심식사 예정지인 해발 3600m의 카라쿨리(Karahuli) 호수에 도착한다. 이 호수는 얼음산의 아버지로 유명한 무스타거 산맥의 발치에 위치하고 있다는 것이 적절한 표현이라고 하겠다. 고지대의 호수이면서도 물이 빠지는 배수구가 없는 것이 특이한데, 무스타거 산맥으로부터 흘러내린 눈이 녹아 호수를 만든다고 한다. 물빛은 대초원에 푸른 카펫을 깔아 놓은 것 같고 잔잔한 파문을 일으키는 물결은 참으로 매력적이다.

오후 6시쯤 중국 측의 마지막 국경도시인 스톤시티(옛 지명 탁스쿠르간)에 도착한다. 마치 기차 환승역처럼 파키스탄으로 출국하는 제반 절차가 이루어지는 곳이다. 여행이란 즐거우면서

도 한편으로는 피곤한 일이기도 하지만 여기서 저녁식사와 함
께 곁들이는 팩소주 한 잔은 심신의 피로를 싹 씻어주는 듯하다.

≪ 파키스탄으로 가는 길목에서 또 엄습한 고산병

이튿날이다. 출국수속을 끝내고 파키스탄 측의 입국수속이 이
루어지는 소스트를 향한다. 스톤시티에서 120km 지점이다.

갑자기 현기증이 일어나면서 고산병이 엄습한다. 해발 4733m
쿤지랍(Kunjirap) 고개의 티베트 랏사로 이어지는 청장공로(꺼얼
무두에서 타타하 나취를 경유 랏사싸지 쿤룬 산맥, 탕구와 산맥
5600m를 넘나드는, 세계에서 가장 힘든 여행길로 알려진 곳)의 그
악몽과도 같은 여정을 이겨낸 경험은 있지만, 당시의 기억이 되
살아나면서 이곳을 빨리 빠져나가고 싶다는 심정뿐, 아무 생각
도 들지 않는다.

끝없이 이어지는 영봉 준령을 바라보면서 카라코람 하이웨이
를 계속 달리는데 안내인이 자동차를 멈추더니 손으로 어딘가

🐻 카라코람 하이웨이

카라코람 하이웨이는 중국 신장 웨이우얼 자치구의 카스가르와 파키스탄의 이슬라마바드
를 잇는 도로로, 중국에서는 카라쿤룬궁루라고도 한다. 완공하는데 20년(1959~1978)이
나 걸렸는데, 아시아에서 가장 험준한 지역을 지나 800km에 걸쳐 뻗어 있다. 도로는 힌두
쿠시 산맥과 쿤룬 산맥, 카라코람 산맥 및 히말라야 산맥북단을 가로지르거나 그 근처를 지
난다. 파키스탄과 중국의 합작사업으로 건설되었고 약 2만 4천 명의 인부가 동원되었다. 산
사태와 낙석 등이 끊임없이 노동자들의 생명을 위협했으며, 뜻밖에 빙하가 이 지역으로 이
동해서 도로 건설에 큰 지장을 주었다. 도로 유지문제가 상당한 부담이 되었지만, 산악지방
에 사는 위구르족, 타지크족, 키르기스족 등은 경제적으로 큰 혜택을 입었다.

를 가리킨다. 수억 년 전 유라시아 대륙과 인도 대륙이 부딪치면서 히말라야 산맥이 형성된 곳이란다. 과연 수억 년 전의 지각변동에 의한 창조물이라 그런지 양 대륙의 산맥은 각도 등이 완연히 다르다는 것을 신기하리 만큼 느낄 수도 있다.

얼마를 달렸을까. 파키스탄의 입국수속이 이루어지는 소스트에 도착한다. 지금까지 우리 일행과 모든 행동을 같이 해온 중국 측 운전사와 안내인과 작별의 인사를 나누고, 파키스탄의 최종 목적지 라호르까지 우리를 안내할 새로운 팀과 합류해서 훈자를 향해 다시 길을 나선다.

≪ 인더스문명의 발상지, 파키스탄

실크로드의 옛 중심지로서, 또 문명의 발상지로서 찬란한 문화를 간직하고 있는 파키스탄의 수도는 이슬라마바드다. 1959년에 새로운 수도로 선정된 후 계획 도시로서 나날이 발전하고 있다. 녹음이 짙은 상쾌한 고원지대에 위치한 도시로, 푸른 수목들이 우거진 사이로 정부 기관들과 여러 나라의 대사관들이 들어서 있다.

옛날부터 대륙 교통과 상거래의 중심지로 발전해 온 라왈핀디 북서쪽에는 불교미술의 발상지로 유명한 간다라 지방의 중심지 탁실라가 있다. 기원전부터 그리스와 로마 조형미술의 영향을 받은 간다라 불상과 유적지 등을 돌아보면서, 인류 최초로 불상이 만들어지기 시작한 이곳에서는 불교미술의 원형에 접해 볼 수 있다.

카이버 고개를 두 나라 사이에 두고 아프가니스탄과 국경을 접하고 있는 페샤와르는 고대 실크로드의 중심지였다. B.C. 5세기 헤로도투스의 역사에 등장하는 이곳은 유럽과 중국의 대상무역의 중계지로서 번영을 누렸으며, 알렉산드로스와 징기스칸, 현장이 이곳을 지나다녔다.

그 외에도 파키스탄 제2의 도시로서 이슬람과 빅토리아 양식의 건축물들이 아름답게 조화되어 있는 라호르, 세계 4대 문명 발상지의 하나인 모헨조다로, 파키스탄 최대의 도시로 상업·무역·금융의 중심지인 카라치 등이 있다.

인더스 강 유역에서 발생하였던 고대문명과 동서 문화가 교차되는 십자로인 실크로드의 번영을 누렸던 파키스탄에선 수많은 민족이 흥망성쇠를 거듭했다. 11세기에는 이슬람교도가 침입했으며, 16세기에는 무굴 제국이 일어났고, 그 후 악바르시대에 이르러서는 인도 통일의 무대가 되기도 하였다. 근세에는 영국의 오랜 지배를 받다가 1947년에 인도와 분리 독립하면서 영연방자치령이 되면서 동, 서 파키스탄으로 양분되었다. 1956년에

🐾 **파키스탄** 세계 4대 문명의 하나인 인더스 문명의 발상지인 파키스탄은 서쪽으로는 이란 및 아프가니스탄, 동쪽으로는 인도, 그리고 북쪽으로는 카라코람 산맥을 사이에 두고 중국과 국경을 접하고 있다. 면적은 한반도의 약 3.5배 정도이며 북위 24~27도에 걸쳐서 남북으로 길쭉하게 위치하고 있으므로 기후 또한 다양하다. 총인구 1억 3천만 명 중 97%가 국교인 이슬람교를 믿고 있다. 그 중에 수니파가 70%를, 시아파가 30%를 각각 차지하고 있다.

파키스탄에서 가장 귀한 천연자원은 뭐니뭐니 해도 강물이라 할 수 있다. 강물은 이 나라의 농경지를 관개할 뿐만 아니라 수력발전에도 크게 기여하고 있다. 고대 실크로드를 중심으로 카라치, 라호르, 라왈핀디, 페샤와르를 지나서 카이버 고개에 이르는 도로가 건설되었다. 또 최근에는 중국에 이르는 카라코람 고속도로가 완성되었다.

는 공화국으로 출범했으나 종교만 같을 뿐이지 인종, 언어, 문화 사회 면에서 이질적이었던 동파키스탄이 1970년에 일어난 태풍과 해일을 계기로 서파키스탄에 반기를 들고 1971년에 방글라데시로 독립하였다. 건국 이후 수많은 격동의 시기를 거쳐 온 지금의 파키스탄에는 국내적으로 군부 독재와 민주화의 갈등, 또 국제적으로는 인도와 중국과의 해묵은 국경분쟁 및 아프가니스탄 난민 문제 등의 어려움이 산적해 있다.

≪ 히말라야 산맥의 세계 최장수 마을

　오후 6시, 훈자 마을에 도착한다. 히말라야 산맥의 세계 최장수 마을로 알려진 훈자 마을은 세계에서 두 번째로 높은 봉우리 K2(해발 8611m)와 경이로운 모습의 낭가파바트(해발 8125m)를 거느린 카라코람 산맥 속의 골짜기에 있다. 6000m 이상의 높은 산으로 둘러싸인 계곡에 위치하고 있지만 기후는 비교적 온화한 편이다. 총면적 1만 km²에 5만 명 정도가 모여 사는데, 주민 대부분이 90세 이상의 천수를 누린단다. 이들은 광물질이 풍부한 높은 산의 물과 간소한 식생활이 장수의 원천이라고 믿는다.
　이 고산 지대에 사람이 살기 시작한 것은 B.C. 300년경에 알렉산드로스 대왕 휘하의 귀족 3명이 페르시아인 아내들과 더불어 정착하면서부터였다고 전해지고 있다. 이후부터 훈자는 파키스탄의 지배하에 들어가기 전인 1949년까지 미르(Mir)가 다

스리는 독립 왕국이었다. 그 후로도 1974년까지 카리마바드에 수도를 정하고 자치권을 행사했다.

다음날이다. 미르가 자치권을 행사하고 있을 때까지 왕궁으로 사용된 발리엣 포트 등을 둘러보면서 당시의 생활상을 터득해본다.

이곳에는 지척에 살구나무가 심어져 있는데 요새 주변만 하더라도 살구나무 밑엔 바람에 떨어진 먹음직스런 살구들이 널려 있다. 살충제를 뿌리지 않았을 테니 그냥 주워 먹어도 건강 걱정은 없다. 나중에 들은 이야기지만, 살구는 '식물의 녹용'이라는 말처럼 남자의 스태미나에는 최고의 식품으로 이곳 남성들이 즐겨 먹는 식품 1호다. 그래서인지 남자들은 90세가 되어도 아기를 낳을 수 있단다. 우리 일행들도 스태미나를 위해 마른 살구 뭉치를 여러 묶음 사면서 즐거워한다.

점심식사 후 길기트를 향해 출발한다.

카라코람 하이웨이 투어에선 자연경관에 있어서 만큼은 이 지역이 최고의 하이라이트가 아닌가 생각된다. 해발 7788m의 라카포쉬(Rakaposhi)산과 만년설로 뒤덮인 고산준령은 그 위용을 언어로 표현할 길이 없어 안타깝기만 할 뿐이다. 오후 5시쯤, 길기트에 도착한다.

≪ 히말라야 산맥의 부처와 망고

인도 대륙 북서부 잠무카슈미르 주 파키스탄령(領)의 도시 길기트(Gilgit)는 길기트 강 유역의 스리나가르에서 북북서로 대략 195km 지점에 있다. 한때 불교가 번성했으며, 예전과 마찬가지로 오늘날에도 그 지역에 있는 마을들의 변경 중심지가 되고 있다. 경제는 주로 농업에 바탕을 두고 있으며 주요 작물은 밀, 옥

수수, 보리 등이다. 히말라야 산맥 북부에 자리 잡고 있는 도시 주변지역은 남쪽으로 인더스 강을 경계로 하며 길기트 강과 훈자 강을 지난다. 길기트는 도시가 별로 없는 이 지역에서 가장 큰 도회지로 손꼽힌다. 인구는 25만 여 명.

현지 여행사의 스케줄에 따라 선택된 관광지는 A.D. 6세기경에 가파른 바위 위에 조각된 카르카 석불이다. 장엄하리만큼 크나큰 부처님 상을 대하자 불교신자인 필자에겐 큰 감회가 엄습한다. 중국 측 신강에서부터 지금까지 거쳐온 지역들은 이슬람문화권역이었다. 부처님의 진리와 사상이 배어 있는 우리 문화권과는 전혀 달라 이질감이 컸던 탓도 있었을 것이다.

여기선 한 가지 재미있는 게 있다. 히말라야 지역의 모든 강은 만년설인 고산준봉에서 흘러내린 순석회암과 뒤범벅된 흙탕물이 강물을 채우고 있다. 그래서 이곳 어린이들은 그림을 그릴 때 강물은 맑은 물이 아닌 회붉은 색깔로 그린단다. 그런데 이상하게도 카르카 석불이 있는 계곡의 물은 한국의 수돗물과 같은 청정수다. 모두들 부처님의 감로수가 아니고서야 이렇게 맑을 수가 있을까 한마디씩 한다. 필자는 물을 한 움큼 떠 마시고 부처님께 합장재배를 하면서 이 나라의 평화와 행운을 기원했다.

돌아오는 길에 바자르에서 과일 노점상에 들러 이 나라의 특산물인 망고를 사서 먹었다. 망고 12개가 2천 원쯤 되는데, 배불리 먹고 나니 일행 중 몇은 시쳇말로 배가 터질 것만 같다고 이구동성이다. 같은 망고라도 중국이나 동남아에서 먹던 것하고는 당도 자체가 다르다. 그 달콤한 맛은 작열하는 태양의 일조량 때문이라는데, 파키스탄을 방문하게 되면 꼭 먹어보라고 권하고 싶다.

≪ 천길 낭떠러지 위를 곡예 하는 기분

아침 일찍 길기트를 출발, 스와트로 향한다.

얼마를 달렸을까. 서히말라야 산맥에 있는, 세계에서 가장 높은 산 중 하나인 낭가파르바트(NangaParbat, 해발 8126m)가 저 멀리 아련하게 위용을 드러낸다. 이 산을 두고 '산들의 왕'을 뜻하는 디아미르(Diamir)라 부르기도 한다는데, 1953년 오스트리아 등반가 헤르만불이 정상정복에 성공할 때까지 적어도 30명이 넘는 등반가들이 견디기 힘든 날씨와 잦은 눈사태 때문에 산을 오르다 죽어간 곳이다. 이어 1시간 넘게 달렸을까. 히말라야 산맥, 카라코람 산맥, 힌두쿠시 산맥이 함께 접하는 지점에서 휴식을 취한다. 불가사의하게만 느껴지는 위대한 산과 강을 우러러보면서 자연의 위대함을 느끼는 것 외엔 머릿속이 싹 비워진다.

다시 차를 타고 계속 달린다. 우리가 달리는 하이웨이는 전체가 고산준령 벼랑쯤에 건설되어 있는 것이 아닌가 생각될 만큼 아슬아슬하기 짝이 없다. 과장된 표현일지 모르겠지만, 천길 낭떠러지 위를 곡예하는 기분이다. 한 5시간 정도를 달렸을까, 느지막하게 스와트에 도착한다. 모두들 조마조마한 심정으로 달려온 길이어서 그런지 불자는 관세음보살에게, 기독교인은 하나님께 무사하기를 기원했단다.

🐾 **스와트** 스와트(Swat)는 파키스탄 북서변경 주 말라칸드 지구에 있는 군이다. 험준한 산지로 통행이 어려운 지역이 많기 때문에 말라칸드와 샤코트, 또는 남쪽으로 나 있는 다른 통로를 통해서만 갈 수 있다. 이웃 마르단 군과 경계를 이루는 스와트 강 유역을 따라 형성된 비옥한 충적지에 형성되어 있다. 스와트 군은 다시 두 지역으로 구분된다. 스와트 강의 상류와 그 지류가 흐르고 있는 스와트코히스탄은 해발 3000~5500 m에 이르는 지역이며 넓은 지역에 걸쳐 히말라야 삼목으로 덮여 있다. 반면 하류의 스와트 본토는 다시 상(上)스와트, 하(下)스와트로 구분된다. 이 지역은 과일과 꿀의 주요 생산지다. 스와트의 상업 중심지인 밍가오라 부근의 부트카라에서는 B.C. 5세기경의 것으로 추정되는 유적이 발견되었다. 인구는 200여 만 명.

아침식사 후 도시 교외에 있는 부트카라 성지(Butkara Shrine)로 향한다. 승용차로 30분 거리이며 새두샤리프 박물관 뒤편에 위치하고 있다. 중앙 스투파(성지)는 215개의 군소 스투파의 예배당으로 둘러싸여 있으며 부처님의 유골이 안치된 건축물로 B.C. 3세기경 아쇼카 황제에 의해 건설되었다. 전성기에는 순례자들이 먼 길을 걸어 와서 수행하는 곳으로, 순례객들이 인산인해를 이루었던 곳이라고 한다. 그 이유가 깨달음을 얻기 위한 확실한 셈 계산으로 스투파의 주위를 수회 돌기 위해서였다는데, 우리 나라에서 하는 탑돌이와 비슷한 것이 아닌가 생각된다.

주위의 작은 스투파는 부유층 귀족들에 의해 건축된 것으로, 종교적인 서약을 성취하기 위해서라고 한다. 스투파는 일찍이 B.C. 1세기를 지나면서 건축이 더욱 정교해졌고 기둥에는 사자·독수리·백화·연꽃이, 가운데는 부처의 성스러운 생활상이 각인되었다.

이곳 스와트가 B.C. 2세기부터 A.D. 7세기까지 그리스(마케도니아) 알렉산드로스 대왕의 영향을 받은 이후 간다라 미술의 중요한 종교적 중심지인 만큼 벽기둥들에는 그리스의 도리스식, 이오니아식, 코린트식의 기둥무늬가 여행객의 눈길을 끌기도 한다.

부트카라 성지 가까운 곳에 사우디 샤리프(Saidu Sharif) 박물관이 있다. 박물관에서 본 부처님 상은 모두 한국, 중국, 일본의 부처님 상하고는 다소 이질적인 그리스(아리안)인의 모습이다. 움푹 들어간 눈, 오뚝한 콧날, 파노라마의 머리카락 윤곽이 서쪽 그대로다. 알렉산드로스 대왕의 동방원정에 의한 그리스 문화의 강한 영향은 불교미술에도 큰 영향을 미쳤다. 인격신으로 이루어져 있는 그리스 신들의 영향으로 인해 애초에 존재하지도 않았던 불상이 그리스화로 모방되어지면서 당시의 간다라 불상이 만들어졌다고 한다.

점심식사를 끝내고 승용차로 5시간쯤 거리인 페샤와르로 출발한다.

≪ 고대 실크로드의 십자로

고대 실크로드의 십자로 역할을 하면서 군사 면에서나 교역 면에서 큰 위치를 차지했던 페샤와르는 아프가니스탄과의 국경인 카이바르 고개에서 17km 떨어진 곳이다. 헤로도투스의 역사에도 등장하는 도시로, 알렉산드로스와 징기스칸, 그리고 현장법사도 이곳을 지나갔다. 150만 명의 인구 대부분이 아프가니스탄과 같은 파탄족이어서 옷차림도 중동식이다. 과거에는 한때 간다라 왕국의 수도였고 오늘날의 이름 페샤와르(변경도시라는 뜻)는 무굴 제국의 황제 악바르(1556~1605년)가 붙인 것이라 한다.

이곳에서 관광객을 우선적으로 끌어들이는 곳은 마히바트칸 모스크(Mahabat Khan Mosque)다. 무굴 제국시대인 1670년에 세워진 모스크로, 입구는 평범하지만 들어가면 넓은 광장이 있고 하얀 건물 양쪽에 우뚝 솟은 첨탑이 수려하다. 모스크에 들어갈 때에는 신발을 벗어 들어야 하는데, 들어가서는 한 번쯤 이슬람식으로 예배를 보는 것도 이국 여행의 재미일 듯.

인더스 강

모스크 주변은 금은방이 빼곡이 들어찬 안다샤르 바자르
(Andarshahr Bazaar)다. 골동품과 보석을 파는 사람들이 관광객
을 붙들고 늘어지는데, 간다라 미술품은 모조품이 많을 뿐더러
진품은 국외반출이 금지되어 있다.

≪ 간다라 불상과 유적

파키스탄의 라왈핀디 북서쪽으로 약 35km 지점, 인도 북서쪽
으로 고대도시 탁실라(Taxila)가 위치한다. 기원전부터 그리스
로마 조형미술의 영향을 받고 태어난 간다라 불상과 유적지를
돌아다보면서 우리 불교미술의 원점에 서 있는 자신을 돌아볼
수 있지 않을까 싶다.

우선 찾은 곳은 간다라 미술의 보고라고 일컬어지는 탁실라
박물관. 탁실라 주변의 유적에서 발굴된 불상과 동전, 항아리,
보석이 전시되어 있다. 입구에는 모흐라모라두에서 발굴된 일곱
스투파의 복제품이 관광객을 맞이하며, 유리 진열장에는 간다라
의 불상과 조각품이 전시되어 있는데 스와트의 간다라 불상과
대동소이하다. 전시실 .왼쪽, 모흐라모라두 대탑에서 출토된 좌
불상은 간다라 미술의 최고 걸작으로 알려져 있다.

박물관 서쪽으로 탁실라에서 가장 오래된 도시유적 비르 마운
드(Bhir Mound) 유적지가 있다. 네 층으로 구성되어 있는데, 맨
아래의 제4층은 B.C. 5세기경 페르시아시대의 유적이고, 그 위

의 제3층은 B.C. 4세기경에 알렉산드로스 대왕이 축조한 도시의
유적이다. 여기서는 당시 사용되었던 은화가 출토되었다. 현재 표
면에 노출되어 있는 부분은 B.C. 3세기경 마우리아 왕조 때의 유
적이다.

비르 마운드 북쪽에 탁실라 제2의 고대도시 유적 시르캅(Sirkap)
이 있다. 높이 9m의 성벽이 5.5km에 걸쳐 축조되어 있는데, B.C.
2세기에서 A.D. 2세기에 번영했던 그리스 왕조와 쿠샨 왕조의 도
시 유적이다. 성문으로 들어서면 너비 약 6m의 넓은 거리가 500m
가량 이어지고, 양쪽으로는 당시의 일반주택과 가게들이 그 위에
축조되었을 석축토대가 죽 늘어서 있다. 거리에는 또한 돔 모양의
스투파 유적도 있고 왕궁 유적도 남아 있다.

탁실라에서 또 하나의 중요한 유적은 다르마 라지카(Dharma
Rajika). 치르 토페(Chir tope)로 잘 알려진 이 유적은 바탕 지면을
주변보다 높여 조성하고 지은 원형 구조물이다. 커다란 탑을 작은
기도실들이 둘러싸고 있다. 주탑(主塔) 주변의 건축물에는 뚜렷이
다른 세 가지 양식의 석공술이 쓰인 점으로 보아 건축작업이 여러
시대에 걸쳐 이루어졌음을 알 수 있다.

한 기도실에서는 카로슈티의 은판으로 두루마리 비문과 부처님
의 사리가 들어 있는 작은 금궤가 발견되었다. 비문에는 "위대한
왕이며 왕 중의 왕, 하늘의 아들인 쿠샤나(쿠샨의 정복자 쿠잘라의
아들인 비마 카드피세스인 듯함)"에게 건강을 내리려고 B.C. 136년
에 노아차 시 출신의 우르사카라고 하는 사람이 부처님의 사리를
이 사원에 모셨다고 기록되어 있다. 이 유적 터에는 부처님과 보살
의 여러 조각들도 있다.

인공 구릉 위에 세워진 잔디알 사원은 그리스의 고대 사원들과

매우 유사하다. 이 사원의 이오니아식 원주와 돌출된 벽기둥은 거대한 사암(砂岩)으로 만들어졌다. 잔디알 사원은 불교 사원이 아니지만 절 하나와 두 군데의 탑터가 발견된 자울리아 유적은 불교 유적이다.

탁실라는 지방행정의 중심지였을 뿐만 아니라 학문의 중심지이기도 했다. 그렇지만 강연장과 거주지역을 갖춘 대학 도시는 아니었다. 탁실라에서는, 교사들은 제자들을 자기 집에 머물게 했고 제자들은 하숙비를 스승과 가족에게 현금이나 용역의 형태로 지불했다. 불교 사원에서는 학생과 승려가 원할 경우 음식을 제공했단다.

≪ 고원지대의 수도

탁실라에서의 투어를 끝내고 오후 4시에 이슬라마바드(Isla-mabad)와 라왈핀디(Rawalpindi)에 도착한다.

예정된 스케줄에 따라 최종 목적지인 샤파이살 모스크를 향하면서 차창 밖으로 샤카르 파리안 파크(공원)와 라왈 호(湖)를 바라다본다. 울창한 숲 사이로 시원하게 뚫린 잔디라든지 잔잔한 물결의 호수는 어느 곳에도 뒤지지 않을 휴식처인 듯.

드디어 샤파이살 모스크(Shah Faisal Mosque)에 도착. 다마네코 뷰 포인트 전망대에서 바라보면 오른쪽 산기슭에 우뚝 서 있는 세계 최대의 모스크가 바로 이곳이다. 1985년에 사우디아라비아의 재정원조로 완성된 모스크 안에는 1만~1만 5천 명이 들어갈 수 있고, 주변 경내까지 합치면 10만 명을 수용할 수 있다. 90m의 높은 첨탑이 4개나 서 있어서 모스크 건물의 외관에 가히 혁신을 불러일으킨 건물이다.

샤파이살 모스크를 찾은 날, 이슬람의 예식 행사가 벌어지고 있었는데, 수많은 사람들이 우리 일행을 숨도 못 쉴 정도로 에워싸고 신기해하면서 사진도 찍고 악수를 하잔다. 극동의 이방인이 인기가 있어서인지는 몰라도 우리는 원숭이가 된 기분이었다. 잔뜩 겁먹은 표정으로 10여 분을 위축되어 있다가 겨우 빠져나와 숨을 돌렸다.

이제 이번 여행도 막바지로 접어든다. 최종 목적지 라호르까지는 비행 시간으로 30여 분 만에 도착한다.

≪ 파키스탄 제2의 도시

카라치에 이어 파키스탄 제2의 도시 라호르(Lahor)는 오랜 역사를 가진 펀자브 주의 중심 도시다. 도시엔 유서 깊은 성이나 이슬람교 사원, 정원 등이 많이 남아 있어 지난날의 번영을 오늘에 전해

🐻 이슬라마바드 & 라왈핀디

1959년에 새로운 수도로 선정되어 계획도시로 발전하고 있는 이슬라마바드는 녹음이 짙은 고원지대의 도시로서, 푸른 수목이 우거진 사이로 정부 기관과 각국의 대사관들이 들어서 있다. 한편에는 옛날부터 내륙교통과 상거래의 요지로 발전해온 라왈핀디의 오랜 시가지가 펼쳐진다. 모스크와 바자르를 중심으로 서민의 체취가 물씬 풍기는 도시다. 인구 35만의 이슬라마바드와 930만의 라왈핀디는 궁극적으로 하나의 광대한 수도로 병합될 계획 아래 건설이 계속되고 있다.

주고 있다. 시가지는 옛 도성을 중심으로 해서 구시가지와 신시가지로 나누어진다. 구시가지는 무굴 제국시대에 이름을 떨쳤던 아나루카리의 바자르를 중심으로 하는 상업 지구며, 신시가지는 구시가지를 에워싸면서 펼쳐진 곳으로 관공서, 대학 등을 중심으로 공원 같은 아름다움을 과시한다.

우선 라호르 박물관부터 둘러보기로 한다. 파키스탄에서 가장 오래되고 가장 큰 박물관으로, 1864년에 완공되었다. 시내 중심부에서 승용차로 20여 분 거리에 있다. 8개의 전시실이 있는데 간다라 지방의 불교미술과 인더스 강 유역의 출토품, 실크로드를 통해 들어온 중국의 도자기와 비단, 이 나라 각지의 민속 의상, 무굴 제국의 예술품 등이 소장되어 있다. 이 소장품들 중 최대의 압권은 단식하는 부처(Fasting Buddha) 상이다. 가운데 홀 왼쪽 유리진열장 중앙에 안치되어 있다. 높이 약 80cm의 좌상은 뼈와 가죽만 남고 혈관이 간신히 뼈에 붙어 있는 모습으로 너무나 사실적이라 절로 숙연해진다. 그래서 귀국 길에 사진 몇 장을 구입해서 이 부처님 상을 직접 보지 못한 절친한 불자들에게 나누어주고 있다.

숙연한 마음으로 박물관을 나와서 향한 곳은 샬리마르 정원(Shalimar Garden). 가장 많은 관광객들이 찾는다는 관광 코스란다. 시 동쪽으로 인도 국경에서 5km쯤 되는 곳에 1642년 무굴 제국의 샤자한 황제가 조성했는데 건물과 분수대는 대리석으로 이루어져 있다. 1700m²나 되는 드넓은 정원에는 연못과 수로가 기하학적으로 배치되어 있으며, 400개나 되는 분수가 일시에 물을 뿜는 모습은 장관이라는데 아쉽게도 그 장관을 보는 행운은 누리지를 못했다. 다음 코스는 바드샤히 모스크(Badshahi

금식하는 싯다르타. 파키스탄의 라호르 박물관에 소장되어 있는 불상이다.

Mosque). 1674년 아우랑제브 황제가 축조한 것으로, 라호르의 무굴 문화를 가장 잘 표현하고 있는 모스크다. 이슬라마바드에 샤파이살 모스크가 건축되기 전까지 이 나라 최대의 모스크였는데 건물 내부에 1만 명, 안뜰에 9만 명을 수용할 수 있다. 그러나 예술적 진가에서는 바드샤히 모스크가 단연 으뜸이다. 구조와 장식은 페르시아풍인데 붉은 사암의 벽과 흰 대리석 돔이 좌우 대칭으로 아름답게 조화를 이루고 있다.

바드샤히 모스크 전면에는 위풍당당한 라호르 성채가 있다. 무굴 제국의 악바르 황제가 1566년에 완공했으며 동서 424m, 남북 340m의 엄청난 부지 위에 건축되었다. 자한기르 정원을 비롯하여 그가 안장되어 있는 무덤을 볼 수 있으며 90만 개의 보석으로 수놓은 나울라카 방과 은으로 만든 문 등은 사치스러움이 이루 말할 수가 없단다. 아쉽게도 나울라카 방은 보수 관계로 폐쇄되어 있어 들어가지 못했다.

이것으로 꼬박 10일간의 강행군으로 중국 신강 커스에서 파키스탄 라호르에 이르는 카라코람 하이웨이 문화탐방은 끝이 났다. 힘들었던 만큼 즐거움과 의미도 컸던 터라, 그동안 함께 했던 일행들과의 이별도 아쉽기만 하다.

🐱 **라호르** 라호르는 영국의 식민지시대에는 펀자브의 행정중심지로서 이 지방 제일의 정치 · 경제 · 문화의 중심지였으며, 1947년에 인도와 분리 독립할 당시에는 동 · 서 파키스탄을 통틀어 수도로 물망에 올랐지만 인도와의 국경과 거리가 너무 가까워서 실격당하고 카라치가 수도로 되었다. 인구는 약 600만 명.

CHAPTER | 14

드넓은 초원을 달리는

유목민들의 나라

◆ 몽골

　　워싱턴포스트지는 20세기가 저무는 시점에서 세계적인 명사 1천 명을 대상으로 1000년을 전후해서 인류사에서 가장 큰 영향력을 미친 인물들을 선정했는데 징기스칸이 1위로 뽑혔다. 세기의 대정복자 징기스칸은 광활한 땅을 정복해서 몽골 제국을 세웠다. 우리 나라는 고려의 충숙왕과 충선왕 시절을 전후로 약 160년간 이 몽골의 지배를 받았다. 그런데 몽골인은 우리와 같은 알타이어 계통의 민족이다. 그래서인지 우리처럼 태어날 때 엉덩이에 삼신할머니의 파란 몽고반점을 갖고 태어나며 생김새가 우리와 너무나도 비슷하다. 이런 이유들만으로도 몽골은 꼭 가보고 싶은 나라다. 하늘에서 구름 사이로 내려다보이는 고비 사막과 대초원, 그 사이로 난 길들, 그리고 겔(유목민의 둥근 천막). 말로만 듣던 것들이 막상 눈 앞에 펼쳐지니 흥분되는 가슴을 억누를 수가 없다.

1 붉은 영웅, 울란바토르

몽골

몽골항공 비행기에서 기내식을 들고 잠깐 눈을 붙이고 나니 어느덧 몽골의 수도 울란바토르(Ulaanbaator)다. 서울에서 부얀트우하 공항까지 비행거리는 불과 3시간.

현지 여행사의 리무진 버스를 타고 첫 코스로 자이산 전망대를 향했다. 자이산 기슭은 온통 야생화의 천국이다. 사실 여기뿐만이 아니라 우리의 발길이 닿은 곳이면 어디든 야생화의 천국이었다.

몽골혁명의 기념탑인 자이산 전망대에서 내려다보니 울란바토르가 한눈에 들어온다. 소련의 원조하에 신도시로 계획된 도시답게 나름대로 도시의 면면이 질서가 잡혀 있다. 울란바토르 앞을 가로지르는 토라 강은 강이라기보다는 냇가라는 말이 더 적당할 듯하다. 시내를 돌아다니면서 보면 낮인데도 토라 강 기슭엔 노숙자 같은 무리도 간간이 눈에 띄고

수후바타르 광장. 수후바타르는 징기스칸 이후 몽골인들이 가장 존경하는 인민영웅이다.

알코올 중독자도 쓰러져 있다. 밤에는 좀 위험하다는데 주말에는 가족 단위의 나들이를 하는 시민들이 먹거리를 싸가지고 와서 즐기는 휴식처란다.

자이산 전망대의 승전탑 주변에는 인자(?)한 소련군의 벽화가 어지럽게 그려져 있다. 소련군이 울고 있는 몽골 여인네들을 위로하는 광경인데, 초등학교 시절에 6·25전쟁을 겪고 소련이라는 말만 들어도 을씨년스런 느낌을 갖고 있던 필자에게는 참 희한한 경우로 여겨져 부지불식간에 묘한 웃음을 짓고 말았다.

자이산에서 바라본 산기슭에는 소떼가 이리저리 다니며 풀을 뜯는 모습이 한가롭기 그지없다. 역시, 몽골은 유목민의 고향이었다. 수도에서도 소떼를 보게 되다니. 소들은 아주 자유로워 보이는데, 부얀트우하 공항에서 울란바토르로 들어오는 길에서도 소떼가 길을 가로막고 있지 않았던가.

전망대를 내려와 전망대 좌측에 있는 수후바타르 광장으로 갔다. 수후바타르는 징기스칸 이후 몽골인이 가장 숭배하는 인민 영웅이다. 가이드는 소련의 힘을 빌리긴 했어도 수후바타르는 몽골 땅에서 청조(중국)를 몰아낸 몽골 독립의 주역이라고 힘주어 말한다. 그를 기리기 위해 광장에 그의 이름을 붙였다고도 한

🐻 **몽골** 몽골은 중앙아시아에 위치하며 북으로는 러시아, 남으로는 중국과 국경을 접한다. 면적은 한반도의 7배가 조금 넘는 1,565,000km^{2}로 아시아에서 6번째로 넓지만 인구는 270만 정도로 가장 작은 나라에 속한다. 국토 전역이 해발 1000m를 넘는 고원지대다. 기후는 전형적인 대륙성 기후로, 여름의 고비 사막은 35~40℃, 한겨울의 서북부 항가이 일부 지역은 영하 50~60℃도까지 내려간다. 수도인 울란바토르의 기후는 전형적인 대륙성 기후로 날씨의 변화가 심하고 건조하다. 겨울(10~4월)이 길며 여름에도 온도차가 심해서 새벽에는 난방을 하지 않으면 쌀쌀하다.
　몽골의 역사는 실질적으로 13세기에 징기스칸이 몽골 제국의 초석을 다진 것이 그 시초라고 할 수 있다. 몽골 제국은 1691년에 청나라에 정복당했고 200년 후의 민족해방운동과 같은 우여곡절을 맞기도 했다. 또한 구소련의 위성국가로 전락했다가 구소련의 몰락으로 1990년 역사적인 해를 맞아 자본주의화되면서 현재에 이르고 있다.

다. 광장은 우리 나라의 강릉 시가지 도로변을 연상시키는데 관광거리로는 별로 볼 게 없다. 광장에 있는 국회의사당은 신고전주의에 입각한 팔라디오 식으로 건축되었는데 미국 백악관의 축소판이라고 할 만큼 생김새가 비슷하다.

몇 블록 지나서 몽꼴국립대학 네거리를 지나 왼쪽으로 꺾어들었다. 그리고는 작은 골목골목으로 접어들면서 울란바토르 다운타운의 면면을 둘러봤다. 식당도, 인터넷방도 촌스럽긴 하지만 꽤 많다.

≪ 뒤죽박죽 복잡한 도시의 면면

계속해서 몽골의 영웅 수후바타르의 유적인 능묘, 국립국장, 국립박물관, 라마불교사원(간등사), 재래시장 등을 돌아봤다. 길가 상점엔 이 나라에서 인기가 제일 좋다는 우리 나라의 오리온 초코파이가 수북히 쌓여 있어서 몇 개 사 먹으니 점심때 먹은 양고기의 누린 냄새가 입에서 싹 가시는 듯하다.

몽골 음식 중에는 바비큐나 찜 등 양고기로 만든 것들이 많다. 하지만 양고기 특유의 냄새 때문에 우리 입맛에는 잘 맞지 않으므로 컵라면이나 김, 고추장 등의 밑반찬을 미리 준비해 가는 것이 좋다.

몽골은 세계 역사상 가장 많은 땅을 소유했던 나라다. 하지만 이러한 오랜 역사에도 불구하고 역사유적을 비롯한 문화관광자

교통수단인 낙타를 길들이는 모습.

원이 터무니없이 부족하다. 몽골족이 유목 민족이었기 때문이다. 그나마 수도인 울란바토르에는 라마불교사원, 예술박물관, 하라호름, 고비 사막, 바이칼 호 등의 문화관광지가 있다. 물론 몽골 여행의 진수는 드넓은 초원과 사막을 달리면서 유목민의 삶을 느껴보는 데 있을 것이다.

어쨌거나, 울란바토르는 1950년대 유럽의 한 도시를 생각나게 한다. 이곳에서 자주 볼 수 있었던 구소련제 차들은 점차 최신형 일제 모델로 바뀌고 있다는데, 도로를 달리는 차들은 베트남의 오토바이처럼 매연을 내뿜는다. 매연 때문에 숨통이 막히는데 우리 나라의 엑셀, 엘란트라, 액센트 등 폐차된 차들이 이곳으로 와서 씽씽 달리고 있다. 일본제 차들도 많아 운전석이 오른쪽과 왼쪽이 뒤섞여 있어도 사고는 그리 많지 않다고 하니 놀랄 수밖에.

그런데 이런 차들 옆으로 가축들이 느긋하게 돌아다니고 염소들은 골목골목을 누비며 쓰레기통을 뒤진다. 사람들의 옷차림새도 제각각. 몽골의 전통의상을 입은 사람들이 있는가 하면, 세련된 옷차림의 서구화된 사람들도 있다. 이곳 울란바토르엔 차든, 가축이든, 먹거리든, 제각각의 사람이든 모두 사이좋게 공존하는 듯하다.

🔥 **울란바토르** 인구 60여만 명이 사는 몽골의 수도 울란바토르는 1350m에 달하는 바람받이 고원 위를 흐르는 토라 강 옆에 위치한다. 옛 이름이 우르가 혹은 다후레인 이 도시는 계절에 따라 이동했던 몽골 군주의 주거지 가운데 하나였으나 1639년 다후레 사원이 세워지면서 군주의 고정적인 주거지가 되었다. 다후레 사원에선 이후 200여 년이 넘게 티베트 불교(몽골인이 신봉하는 라마교)의 살아 있는 부처들이 살았다. 다후레 사원은 중국과 러시아간의 교역 중심지로 발전했고, 1911년 외(外)몽골이 독립을 선언하면서 도시 이름은 나이슬렐 후레해로 바뀌었다. 1921년 몽골의 혁명지도자 담디니 수후바타르의 부대와 소련의 적군이 이 도시를 점령했고, 1924년 몽골이 사회주의 인민공화국임을 선포하면서 도시 이름은 다시 울란바토르로 바뀌었다. 울란바토르는 몽골어로 '붉은 영웅' 이라는 뜻.

거리에서 마주치는 여인들은 옷차림이 세련되고 화려하다. 몸
매도 잘 드러나고 우리 나라 여자들보다 노출도 심하다. 러시아
의 영향 때문인 듯하다. 모계사회의 근간을 가진 러시아 여성들
의 자유분방함이 러시아의 위성국가였던 이곳 울란바토르에도
흐르고 있는 듯. 비행기 승무원에서부터 공항세관원, 거리에서
일하는 사람들 등 지금까지 마주친 사람들이 여자가 훨씬 수가
많았다. 사회생활과 요직에서 남자보다 여자의 참여도가 훨씬
높다는데 여자 대 남자의 비율이 70 대 30 정도란다.

≪ 몽골인에겐 가족성이 없다?

울란바토르 시내 투어를 끝내고 호텔로 가는 길에 가이드로부
터 몽골 사람들에겐 가족성이 없다는 애길 들었다. 가족은 이름
밖에 없다고. 이유를 물어봤지만 확실한 이유를 듣진 못했다.

그 옛날, 말이나 낙타를 타고 달리며 혹은 걸어다니면서 세계
의 드넓은 땅을 정복한 시절, 나이가 찬 사내들은 집을 떠나 전
장을 누비느라 그런 것일까? 척박한 자연환경에서 유목을 하며
정처 없이 흘러 다니며 살아서 아이들이나 노인, 몸이 약한 이들
까지 보살피고 지킬 수 없어서?

일정이 한정되어 있어 몽골 학자나 전문가를 만나 가족성이
없는 이유를 확인할 수도 없고 해서 귀국해서 몽골에 대해 다소
해박한 지식을 갖고 있는 어느 노교수를 만났다. 그 분 말로는

몽골은 소련의 위성국으로 전락하기 전에는 가족성이 있었단
다. 하지만 그 후 사실상 소련의 식민지화가 되면서 러시아인이
과거 몽골 제국으로부터 300여 년 간 통치 받은 앙갚음으로 몽
골 가족사를 말살하는 것만이 몽골이 앞으로 러시아인을 넘볼
수 없게 하는 전략적인 통치수단이었다고.
  하지만 그리 명쾌한 답으로는 들리지 않았고 여전히 의문점으
로 남아 있다. 다시 몽골을 방문한다면 몽골인에게 가족성이 없
는 사연을 꼭 알아봐야겠다.

몽골인들의 삶의 현장.

울란바토로 시내에서 요금을 받고 몸무게를 측정해 주는 상인.

≪ 드넓은 초원에 뛰노는 양떼, 말, 소떼

다음날, 버스를 타고 텔러지로 향했다. 텔러지는 울란바토르
에서 80km 거리로 보통 버스와 지프로 이동한다. 어젯밤 보드
카를 과음한 탓도 있겠지만 다음날 같은 길을 다시 돌아서 온다
는 가이드의 말에 내일 보면 되지 뭐 하는 가벼운 마음에 한참을
졸았다. 깨어 보니 평지보다 다소 높은 땅에 저 멀리 나지막한
구름이 그림처럼 드리워져 있다. 완전한 지평선이라고는 할 수
없지만 사진이나 그림이 아닌 실제 자연광경으로 이만큼 드넓은
초원은 처음 보는 것이었다.

시야에 들어오는 건축물은 겔(유목인의 천막집)뿐이고 움직이
는 것이라고는 양떼, 말, 소떼가 전부였다. 소들을 지나갔나 싶

으면 어느덧 말들이 나타나고 말들이 시야에서 사라지면 한참 후 다시 야크들이 무리 지어 나타난다. 야크들이 풀을 뜯어먹고 떠난 자리엔 낙타들이 떼지어 나타나고.

그런데 눈길을 사로잡는 게 또 있으니 앙증맞게 초원을 가득 채운 야생화들이다. 에델바이스, 질경이, 민들레, 노란 괭이밥도 보였다. 그 외에도 이름도 알 수 없는 빨강 꽃, 보라 꽃, 노랑 꽃… 크고 작은 꽃들이 온통 피어나 있다. 야생화의 생명력은 얼마나 강한 것인가? 그 작고 연약해 보이는 풀 포기들이 이렇듯 척박한 사막 땅에서 뿌리를 내리고 모진 바람을 맞으면서도 꽃을 피어내는 걸 보니 절로 숙연해진다. 지프로 고비 사막을 달려보면 인간이 얼마나 미약한 존재인지도 새삼 깨닫게 된다.

예약된 겔에서 저녁식사를 하면서 '마유주'란 걸 곁들였다. 몽골어로는 '아이락'이라는데 말의 젖을 짜서 발효시킨 음식이다. 알코올 성분이 5% 정도이므로 몇 잔 먹으니 취기가 오른다. 처음 먹는 사람은 간혹 설사를 하지만 그 다음부터는 괜찮아지고 성인병 치료에도 좋은 음식이란다.

다음날 아침, 생전 처음 말을 타보게 되었다. 승마는 몽골 관광의 필수 코스다. 하지만 필자는 스포츠하고는 거리가 먼 입장이라 두려움이 앞섰는데 막상 차례가 되어 말 위에 올라 조금씩 움직여보니 그렇게 겁나는 일은 아니었다. 오히려 신기하기만 하다. 몸이 위아래로 적당히 흔들리면서 균형이 잡히니 안정감도 느껴진다. 발로 걸어다닐 때보다 시야가 확 트이는 것도 같아 초보 승마자의 마음은 눈앞에 펼쳐진 지평선을 훌쩍 뛰어넘어 질주하고 있었다.

≪ 하늘에서 쏟아지는 별똥별

사우스 고비 사막은 울란바토르에서 600km 거리다. 우리 일행의 전세기인 17인승 경비행기는 1시간 30여 분 만에 관광객을 위한 투숙지 옆에 안착했다. 비행장이래야 사막에 빗질을 한 것쯤으로 떠올리면 될 것이나 그래도 이곳은 일본, 서구의 거부들이 많이 찾아와서 그런지 텔러지에 비하면 숙소도 상당히 좋은 편이다. 욕실엔 냉온수도 나와서 일행들은 샤워도 문명의 혜택이라는 듯이 끝내고는 좋아라 야단이다.

점심식사로는 좀 늦었지만 오후 3시쯤 쌀밥에 양고기 찜, 그리고 '차강'과 '타락'을 정말 맛있게 먹었다. 차강은 우유를 가공하거나 발효시킨 유제품이고, 타락은 요구르트와 비슷한 음식이다. 육식을 주로 하는 몽골인에게 부족한 비타민을 보충해주는 역할을 한단다.

저녁 때까지는 자유 시간이다. 하늘은 구름 한 점 없고 지평선과 어우러져 1시간 여 동안 고비 사막 트래킹에 나서니 저 멀리 모래산의 아지랑이와 함께 즐겁기만 하다.

저녁은 우리 나라에서 가지고 간 팩소주를 양고기와 곁들여 일행들과 같이 하는 만찬으로 마무리짓고 겔에서 일찍 잠자리에 들었다. 겔의 잠자리가 익숙하지 못한 탓인지 아니면 술이 덜 깬 탓인지 깊이 잠들지 못하고 이리저리 몸을 뒤척이다 깨어보니 새벽 4시. 화장실을 찾아 나섰다가 바라본 하늘에선 별똥별이 우수수 쏟아져 내리고 있다. 고비 사막에서만 볼 수 있을 듯한 장관에 탄성이 절로 난다.

아침식사는 빵과 커피로 대신하고 1년 내내 눈이 녹지 않는다는 독수리 계곡 관광과 예정된 낙타 타기 투어를 위해 준비되어 있는 지프차에 몸을 싣고 목적지를 향했다. 차를 타고 가는 내내 하늘엔 독수리, 지상엔 에델바이스와 독수리 먹이감인 쥐들만이 우리 일행을 맞이할 뿐 적막강산이 따로 없다.

피로가 엄습해서 잠깐 졸다 눈을 뜨니 목적지인 독수리 계곡이다. 독수리가 양 날개를 펼쳐 먹이감을 공격하는 자세를 하고 있는데, 듣던 대로 6월 중순인데도 계곡의 정상은 백설이 그대로다. 계곡의 물도 얼마나 단단하게 얼었는지 미끄럼을 타도 깨지지 않는다. 가이드에게 이유를 물어도 대답은 신통치가 않다. 계곡 입구가 좁아서 여름의 따스한 공기가 들어갈 수 없고 계곡 안의 찬 공기가 밖으로 빠져나갈 수 없어서가 아니겠냐는 대답뿐. 겔로 되돌아오는 길에 방향을 바꾸어 도착한 곳이 낙타 타기 관광 종착지다.

가이드의 안내에 따라 3~5분 정도 낙타를 타려는데 낙타 타기는 옵션 상품으로 미화로 5달러란다. 바가지 상혼 같아서 조금은 언짢은 기분이 들지만 바가지 상혼에 놀아나는 것도 투어의 하나가 아니겠냐는 생각에 낙타 등에 올라탔다. 낙타도 지역에 따라 생김새가 조금씩 다르다는 것을 알 수 있었다. 예를 들면, 사하라 사막이나 아프리카, 리비아, 모로코, 케냐 등은 등뒤의 낙타봉이 하나인데 이곳 고비 사막의 낙타는 봉이 2개다.

≪ 유목민들은 하룻밤에도 만리장성을 쌓는다

겔로 되돌아와 점심식사를 끝내고 다시 경비행기에 몸을 싣고 울란바토르에 도착하니 오후 5시 30분쯤이었다. 경비행기의 기장, 부기장과 헤어지자니 아쉽다. 비록 1박 2일간의 여정이었지만 하룻밤에 만리장성을 쌓는다는 우리 나라의 격언처럼 이런저런 이야기를 나누다보니 정이 잔뜩 들었던 모양이다.

특히 부기장은 영어도 잘하고 총각이기도 해서 농으로 아들 삼자면서 애인이 있느냐, 섹스 경험은 있느냐, 자위행위는 일주일에 몇 번씩 하느냐 등 꽤나 진한 얘기까지 물어봤다. 그에게서도 몽골인에게는 가족성이 없다는 말을 또 듣게 되었는데, 우연한 기회에 다시 만날 날을 기약하면서 장가 잘 가고 아들도 많이 낳아 행복하길 기원한다는 말에 내 손을 잡고는 눈물을 글썽거린다. 필자도 눈물을 감출 수 없어 손으로 눈물을 감추고는 만남은 곧 헤어짐이라는 명제를 되씹었다.

몽골인은 가족성은 없어도 정(情)은 많은가보다. 낯선 이들끼리 만나도 같이 밥 먹고 같이 자고 같이 움직이고 하면 친근해지는 것인가. 어쩌면 그래서 이들은 그 옛날부터 한군데서 양, 말, 소떼가 풀을 다 뜯어먹으면 집(겔)까지 꾸려서 또 다시 길을 떠날 수 있었는지도 모르겠다. 새로운 사람들과도 금세 친해질 수 있으니까. 울란바토르에선 크게 못 느꼈는데, 고비 사막 쪽으로 들어오면서 마주친 몽골 사람들은 정말 순박한 시골 사람들이었다. 특히 노인네들은 낯선 이방인에게도 흰 이를 드러내 보이면서 반가운 미소로 맞아주었고, 건조한 바람에 벌써부터 피부가 거무스름해진 아이들의 까만 눈동자는 맑디맑았다.

이제 몽골 여행을 끝내면서 두 가지 아쉬운 점이 남는다. 하나는 몽골의 전통축제들 가운데 가장 유명한 축제를 보지 못했다는 것이다. 매년 건국기념일인 7월 11일에 시작되는 나담 축제에서는 남자들을 위한 씨름, 활쏘기, 경마 경기가 2일간 벌어진다는데 그 축제를 보려면 한 달쯤 후에 다시 이곳에 와야 할 판이다. 나담 축제를 보고 싶은 이들은 7월 11일을 염두에 두고 여행사와 협의해서 몽골 투어를 하는 것이 좋을 것이다.

두 번째는 중국을 통일하고 원나라 태조에 올랐던 징기스칸이 묻힌 곳에 가보지 못했다는 점이다. 내몽골 쪽 고비 사막에 있는 징기스칸의 묘에 대해서는 지금까지도 의견이 분분하지만 실제 그곳에 가보면 징기스칸의 묘가 맞을 것이라 충분히 수긍이 가는 천혜의 입지 조건을 갖고 있단다. 요즘 국내에서도 골프 투어지로 뜨고 있는 내몽골 초원의 우라산 주변에서 하루 일정으로 다녀올 수 있다고 한다.

가림출판사 · 가림M&B · 가림Let's에서 나온 책들

문 학

바늘구멍
켄 폴리트 지음 / 홍영의 옮김 / 신국판 / 342쪽 / 5,300원

레베카의 열쇠
켄 폴리트 지음 / 손연숙 옮김 / 신국판 / 492쪽 / 6,800원

암병선
니시무라 쥬코 지음 / 홍영의 옮김 / 신국판 / 300쪽 / 4,800원

첫키스한 얘기 말해도 될까
김정미 외 7명 지음 / 신국판 / 228쪽 / 4,000원

사미인곡 上·中·下
김충호 지음 / 신국판 / 각 권 5,000원

이내의 끝자리
박수완 스님 지음 / 국판변형 / 132쪽 / 3,000원

너는 왜 나에게 다가서야 했는지
김충호 지음 / 국판변형 / 124쪽 / 3,000원

세계의 명언 편집부 엮음 / 신국판 / 322쪽 / 5,000원

여자가 알아야 할 101가지 지혜
제인 아서 엮음 / 지창국 옮김 / 4×6판 / 132쪽 / 5,000원

현명한 사람이 읽는 지혜로운 이야기
이정민 엮음 / 신국판 / 236쪽 / 6,500원

성공적인 표정이 당신을 바꾼다
마츠오 도오루 지음 / 홍영의 옮김 / 신국판 / 240쪽 / 7,500원

태양의 법
오오카와 류우호오 지음 / 민병수 옮김 / 신국판 / 246쪽 / 8,500원

영원의 법
오오카와 류우호오 지음 / 민병수 옮김 / 신국판 / 240쪽 / 8,000원

석가의 본심
오오카와 류우호오 지음 / 민병수 옮김 / 신국판 / 246쪽 / 10,000원

옛 사람들의 재치와 웃음
강형중 · 김경익 편저 / 신국판 / 316쪽 / 8,000원

지혜의 쉼터
쇼펜하우어 지음 / 김충호 엮음 / 4×6판 양장본 / 160쪽 / 4,300원

헤세가 너에게
헤르만 헤세 지음 / 홍영의 엮음 / 4×6판 양장본 / 144쪽 / 4,500원

사랑보다 소중한 삶의 의미
크리슈나무르티 지음 / 최윤영 엮음 / 신국판 / 180쪽 / 4,000원

장자-어찌하여 알 속에 털이 있다 하는가
홍영의 엮음 / 4×6판 / 180쪽 / 4,000원

논어-배우고 때로 익히면 즐겁지 아니한가
신도희 엮음 / 4×6판 / 180쪽 / 4,000원

맹자-가까이 있는데 어찌 먼 데서 구하려 하는가
홍영의 엮음 / 4×6판 / 180쪽 / 4,000원

아름다운 세상을 만드는 사랑의 메시지 365
DuMont monte Verlag 엮음 / 정성호 옮김
4×6판 변형 양장본 / 240쪽 / 8,000원

황금의 법
오오카와 류우호오 지음 / 민병수 옮김 / 신국판 / 320쪽 / 12,000원

왜 여자는 바람을 피우는가?
기젤라 룬테 지음 / 김현성 · 진정미 옮김 / 국판 / 200쪽 / 7,000원

세상에서 가장 아름다운 선물 김인자 지음
엄마가 두 딸에게 주는 인생의 지침서. 같은 여성으로서의 엄마, 친구로서의 엄마, 삶의 등대로서의 엄마가 딸들에게 바라는 점, 두 딸을 키우면서 세운 교육관 등이 솔직하게 담겨 있다. 또한 딸들과 주고받은 편지, 메모는 서로 교감하는 부모와 자녀의 사이를 말해주는 일종의 답안으로 제시되고 있다. 국판변형 / 292쪽 / 9,000원

수능에 꼭 나오는 한국 단편 33 윤종필 엮음
수능 시험에 대비하기 위해 중고등학교 시절에 반드시 읽어두어야 할 한국 문학의 대표적인 단편 33선을 엄선하여 수록. 이 책에 수록된 대표 단편들은 청소년기의 간접 경험을 위한 매체, 세대를 초월하는 교류 수단, 삶의 활력소가 되어 줄 것이다. 또한 수능 및 내신, 논술 대비에 많은 도움을 줄 것이다. 신국판 / 704쪽 / 11,000원

건 강

식초건강요법
건강식품연구회 엮음 / 신재용(해성한의원 원장) 감수
가장 쉽게 구할 수 있고 경제적인 식품이면서 상상할 수 없을 정도로 뛰어난 약효를 지닌 식초의 모든 것을 담은 건강지침서!
신국판 / 224쪽 / 6,000원

아름다운 피부미용법 이순희(한독피부미용학원 원장) 지음
피부조직에 대한 기초 이론과 우리 몸의 생리를 알려줌으로써 아름다운 피부, 젊은 피부를 오래 유지할 수 있는 비결 제시!
신국판 / 296쪽 / 6,000원

버섯건강요법 김병각 외 6명 지음
종양 억제율 100%에 가까운 96.7%를 나타내는 기적의 약용버섯 등 신비의 버섯을 통하여 암을 치료하고 비만, 당뇨, 고혈압, 동맥경화 등 각종 성인병 예방을 위한 생활 건강 지침서! 신국판 / 286쪽 / 8,000원

성인병과 암을 정복하는 유기게르마늄
이상현 편저 / 캬오 샤오이 감수
최근 들어 각광을 받고 있는 새로운 치료제인 유기게르마늄을 통한 성인병, 각종 암의 치료에 대해 상세히 소개. 신국판 / 312쪽 / 9,000원

난치성 피부병 생약효소연구원 지음
현대의학으로도 치유불가능했던 난치성 피부병인 건선 · 아토피(태열)의 완치요법이 수록된 건강 지침서. 신국판 / 232쪽 / 7,500원

新 방약합편 정도명 편역
자신의 병을 알고 증세에 맞춰 스스로 처방을 할 수 있고 조제할 수 있는 보약 506가지 수록. 신국판 / 416쪽 / 15,000원

자연치료의학 오홍근(신경정신과 의학박사 · 자연의학박사) 지음
대한민국 최초의 자연의학박사가 밝힌 신비의 자연치료의학으로 자연산물을 이용하여 부작용 없이 치료하는 건강 생활 비법 공개!!
신국판 / 472쪽 / 15,000원

약초의 활용과 가정한방 이인성 지음
주변의 흔한 식물과 약초를 활용하여 각종 질병을 간편하게 예방 · 치료할 수 있는 비법제시. 신국판 / 384쪽 / 8,500원

역전의학 이시하라 유미 지음 / 유태종 감수
일반상식으로 알고 있는 건강상식에 대해 전혀 새로운 관점에서 비판하고 아울러 새로운 방법들을 제시한 건강 혁명 서적!!
신국판 / 286쪽 / 8,500원

이순희식 순수피부미용법 이순희(한독피부미용학원 원장) 지음
자신의 피부에 맞는 관리법으로 스스로 피부관리를 할 수 있는 방법을 제시하고 책 속 부록으로 천연팩 재료 사전과 피부 타입별 팩 고르기.
신국판 / 304쪽 / 7,000원

21세기 당뇨병 예방과 치료법 이현철(연세대 의대 내과 교수) 지음
세계 최초 유전자 치료법을 개발한 저자가 당뇨병과 대항하여 가장 확실하게 이길 수 있는 당뇨병에 대한 올바른 이론과 발병시 대처 방법을 상세히 수록! 신국판 / 360쪽 / 9,500원

신재용의 민의학 동의보감 신재용(해성한의원 원장) 지음
주변의 흔한 먹거리를 이용해 신비의 명약이나 보약으로 활용할 수 있는 건강 지침서로서 저자가 TV나 라디오에서 다 밝히지 못한 한방 및 민간요법까지 상세히 수록!! 신국판 / 476쪽 / 10,000원

치매 알면 치매 이긴다 배오성(백상한방병원 원장) 지음
B.O.S.요법으로 뇌세포의 기능을 활성화시키고 엔돌핀의 분비효과를 극대화시켜 증상에 맞는 한약 처방을 병행하여 치매를 치유하는 획기적인 치유법 제시. 신국판 / 312쪽 / 10,000원

21세기 건강혁명 밥상 위의 보약 생식 최경순 지음
항암식품으로, 다이어트식으로, 젊고 탄력적인 피부를 유지할 수 있게 해주는 자연식으로의 생식을 소개하여 현대인들의 건강 길라잡이가 되도록 하였다. 신국판 / 348쪽 / 9,800원

기치유와 기공수련 윤한홍(기치유 연구회 회장) 지음

누구나 노력만 하면 개발할 수 있고 활용할 수 있는 기 수련 방법과 기치유 개발 방법 소개. 신국판 / 340쪽 / 12,000원

만병의 근원 스트레스 원인과 퇴치 김지혁(김지혁한의원 원장) 지음
만병의 근원인 스트레스를 속속들이 파헤치고 예방법까지 속시원하게 제시!! 신국판 / 324쪽 / 9,500원

김종성 박사의 뇌졸중 119 김종성 지음
우리나라 사망원인 1위. 뇌졸중 분야의 최고 권위자인 저자가 일상생활에서의 건강관리부터 환자간호에 이르기까지 뇌졸중의 예방, 치료법 등 모든 것 수록. 신국판 / 356쪽 / 12,000원

탈모 예방과 모발 클리닉 장정훈 · 전재홍 지음
미용적인 측면과 우리가 일상적으로 고민하고 궁금해 하는 털에 관한 내용들을 다양하고 재미있게 예들을 들어가면서 흥미롭게 풀어간 것이 이 책의 특징. 신국판 / 252쪽 / 8,000원

구태규의 100% 성공 다이어트 구태규 지음
하이틴 영화배우의 다이어트 체험서. 저자만의 다이어트법을 제시하면서 바람직한 다이어트에 대해서도 알려준다. 건강하게 날씬해지고 싶은 사람들을 위한 필독서! 4×6배판 변형 / 240쪽 / 9,900원

암 예방과 치료법 이춘기 지음
암환자와 가족들을 위해서 암의 치료방법에서부터 합병증의 예방 및 암이 생기기 전에 알 수 있는 방법에 이르기까지 상세하게 해설해 놓은 책. 신국판 / 296쪽 / 11,000원

알기 쉬운 위장병 예방과 치료법 민영일 지음
소화기관인 위와 관련 기관들의 여러 질환을 발병 원인, 증상, 치료법을 중심으로 알기 쉽게 해설해 놓은 건강서. 신국판 / 328쪽 / 9,900원

이온 체내혁명 노보루 야마노이 지음 / 김병관 옮김
새로운 건강관리 이론으로 주목을 받고 있는 음이온을 통해 건강을 돌볼 수 있는 방법 제시. 신국판 / 272쪽 / 9,500원

어혈과 사혈요법 정지천 지음
침과 부항요법 등을 사용하여 모든 질병을 다스릴 수 방법과 우리 주변에서 흔하게 접할 수 있는 각 질병의 상황별 처치를 혈자리 그림과 함께 해설. 신국판 / 308쪽 / 12,000원

약손 경락마사지로 건강미인 만들기 고정환 지음
경락과 민족 고유의 정신 약손을 결합시킨 약손 성형경락 마사지로 수술하지 않고도 자신이 원하는 부위를 고치는 방법을 제시하는 건강 미용서.
4×6배판 변형 / 284쪽 / 15,000원

정유정의 LOVE DIET 정유정 지음
널리 알려진 온갖 다이어트 방법으로 살을 빼려고 노력했던 저자의 고통스러웠던 다이어트 체험담이 실려 있어 지금 살 때문에 고민하는 사람들이 가슴에 와 닿는 나만의 다이어트 계획을 나름대로 세울 수 있을 것이다. 4×6배판 변형 / 196쪽 / 10,500원

머리에서 발끝까지 예뻐지는 부분다이어트 신상만 · 김선민 지음
한약을 먹거나 침을 맞아 살을 빼는 방법, 아로마요법을 이용한 다이어트법, 운동을 이용한 부분비만 해소법 등이 실려 있으므로 나에게 맞는 방법을 선택해 날씬하고 예쁜 몸매를 만들 수 있을 것이다.
4×6배판 변형 / 196쪽 / 11,000원

알기 쉬운 심장병 119 박승정 지음
심장병에 관해 심장질환이 생기는 원인, 증상, 치료법을 중심으로 내용을 상세하게 해설해 놓은 건강서. 신국판 / 248쪽 / 9,000원

알기 쉬운 고혈압 119 이정균 지음
생활 속의 고혈압에 관해 일반인들이 관심을 가지고 예방할 수 있도록 고혈압의 원인, 증상, 합병증 등을 상세하게 해설해 놓은 건강서.
신국판 / 304쪽 / 10,000원

여성을 위한 부인과질환의 예방과 치료 차선희 지음
남들에게는 말할 수 없는 증상들로 고민하고 있는 여성들을 위해 부인암, 골다공증, 빈혈 등 부인과질환을 원인 및 치료방법을 중심으로 설명한 여성건강 정보서. 신국판 / 304쪽 / 10,000원

알기 쉬운 아토피 119 이승규 · 임승엽 · 김문호 · 안유일 지음
감기처럼 흔하지만 암만큼 무서운 아토피 피부염의 원인에서부터 증상, 치료방법, 임상사례, 민간요법을 적용한 환자들의 경험담 등 수록.
신국판 / 232쪽 / 9,500원

120세에 도전한다 이권행 지음
아프지 않고 건강하게 오래 살기를 바라는 현대인들에게 우리 체질에 맞는 식생활습관, 심신 활동, 생활습관, 체질별 · 나이별 양생법을 소개. 장수하고픈 독자들의 궁금증을 풀어줄 것이다. 신국판 / 308쪽 / 11,000원

건강과 아름다움을 만드는 요가 정판식 지음
책을 보고서 집에서 혼자서도 할 수 있는 요가법 수록. 각종 질병에 따른 요가 수정체조법도 담았으며, 별책 부록으로 한눈에 보는 요가 차트 수록. 4×6배판 변형 / 224쪽 / 14,000원

우리 아이 건강하고 아름다운 롱다리 만들기 김성훈 지음
키 작은 우리 아이를 롱다리로 만드는 비법공개. 식사습관과 생활습관만의 변화로도 키를 크게 할 수 있으므로 키 작은 자녀를 둔 부모의 고민을 해결해 준다. 대국전판 / 236쪽 / 10,500원

알기 쉬운 허리디스크 예방과 치료 이종서 지음
전문가들의 의견, 허리병의 치료에서 가장 중요한 운동치료, 허리디스크와 요통에 관해 언론에서 잘못 소개한 기사나 과장 보도한 기사, 대상이 광범위함으로써 생기고 있는 사이비 의술 및 상업적인 의술을 시행하는 상업적인 병원 등을 소개함으로써 허리병을 앓고 있는 사람들에게 정확하고 올바른 지식을 전달하고자 하는 길라잡이서.
대국전판 / 336쪽 / 12,000원

소아과 전문의에게 듣는 알기 쉬운 소아과 119
신영규 · 이강우 · 최성항 지음
새내기 엄마, 아빠를 위해 올바른 육아법을 제시하고 각종 질병에 대한 치료법 및 예방법, 응급처치법을 소개. 4×6배판 변형 / 280쪽 / 14,000원

피가 맑아야 건강하게 오래 살 수 있다 김영찬 지음
현대인이 앓고 있는 고혈압, 당뇨병, 심장병 등은 피가 끈적거리고 혈관이 너덜거려서 생기는 질병이다. 이러한 성인병을 치료하려면 식이요법, 생활습관 개선 등을 통해 피를 맑게 해야 한다. 이 책에서는 피를 맑게 하기 위해 필요한 처방, 생활습관 개선법을 한의학적 관점에서 상세하게 설명하고 있다. 신국판 / 256쪽 / 10,000원

웰빙형 피부 미인을 만드는 나만의 셀프 피부건강 양해원 지음
모든 사람들이 관심 있어 하는 피부 관리를 집에서 할 수 있게 해주는 실용서. 집에서 간단하게 만들 수 있는 화장수, 팩 등을 소개하여 손안의 미용서 역할을 하고 있다. 대국전판 / 144쪽 / 10,000원

내 몸을 살리는 생활 속의 웰빙 항암 식품 이승남 지음
암=사형 선고라는 고정 관념을 깨자는 전제 아래 우리 밥상에서 흔히 볼 수 있는 먹거리로 암을 예방하며 치료하는 방법 소개. 암환자와 그 가족들에게 희망을 안겨 줄 것이다. 대국전판 / 248쪽 / 9,800원

마음한글, 느낌한글 박완식 지음
훈민정음의 창제원리를 이용한 한글명상, 한글요가, 한글체조로 지금까지의 요가나 명상과는 차원이 다른 더욱 더 효과적인 수련으로 이제 당신 앞에 새로운 세계가 펼쳐진다. 4×6배판 / 300쪽 / 15,000원

웰빙 동의보감식 발마사지 10분 최미희 지음, 신재용 감수
발이 병나면 몸에도 병이 생긴다. 우리 몸 중에서 가장 천대받으면서도 가장 많은 일을 하는 발을 새롭게 인식하는 추세에 맞추어 발을 가꾸어 건강을 지키는 방법 제시. 각 질병별 발마사지 방법, 부위를 구체적으로 설명하고 있다. 텔레비전을 보면서 하는 15분의 발마사지가 피로를 풀어주고 건강을 지켜줄 것이다. 4×6배판 변형 / 204쪽 / 13,000원

아름다운 몸, 건강한 몸을 위한 목욕 건강 30분 임하성 지음
우리가 흔히 대수롭지 않게 여기고 하는 습관 중에 하나가 목욕일 것이다. 그러나 이제 목욕도 건강과 관련시켜 올바른 방법으로 해야 한다. 웰빙 시대, 웰빙 라이프에 맞는 올바른 목욕법을 피부 관리 및 우리들의 생활 패턴에 맞추어 제시해 본다. 대국전판 / 176쪽 / 9,500원

내가 만드는 한방생주스 60 김영섭 지음
일반적인 과일 · 야채 주스에 21가지 한약재로 기본 음료를 만들어 맛과 영양을 고루 갖춘 최초의 웰빙 한방 건강음료 만드는 법 60가지 수록!! 각 음료마다 만드는 법과 효능을 실어 우리 가족 건강을 지키는 건강지침서의 역할을 한다. 국판 / 112쪽 / 7,000원

몸을 살리는 건강식품 백은희 · 조창호 · 최양진 지음
스트레스에 시달리는 현대인들에게 자연 영양소를 공급해 주는 건강기능식품에 관한 상세한 정보를 담고 있다. 나에게 필요한 영양소는 어떤 것이 있으며, 어떻게 섭취했을 때 가장 큰 효과를 얻을 수 있는 지 등을 조목조목 설명해 놓은 것이 눈에 띈다. 신국판 / 384쪽 / 11,000원

건강도 키우고 성적도 올리는 자녀 건강 김진돈 지음
자녀를 둔 부모라면 가장 먼저 생각하는 것이 자녀의 건강일 것이다. 특히 수험생을 둔 부모라면 그 관심은 말로 단정지을 수 없다. 수험생 자신이나 부모가 알아야 한 평소 건강 관리법, 제일 이겨내기 힘든 계절인 여름철 건강 관리법, 조심해야 할 질병들에 대해 예방법, 치료법을 상세하게 소개하고 있다. 신국판 / 304쪽 / 12,000원

알기 쉬운 간질환 119 이관식 지음
간염이 있는 사람이 술잔을 돌릴 경우 간염이 전염될까? 우리는 간이 소중한 존재임을 알면서도 혹사시키는 일이 많다. 간염 전염 및 간경화, 간암 등에 대한 잘못된 지식을 제대로 잡아주고 간과 관련된 병을 예방하는 법, 병에 걸렸을 때 치료하고 관리하는 법 등을 상세히 수록하여 간을 건강하게 지킬 수 있도록 해준다. 신국판 / 264쪽 / 11,000원

밥으로 병을 고친다 허봉수 지음
우리가 하루 세 끼 식사에서 대하는 밥상이 우리의 건강을 지켜주는 최고

의 건강지킴이다. 이 간단 명료한 진리를 알면서도 우리는 다른 방법으로
건강을 지키려고 한다. 건강을 지키는 일은 어렵고 특별한 일이 아니라
보통의 밥상에서 지킬 수 있는 일임을 강조하고 거기에 맞는 실제 사례를
제시하여 비슷한 사례에서 응용할 수 있게 내용을 구성하고 있다.
대국전판 / 352쪽 / 13,500원

알기 쉬운 신장병 119 김형규 지음
신장병은 특별한 증상이 없어 조기진단이 힘들다고 한다. 그러나 진단과
치료의 혜택으로 완치를 할 수 있는 병이라고도 한다. 일상생활 속에서
신장병을 파악할 수 있는 자가진단법, 신장병을 검사하고 치료하는 방법,
신장병과 관련 있는 질병들을 일반인들이 이해하기 수준에서 설명하고
있다. 또한 신장병과 관련 있는 생활 속의 정보를 부록으로 수록하여 내
용의 깊이를 더해 주고 있다.　신국판 / 240쪽 / 10,000원

마음의 감기 치료법 우울증 119 이민수 지음
우울증에는 예외의 대상이 없다. 현대인이라면 누구나 우울증에 걸릴 수
있다는 전제 아래 일반인들이 쉽게 이해할 수 있는 우울증을 담고 있다.
남에게, 가족에게 숨겨야 하는 몹쓸 병이 아니라 바르고 정확하게 알아야
건강한 삶을 누릴 수 있는 병임을 알리면서 우울증을 치료하는 법, 환자
본인과 가족 및 주위에서 가져야 할 자세 등을 알려준다.
대국전판 / 232쪽 / 9,800원

관절염 119 송영욱 지음
"비가 오려나? 왜 이리 무릎이 쑤시나." 이렇게 표현되는 관절염에는 일
반인들이 잘 알지 못하는 다른 종류의 관절염도 있다. 이러한 관절염을
일반인들의 입장에서 쉽게 이해하고 예방하고 치료할 수 있는 방법을 소
개하고 있다. 생활 속에서의 습관을 고치고 운동을 통해서 허리나 다리가
아픈 통증에서 벗어날 수 있다.　대국전판 / 224쪽 / 9,800원

교 육

우리 교육의 창조적 백색혁명
원상기 지음 / 신국판 / 206쪽 / 6,000원

현대생활과 체육
조창남 외 5명 공저 / 신국판 / 340쪽 / 10,000원

퍼펙트 MBA　IAE유학네트 지음 / 신국판 / 400쪽 / 12,000원

유학길라잡이Ⅰ－미국편
IAE유학네트 지음 / 4×6배판 / 372쪽 / 13,900원

유학길라잡이Ⅱ－4개국편
IAE유학네트 지음 / 4×6배판 / 348쪽 / 13,900원

조기유학길라잡이.com
IAE유학네트 지음 / 4×6배판 / 428쪽 / 15,000원

현대인의 건강생활
박상호 외 5명 공저 / 4×6배판 / 268쪽 / 15,000원

천재아이로 키우는 두뇌훈련
나카마츠 요시로 지음 / 민병수 옮김
머리가 좋은 아이로 키우기 위한 환경 만들기, 식사, 운동 등 연령별 두뇌
훈련법 소개.　국판 / 288쪽 / 9,500원

두뇌혁명　나카마츠 요시로 지음 / 민병수 옮김
『뇌력혁명』 하루야마 시게오의 추천작!! 어른들을 위한 두뇌 개발서로,
풍요로운 인생을 만들기 위한 '뇌' 와 '몸' 자극법 제시.
4×6판 양장본 / 288쪽 / 12,000원

테마별 고사성어로 익히는 한자
김경익 지음 / 4×6배판 변형 / 248쪽 / 9,800원

生생 공부비법 이은승 지음
국내 최초 수학과외 수출의 주인공 이은승이 개발한 자기만의 맞춤식 공
부학습법 소개. 공부도 하는 법을 알면 목표를 달성할 수 있다고 용기를
북돋우어 주는 실전 공부 비법서.　대국전판 / 272쪽 / 9,500원

자녀를 성공시키는 습관만들기 배은경 지음
성공하는 자녀를 꿈꾸는 부모들이 알아야 할 자녀 교육법 소개. 부모는
자녀 인생의 주연이 아님을 알아야 하며 부모의 좋은 습관, 건전한 생각
이 자녀의 성공 인생을 가져온다는 내용을 담은 부모 및 자녀 모두를 위
한 자기 계발서.　대국전판 / 232쪽 / 9,500원

한자능력검정시험 1급　한자능력검정시험연구위원회 편저
한자능력검정시험의 최상급인 1급 대비서. 2~8급 배정한자(2355자)를
포함하는 1급 배정한자 3500자에 관한 유래, 활용 예, 사자성어, 예상문
제 등을 완벽 수록하여 시험에 만전을 기할 수 있게 하였다. 또한 쓰기 배
정한자 2005자에 대한 부록도 수록하여 읽기와 쓰기 한자 익힘이 완벽하
게 이루어지도록 하였다.　4×6배판 / 568쪽 / 21,000원

한자능력검정시험 2급　한자능력검정시험연구위원회 편저
국어사전식 단어 배열, 내용을 쉽게 이해할 수 있도록 도와 주는 일러스
트, 기출 문제의 완전 분석을 바탕으로 한 예상 문제 수록 등 한자능력검
정시험 2급을 준비하는 사람들을 위한 완벽 대비서.
4×6배판 / 472쪽 / 18,000원

한자능력검정시험 3급(3급Ⅱ)　한자능력검정시험연구위원회 편저
4급 한자를 포함한 3급·3급Ⅱ 배정한자 1817자 각 한자에 대한 어원 및
실용 사례를 수록하였다. 각 한자의 배열은 가, 나, 다…의 국어사전식 배
열을 채택하여 음만 알아도 한자를 쉽게 찾을 수 있게 하였다. 또한 한자
의 이해를 돕는 일러스트, 3급·3급Ⅱ 한자를 포함한 실생활에 응용할 수
있는 생활 한자 코너를 배정하여 학습의 깊이를 더해주고 있다. 끝으로
기출문제 분석에 맞춘 예상문제와 쓰기 배정 한자를 실어 3급·3급Ⅱ 한
자 학습을 완전하게 익힐 수 있게 하였다.　4×6배판 / 440쪽 / 17,000원

한자능력검정시험 4급(4급Ⅱ)　한자능력검정시험연구위원회 편저
국어사전식 단어 배열, 4급 한자 1000자 필순 수록, 생활에서 활용할 수
있는 활용 한자 요점정리, 생활 속에서 자주 쓰이는 약자, 한자의 이해를
돕기 위한 일러스트와 유래 설명, 4급 한자 1000자를 응용한 한자 심화
학습, 기출 문제를 완전 분석한 후 그에 따라 엄선한 예상문제 수록 등 4
급 한자 익히기와 시험에 대비하는 모든 사람들을 위한 완벽 대비서.
4×6배판 / 352쪽 / 15,000원

한자능력검정시험 5급　한자능력검정시험연구위원회 편저
국어사전식 단어 배열, 5급 한자 500자 따라 쓰기, 생활에서 활용할 수
있는 활용 한자 요점정리, 생활 속에서 자주 쓰이는 약자, 한자의 이해를
돕기 위한 일러스트와 유래 설명, 기출 문제를 완전 분석한 후 그에 따라
엄선한 예상문제 수록 등 5급 한자 익히기와 시험에 대비하는 모든 사람
들을 위한 완벽 대비서.　4×6배판 / 264쪽 / 11,000원

한자능력검정시험 6급　한자능력검정시험연구위원회 편저
국어사전식 단어 배열, 6급 한자 300자 따라 쓰기, 생활에서 활용할 수
있는 활용 한자 요점정리, 한자의 이해를 돕기 위한 일러스트와 유래 설
명, 기출 문제를 완전 분석한 후 그에 따라 엄선한 예상문제 수록 등 6급
한자 익히기와 시험에 대비하는 모든 사람들을 위한 완벽 대비서.
4×6배판 / 168쪽 / 8,500원

한자능력검정시험 7급　한자능력검정시험연구위원회 편저
국어사전식 단어 배열, 각 한자 배우기에 도움이 되는 일러스트를 곁들이
고 한자의 구성 원리를 설명해 놓아 한자 배우기가 재미있고 쉽다. 또한
따라쓰기를 통해 한자 익히기를 완전하게 끝낼 수 있도록 하였으며 활용
예문을 다양하게 예시해 놓았다.　4×6배판 / 152쪽 / 7,000원

한자능력검정시험 8급　한자능력검정시험연구위원회 편저
8급 한자 50자에 대해 각 한자 배우기에 도움이 되는 일러스트를 곁들이
고 한자의 구성 원리를 설명해 놓아 한자 배우기가 재미있고 쉽다. 또한
따라쓰기를 통해 기본 한자 익히기를 완전하게 끝낼 수 있도록 하였으며
기본 50개의 한자를 활용한 예문을 다양하게 예시해 놓았다.
4×6배판 / 112쪽 / 6,000원

취미·실용

김진국과 같이 배우는 와인의 세계　김진국 지음
포도주 역사에서 분류, 원료 포도의 종류와 재배, 양조·숙성·저장, 시
음법, 어울리는 요리와 와인의 유통과 소비, 와인 시장의 현황과 전망, 와
인 판매 요령, 와인의 보관과 재고의 회전, '와인 양조 비밀의 모든 것' 을
동영상으로 담은 CD까지, 와인의 모든 것이 담긴 종합학습서.
국배판 변형양장본(올 컬러판) / 208쪽 / 30,000원

경제·경영

CEO가 될 수 있는 성공법칙 101가지
김승룡 편역 / 신국판 / 320쪽 / 9,500원

정보소프트　김승룡 지음 / 신국판 / 324쪽 / 6,000원

기획대사전　다카하시 겐코 지음 / 홍영의 옮김
기획에 관련된 모든 사항을 실례와 도표를 통하여 초보자에서 프로기획
맨에 이르기까지 효율적으로 활용할 수 있도록 체계적으로 총망라하였
다.　신국판 / 552쪽 / 19,500원

맨손창업·맞춤창업 BEST 74 양혜숙 지음
창업대행 현장 전문가가 추천하는 유망업종을 7가지 주제별로 나누어 수
록한 맞춤 창업서로 창업예비자들에게 창업의 길을 밝혀줄 발로 뛰면서
만든 실무 지침서!!　신국판 / 416쪽 / 12,000원

무자본, 무점포 창업! FAX 한 대면 성공한다
다카시로 고시 지음 / 홍영의 옮김 / 신국판 / 226쪽 / 7,500원

성공하는 기업의 인간경영 중소기업 노무 연구회 편저 / 홍영의 옮김
무한경쟁시대에서 각 기업들의 다양한 경영 실태 속에서 인사·노무 관리 개선에 있어서 기업의 효율을 높이고 발전을 이룰 수 있는 원칙을 제시. 신국판 / 368쪽 / 11,000원

21세기 IT가 세계를 지배한다 김광희 지음
21세기 화두로 떠오른 IT혁명의 경쟁력에 대해서 전문가의 논리적이고 철저한 해설과 더불어 매장 끝까지 실제 사례를 곁들여 설명.
신국판 / 380쪽 / 12,000원

경제기사로 부자아빠 만들기 김기태·신현태·박근수 공저
날마다 배달되는 경제기사를 꼼꼼히 챙겨보는 사람만이 현대생활에서 부자가 될 수 있다. 언론인의 현장감각과 학자의 전문성을 접목시킨 것이 이 책의 특성! 누구나 이 책을 읽고 경제원리를 체득. 경제예측을 할 수 있게 준비된 생활경제서적. 신국판 / 388쪽 / 12,000원

포스트 PC의 주역 정보가전과 무선인터넷 김광희 지음
포스트 PC의 주역으로 급부상하고 있는 정보가전과 무선인터넷 그리고 이를 구현하기 위한 관련 테크놀러지를 체계적으로 소개.
신국판 / 356쪽 / 12,000원

성공하는 사람들의 마케팅 바이블 채수명 지음
최근의 이론을 보완하여 내놓은 마케팅 관련 실무서. 마케팅의 정보전략, 핵심요소, 컨설팅실무까지 저자의 노하우와 창의적인 이론이 결합된 마케팅서. 신국판 / 328쪽 / 12,000원

느린 비즈니스로 돌아가라
사카모토 게이이치 지음 / 정성호 옮김
미국식 스피드 경영에 익숙해져 현실의 오류를 간과하고 있는 사람들을 위한 어떻게 팔 것인가보다 무엇을 팔 것인가를 설명하는 마케팅 컨설턴트의 대안 제시서! 신국판 / 276쪽 / 9,000원

적은 돈으로 큰돈 벌 수 있는 부동산 재테크 이원재 지음
700만 원으로 부동산 재테크에 뛰어들어 100배 불린 저자가 부동산 재테크를 계획하고 있는 사람들이 반드시 알아두어야 할 내용을 경험담을 담아 해설해 놓은 경제서. 신국판 / 340쪽 / 12,000원

바이오혁명 이주영 지음
21세기 국가간 경쟁부문으로 새로이 떠오르고 있는 바이오혁명에 관한 기초지식을 언론사에 몸담고 있는 현직 기자가 아주 쉽게 해설해 놓은 바이오 가이드서. 바이오 관련 용어 해설 수록. 신국판 / 328쪽 / 12,000원

성공하는 사람들의 자기혁신 경영기술 채수명 지음
자기 계발을 통한 신지식 자기경영마인드를 갖추어야 한다는 전제 아래 그 방법을 자세하게 알려주는 자기계발 지침서. 신국판 / 344쪽 / 12,000원

CFO 교텐 토요오·타하라 오키시 지음 / 민병수 옮김
일반인들에게 생소한 용어인 CFO, 즉 최고 재무책임자의 역할이 지금까지와는 완전히 달라져야 한다. 기업을 이끌어가는 새로운 키잡으로서의 CFO의 역할, 위상 등을 일본의 기업을 중심으로 하여 알아보고 바람직한 방향을 제시한다. 신국판 / 312쪽 / 12,000원

네트워크시대 네트워크마케팅 임동학 지음
학력, 사회적 지위 등에 관계 없이 자신이 노력한 만큼 돈을 벌 수 있는 네트워크마케팅에 관해 알려주는 안내서. 신국판 / 376쪽 /12,000원

성공리더의 7가지 조건
다이앤 트레이시·윌리엄 모건 지음 / 지창영 옮김
개인과 팀, 조직관계의 개선을 위한 방향제시 및 실천을 위한 안내자 역할을 해주는 책. 현장에서 활용할 수 있는 실용서. 신국판 / 360쪽 / 13,000원

김종결의 성공창업 김종결 지음
누구나 창업을 할 수는 있지만 아무나 돈을 버는 것은 아니다라는 전제 아래 중견 연기자로서, 음식점 사장님으로 성공한 탤런트 김종결의 성공비결을 통해 창업전략과 성공전략을 제시한다. 신국판 / 340쪽 / 12,000원

최적의 타이밍에 내 집 마련하는 기술 이원재 지음
부동산을 통한 재테크의 첫걸음 '내 집 마련'의 결정판. 체계적이고 한눈에 쏙 들어 오는 '내 집 장만 과정'을 쉽게 풀어놓은 부동산재테크서.
신국판 / 248쪽 / 10,500원

컨설팅 세일즈 *Consulting sales* 임동학 지음
발로 뛰는 영업이 아니라 머리로 하는 영업이 절실히 요구되는 시대 상황에 맞추어 고객지향의 세일즈, 과제해결 세일즈, 구매자와 공급자 간에 서로 만족하는 세일즈법 제시. 대국전판 / 336쪽 / 13,000원

연봉 10억 만들기 김농주 지음
연봉으로 말해지는 임금을 재테크 하여 부자가 될 수 있는 방법 제시. 고액의 연봉을 받기 위해서 개인이 갖추어야 할 실무적 능력, 태도, 마음가짐, 재테크 수단 등을 각 주제에 따라 구체적으로 제시함으로써 부자를 꿈꾸는 사람들이 그 희망을 이룰 수 있게 해준다. 국판 / 216쪽 / 10,000원

주5일제 근무에 따른 한국형 주말창업 최효진 지음
우리나라 실정에 맞는 주말창업 아이템의 제시 및 창업시 필요한 정보를 얻을 수 있는 곳, 주의해야 할 점, 실전 인터넷 쇼핑몰 창업, 표준사업계획서 등을 수록하여 지금 당장이라도 내 사업을 할 수 있게 해주는 창업 길라잡이서. 신국판 변형 양장본 / 216쪽 / 10,000원

돈 되는 땅 돈 안되는 땅 김영준 지음
부동산 틈새시장에서 성공하는 투자 노하우를 신행정수도 예정지 및 고속철도 역세권 등 투자 유망지역을 중심으로 완벽하게 수록해 놓은 부동산 재테크서. 신국판 / 320쪽 / 13,000원

돈 버는 회사로 만들 수 있는 109가지
다카하시 도시노리 지음 / 민병수 옮김
회사경영에서 경영자가 꼭 알아야 할 기본 사항 수록. 내용이 항목별로 정리되어 있어 원하는 자료를 바로 찾아 볼 수 있는 것이 최대의 장점. 이 책을 통해서 불필요한 군살을 빼고 강한 근육질을 가진 돈 버는 회사를 만들어 보자. 신국판 / 344쪽 / 13,000원

프로는 디테일에 강하다 김미현 지음
탄탄하게 자리를 잡은 15군데 중소기업의 여성 CEO들이 회사를 운영하면서 겪은 어려움, 기쁨 등을 자서전 형식을 빌어 솔직 담백하게 얘기했다. 예비 창업자들을 위한 조언, 경영 철학, 성공 요인도 담고 있어 창업을 준비하는 사람들에게 도움이 될 것이다. 신국판 / 248쪽 / 9,000원

머니투데이 송복규 기자의 부동산으로 주머니돈 100배 만들기 송복규 지음
재테크 수단으로 새롭게 각광 받고 있는 부동산을 이용한 재산 증식 방법 수록. 부동산 재료별 특성에 따른 맞춤 투자전략을 제시하고 알아두면 편리한 부동산 상식도 알려준다. 현직 전문 기자의 예리한 분석과 최신 정보가 담겨 있는 부동산재테크 가이드서. 신국판 / 328쪽 / 13,000원

성공하는 슈퍼마켓&편의점 창업 나명환 지음
슈퍼마켓이나 편의점을 창업하려고 하는 사람들을 위한 창업 가이드서. 어느 위치에 얼마만한 크기로, 어떤 상품을 갖추고 어떤 마인드로 창업하고 영업해야 대형할인점과의 경쟁에서 살아남을 수 있는지 등을 저자의 실제 경험과 통계, 전문가들의 의견을 바탕으로 상세하게 소개.
4×6배판 변형 / 500쪽 / 28,000원

대한민국 성공 재테크 부동산 펀드와 리츠로 승부하라 김영준 지음
새로운 재테크 수단으로 세간의 관심을 모으고 있는 부동산 펀드와 리츠에 관한 투자 안내서. 리스크 없이 투자에 성공하기 위해서 알아두어야 할 주의사항, 펀드 및 리츠 관련 상품 설명, 실제로 투자되고 있는 물건을 수록하여 책을 통해서 실전 투자감각을 익힐 수 있게 하였다.
신국판 / 256쪽 / 12,000원

마일리지 200% 활용하기 박성희 지음
우리 주변에는 마일리지와 관련 있는 다양한 카드가 있다. 신용카드로부터 시작하여 이동통신사의 멤버십 카드, 캐시백 카드, 각 업소의 스탬프 카드 등 다양한 종류의 카드가 각기 특성을 가지고 우리 생활 속에서 이용되고 있다. 잘 알고 활용하면 개인의 주머니 경제, 가계의 살림에 보탬이 되는 각종 마일리지에 관한 최신 정보를 한 권에 모아 놓았다. 이 책의 내용을 잘 활용하면 새는 돈을 알뜰살뜰 모으는 길이 보일 것이다.
국판 변형 / 200쪽 / 8,000원

주 식

개미군단 대박맞이 주식투자
홍성걸(한양증권 투자분석팀 팀장) 지음
초보에서 인터넷을 활용한 주식투자까지 필자의 현장에서의 경험을 바탕으로 한 주식 성공전략의 모든 정보 수록. 신국판 / 310쪽 / 9,500원

알고 하자! 돈 되는 주식투자 이길영 외 2명 공저
일본과 미국의 주식시장을 철저한 분석과 데이터화를 통해 한국 주식시장의 투자의 흐름을 파악함으로써 한국 주식시장에서의 확실한 성공전략 제시!! 신국판 / 388쪽 / 12,500원

항상 당하기만 하는 개미들의 매도·매수타이밍 999% 적중 노하우
강경무 지음
승부사를 꿈꾸며 와신상담하는 모든 이들에게 희망의 등불이 될 것을 확신하는 Jusicman이 주식시장에서 돈벌고 성공할 수 있는 비결 전격공개!! 신국판 / 336쪽 / 12,000원

부자 만들기 주식성공클리닉 이창희 지음
저자의 경험담을 섞어서 주식이란 무엇인가를 풀어서 써놓은 주식입문서. 초보자와 자신을 성찰해볼 기회를 가지려는 기존의 투자자를 위해 태어났다. 신국판 / 372쪽 / 11,500원

선물·옵션 이론과 실전매매 이창희 지음
선물과 옵션시장에서 일반인들이 실패하는 원인을 분석하고, 반드시 지켜야 할 투자원칙에 따라 유형별로 실전 매매 테크닉을 터득함으로써 투

자를 성공적으로 할 수 있게 한 지침서!!
 신국판 / 372쪽 / 12,000원
너무나 쉬워 재미있는 주가차트 홍성무 지음
주식시장에서는 차트 분석을 통해 주가를 예측하는 투자자만이 주식투자
에서 성공하므로 차트에서 급소를 신속, 정확하게 뽑아내 매매타이밍을
잡는 방법을 알려주는 주식투자 지침서. 4×6배판 / 216쪽 / 15,000원

역 학

역리종합 만세력 정도명 편저 / 신국판 / 532쪽 / 10,500원

작명대전 정보국 지음 / 신국판 / 460쪽 / 12,000원

하락이수 해설 이천교 편저 / 신국판 / 620쪽 / 27,000원

현대인의 창조적 관상과 수상
백운산 지음 / 신국판 / 344쪽 / 9,000원

대운용신영부적
정재원 지음 / 신국판 양장본 / 750쪽 / 39,000원

사주비결활용법 이세진 지음 / 신국판 / 392쪽 / 12,000원

컴퓨터세대를 위한 新 성명학대전
박용찬 지음 / 신국판 / 388쪽 / 11,000원

길흉화복 꿈풀이 비법 백운산 지음 / 신국판 / 410쪽 / 12,000원

새천년 작명컨설팅 정재원 지음 / 신국판 / 492쪽 / 13,900원

백운산의 신세대 궁합 백운산 지음 / 신국판 / 304쪽 / 9,500원

동자삼 작명학 남시모 지음 / 신국판 / 496쪽 / 15,000원

구성학의 기초 문길여 지음 / 신국판 / 412쪽 / 12,000원

법률 일반

여성을 위한 성범죄 법률상식 조명원(변호사) 지음
성희롱에서 성폭력범죄까지 여성이었기 때문에 특히 말 못하고 당해야만
했던 이 땅의 여성들을 위한 성범죄 법률상식서. 사례별 법적 대응방법
제시. 신국판 / 248쪽 / 8,000원

아파트 난방비 75% 절감방법 고영근 지음
예비역 공군소장이 잘못 부과된 아파트 난방비를 최고 75%까지 줄일 수
있는 방법을 구체적인 법적 근거를 토대로 작성한 아파트 난방비 절감방
법 제시. 신국판 / 238쪽 / 8,000원

일반인이 꼭 알아야 할 절세전략 173선 최성호(공인회계사) 지음
세법을 제대로 알면 돈이 보인다. 현직 공인중개사가 알려주는 합법적으로
세금을 덜 내고 돈을 버는 절세전략의 모든 것! 신국판 / 392쪽 / 12,000원

변호사와 함께하는 부동산 경매 최환주(변호사) 지음
새 상가건물임대차보호법에 따른 권리분석과 채무자나 세입자의 권리방
어기법은 제시한다. 또한 새 민사집행법에 따른 각 사례별 해설도 수록.
신국판 / 404쪽 / 13,000원

혼자서 쉽고 빠르게 할 수 있는 소액재판 김재용 · 김종철 공저
나홀로 소액재판을 할 수 있도록 소장작성에서 판결까지의 실제 재판과
정을 상세하게 수록하여 이 책 한 권이면 모든 것을 완벽하게 해결할 수
있다. 신국판 / 312쪽 / 9,500원

"술 한 잔 사겠다" 는 말에서 찾아보는 채권 · 채무 변환철(변호사) 지음
일반인들이 꼭 알아야 할 채권 · 채무에 관한 법률 사항을 빠짐없이 수록.
신국판 / 408쪽 / 13,000원

알기쉬운 부동산 세무 길라잡이 이건우(세무서 재산계장) 지음
부동산에 관련된 모든 세금을 알기 쉽게 단계별로 해설. 합리적이고 탈세
가 아닌 적법한 절세법 제시. 신국판 / 400쪽 / 13,000원

알기쉬운 어음, 수표 길라잡이 변환철(변호사) 지음
어음, 수표의 발행에서부터 도난 또는 분실한 경우의 공시최고와 제권판
결에 이르기까지 어음, 수표 관련 법률사항을 쉽고도 상세하게 압축해 놓
은 생활법률서. 신국판 / 328쪽 / 11,000원

제조물책임법 강동근(변호사) · 윤종성(검사) 공저
제품의 설계, 제조, 표시상의 결함으로 소비자가 피해를 입었을 때 제조
업자가 배상책임을 져야 하는 제조물책임 시대를 맞아 제조업자가 갖춰
야 할 법률적 지식을 조목조목 설명해 놓은 법률서.
신국판 / 368쪽 / 13,000원

알기 쉬운 주5일근무에 따른 임금 · 연봉제 실무
문강분(공인노무사) 지음
최근의 행정해석과 판례를 중심으로 임금관련 문제를 정리하고 기업에서
관심이 많은 연봉제 및 성과배분제, 비정규직문제, 여성근로자문제 등의
이슈들과 주40시간제 법개정, 퇴직연금제 도입 등 최근의 법 · 시행령 개
정사항을 모두 수록한 임금 · 연봉제실무 지침서.
4×6배판 변형 / 544쪽 / 35,000원

변호사 없이 당당히 이길 수 있는 형사소송 김대환 지음
우리 생활과 함께 숨쉬는 형사법 서식을 구체적인 사례와 함께 소개. 내
손으로 간결하고 명확한 고소장 · 항소장 · 상고장 등 형사소송서식을 작
성할 수 있다. 형사소송 관련 서식 CD 수록. 신국판 / 304쪽 / 13,000원

변호사 없이 당당히 이길 수 있는 민사소송 김대환 지음
민사, 호적과 가사를 포함한 생활과 밀접한 관련이 있는 생활법률 전반을
보통 사람들이 가장 궁금해하는 내용을 위주로 하여 사례를 들어가며 아
주 쉽게 풀어놓은 민사 실무서. 신국판 / 412쪽 / 14,500원

혼자서 해결할 수 있는 교통사고 Q&A 조명원(변호사) 지음
현실에서 본인이 아무리 원하지 않더라도 운명처럼 누구에게나 닥칠 수
있는 교통사고 문제를 사례, 각급 법원의 주요 판례와 함께 정리하여 일
반인들도 쉽게 이해할 수 있도록 내용 구성. 신국판 / 336쪽 / 12,000원

생활법률

부동산 생활법률의 기본지식
대한법률연구회 지음 / 김원중(변호사) 감수
신국판 / 480쪽 / 12,000원

고소장 · 내용증명 생활법률의 기본지식
하태웅(변호사) 지음 / 신국판 / 440쪽 / 12,000원

노동 관련 생활법률의 기본지식
남동희(공인노무사) 지음 / 신국판 / 528쪽 / 14,000원

외국인 근로자 생활법률의 기본지식
남동희(공인노무사) 지음 / 신국판 / 400쪽 / 12,000원

계약작성 생활법률의 기본지식
이상도(변호사) 지음 / 신국판 / 560쪽 / 14,500원

지적재산 생활법률의 기본지식
이상도(변호사) · 조의제(변리사) 공저 / 신국판 / 496쪽 / 14,000원

부당노동행위와 부당해고 생활법률의 기본지식
박영수(공인노무사) 지음 / 신국판 / 432쪽 / 14,000원

주택 · 상가임대차 생활법률의 기본지식
김운용(변호사) 지음 / 신국판 / 480쪽 / 14,000원

하도급거래 생활법률의 기본지식
김진홍(변호사) 지음 / 신국판 / 440쪽 / 14,000원

이혼소송과 재산분할 생활법률의 기본지식
박동섭(변호사) 지음 / 신국판 / 460쪽 / 14,000원

부동산등기 생활법률의 기본지식
정상태(법무사) 지음 / 신국판 / 456쪽 / 14,000원

기업경영 생활법률의 기본지식
안동섭(단국대 교수) 지음 / 신국판 / 466쪽 / 14,000원

교통사고 생활법률의 기본지식
박정무(변호사) · 전병찬 공저 / 신국판 / 480쪽 / 14,000원

소송서식 생활법률의 기본지식
김대환 지음 / 신국판 / 480쪽 / 14,000원

호적 · 가사소송 생활법률의 기본지식
정주수(법무사) 지음 / 신국판 / 516쪽 / 14,000원

상속과 세금 생활법률의 기본지식
박동섭(변호사) 지음 / 신국판 / 480쪽 / 14,000원

담보 · 보증 생활법률의 기본지식
류창호(법학박사) 지음 / 신국판 / 436쪽 / 14,000원

소비자보호 생활법률의 기본지식
김성천(법학박사) 지음 / 신국판 / 504쪽 / 15,000원

판결 · 공정증서 생활법률의 기본지식
정상태(법무사) 지음 / 신국판 / 312쪽 / 13,000원

처 세

성공적인 삶을 추구하는 여성들에게 우먼파워
조안 커너 · 모이라 레이너 공저 / 지창영 옮김
사회의 여성을 향한 냉대와 편견의 벽을 깨뜨리고 성공적인 삶을 이루려는 여성들이 갖추어야 할 자세 및 삶의 이정표 제시!!
신국판 / 352쪽 / 8,800원

이익이 되는 말 손해가 되는 말
우메시마 미요 지음 / 정성호 옮김
직장이나 집안에서 언제나 주고받는 일상의 화제를 모아 실음으로써 대화의 참의미를 깨닫고 비즈니스를 성공적으로 이끌기 위한 대화술을 키우는 방법 제시!!   신국판 / 304쪽 / 9,000원

성공하는 사람들의 화술테크닉 민영욱 지음
개인간의 사적인 대화에서부터 대중을 위한 공적인 강연에 이르기까지 어떻게 말하고 어떻게 스피치를 할 것인가에 관한 지침서.
신국판 / 320쪽 / 9,500원

부자들의 생활습관 가난한 사람들의 생활습관
다케우치 야스오 지음 / 홍영의 옮김
경제학의 발상을 기본으로 하여 사람들이 살아가면서 생활에서 생각해 볼 수 있는 이익을 보는 생활습관과 손해를 보는 생활습관을 수록. 독자 자신에게 맞는 생활습관의 기본 전략을 설계할 수 있도록 제시.
신국판 / 320쪽 / 9,800원

코끼리 귀를 당긴 원숭이-히딩크식 창의력을 배우자
강충인 지음
코끼리와 원숭이의 우화를 히딩크의 창조적 경영기법과 리더십에 대비하여 자기혁신, 기업혁신을 꾀하는 창의력 개발법을 제시.
신국판 / 208쪽 / 8,500원

성공하려면 유머와 위트로 무장하라 민영욱 지음
21세기에 들어 새로운 추세를 형성하고 있는 말 잘하기. 이러한 추세에 맞추어 현재 스피치 강사로 활약하고 있는 저자가 말을 잘하는 방법과 유머와 위트를 만들고 즐기는 방법을 제시한다. 신국판 / 292쪽 / 9,500원

등소평의 오뚝이전략 조창남 편저
중국 역사상 정치 · 경제 · 학문 등의 분야에서 최고 위치에 오른 리더들의 인재활용, 상황 극복법 등 처세 전략 · 전술을 통해 이 시대의 성공인으로 자리매김하는 해법 제시. 신국판 / 304쪽 / 9,500원

노무현 화술과 화법을 통한 이미지 변화 이현정 지음
현재 불교방송에서 활동하고 있는 이현정 아나운서의 화술 길라잡이서. 노무현 대통령의 독특한 화술과 화법을 통해 리더로서, 성공인으로서 갖추어야 할 화술 화법을 배우는 화술 실용서. 신국판 / 320쪽 / 10,000원

성공하는 사람들의 토론의 법칙 민영욱 지음
다양한 사람들의 다양한 욕구를 하나로 응집시키는 수단으로 등장하고 있는 토론에 관해 간단하고 쉽게 제시한 토론 길라잡이서.
신국판 / 280쪽 / 9,500원

사람은 칭찬을 먹고산다 민영욱 지음
현대에서 성공하는 사람으로 남기 위해서는 남을 칭찬할 줄도 알아야 한다. 성공하는 사람이 되기 위해서 알아야 할 칭찬 스피치의 기법, 특징 등을 실생활에 적용해 설명해놓은 성공처세 지침서. 신국판 / 268쪽 / 9,500원

사과의 기술 김농주 지음
미안하다는 말에 인색한 한국인들에게 "I' sorry."가 성공을 위한 처세 기법으로 다가온다. 직장, 가정 등 다양한 환경에서 사과 한마디의 의미, 기능을 알아보고 효율성을 가진 사과가 되기 위해 갖추어야 할 조건을 제시한다.   신국판 변형 양장본 / 200쪽 / 10,000원

취업 경쟁력을 높여라 김농주 지음
각 기업별 특성 및 취업 정보 분석과 예비 취업자의 능력 개발, 자신의 적성에 맞는 직종과 직장 잡는 법을 상세하게 수록. 신국판 / 280쪽 / 12,000원

유비쿼터스시대의 블루오션 전략 최양진 지음
나날이 치열해지는 경쟁 환경 속에서 최후의 웃는 사람이 되기 위해서는 시대의 흐름에 빨리 적응하고, 정보를 신속하게 받아들이며, 남과는 다른 뛰는 행동을 해야 한다고 저자는 주장한다. 유비쿼터스시대를 맞아 생존 경쟁에서 살아남는 지혜, 전략을 현실 점검을 바탕으로 세우는 방법 제시.   신국판 / 248쪽 / 10,000원

명 상

명상으로 얻는 깨달음 달라이 라마 지음 / 지창영 옮김
티베트의 정신적 지도자이자 실질적 지도자인 달라이 라마의 수많은 가

어 학

2진법 영어 이상도 지음
2진법 영어의 비결을 통해서 기존 영어학습 방법의 단점을 말끔히 해소시켜 주는 최초로 공개되는 고효율 영어학습 방법. 적은 시간을 투자하여 영어의 모든 것을 획기적으로 향상시킬 수 있는 비법을 제시한다.
4×6배판 변형 / 328쪽 / 13,000원

한 방으로 끝내는 영어 고제윤 지음
일상생활에서의 이야기를 바탕으로 하는 영어강의로 영어문법은 재미없고 지루하다고 생각하는 이 땅의 모든 사람들의 상식을 깨면서 학습 효과를 높이기 위한 공부방법을 제시하는 새로운 영어학습서.
신국판 / 316쪽 / 9,800원

한 방으로 끝내는 영단어 김승엽 지음 / 김수경 · 카렌다 감수
일상생활에서 우리가 무심코 던지는 영어 한마디가 당신의 영어수준을 드러낸다는 사실을 깨닫게 하는 영어 실용서. 풍부한 예문을 통해 참영어를 배우겠다는 사람, 무역업이나 관광 안내업에 종사하는 사람, 영어권 나라로 이민을 가려는 사람들에게 많은 도움을 줄 것이다.
4×6배판 변형 / 236쪽 / 9,800원

해도해도 안 되던 영어회화 하루에 30분씩 90일이면 끝낸다
Carrot Korea 편집부 지음
온라인과 오프라인을 넘나들면서 영어학습자들의 각광을 받고 있는 린다의 현지 생활 영어 수록. 교과서에서 배울 수 없었던 생생한 실생활 영어를 90일 학습으로 모두 끝낼 수 있다.   4×6배판 변형 / 260쪽 / 11,000원

바로 활용할 수 있는 기초생활영어 김수경 지음
다양한 상황에 대처할 수 있도록 인사나 감정 표현, 전화나 교통, 장소 및 기타 여러 사항에 관한 기초생활영어를 총망라.   신국판 / 240쪽 / 10,000원

바로 활용할 수 있는 비즈니스영어 김수경 지음
해외 출장시, 외국의 바이어 접견시 기본적으로 사용할 수 있는 상황별 센텐스를 수록하여 해외 출장 준비 및 외국 바이어 접견을 완벽하게 끝낼 수 있게 했다.   신국판 / 252쪽 / 10,000원

생존영어55 홍일록 지음
살아 있는 영어를 익힐 수 있는 기회 제공. 반드시 알아야 할 핵심 센텐스를 저자가 미국 현지에서 겪었던 황당한 사건들과 함께 수록, 재미도 느낄 수 있다.   신국판 / 224쪽 / 8,500원

필수 여행영어회화 한현숙 지음
해외로 여행을 갔을 때 원어민에게 바로 통할 수 있는 발음 수록. 자신 있고 당당한 자기 표현으로 즐거운 여행을 할 수 있도록 손안의 가이드 역할을 해줄 것이다.   4×6판 변형 / 328쪽 / 7,000원

필수 여행일어회화 윤영자 지음
가깝고도 먼 나라라고 흔히 말해지는 일본을 제대로 알기 위해 노력하는 사람들에게 손안의 가이드 역할을 하는 실전 일어회화집. 일어 초보자들을 위한 한글 발음 표기 및 필수 단어 수록.   4×6판 변형 / 264쪽 / 6,500원

필수 여행중국어회화 이은진 지음
중국에서의 생활이나 여행에 꼭 필요한 상황별 회화, 반드시 알아야 할 1500여 개의 단어에 한자병음과 우리말 표기를 원음에 가깝게 달아 놓았으므로 든든한 도우미가 되어 줄 것이다.   4×6판 변형 / 256쪽 / 7,000원

영어로 배우는 중국어 김승엽 지음
중국으로 여행을 가거나 출장을 가는 사람들이 알아두어야 할 기초 생활 회화와 여행 회화를 영어, 중국어 동시에 익힐 수 있게 내용을 구성.
신국판 / 216쪽 / 9,000원

필수 여행스페인어회화 유연창 지음
은행, 병원, 교통 수단 이용하기 등 외국에서 직접적으로 맞닥뜨리게 되는 상황을 설정하여 바로바로 도움을 받을 수 있게 간단한 회화를 한글 발음 표기와 같이 수록하여 손안의 도우미 역할을 해줄 것이다.
4×6판 변형 / 288쪽 / 7,000원

바로 활용할 수 있는 홈스테이 영어 김형주 지음
일반 가정생활, 학교생활에서 꼭 알아야 할 상황별 회화 · 문법 · 단어를 수록, 유학생활 동안 원어민 가족과 살면서 영어를 좀더 쉽게 배울 수 있도록 알려주는 안내서.   신국판 / 184쪽 / 9,000원

레포츠

축구에 대한 관심만으로 각 나라의 축구팀, 특히 브라질 축구팀에 애정을
가지고 브라질 축구팀의 전력 및 각 선수들의 장단점을 나름대로 분석하
고 연구하여 자신의 의견을 피력하고 있는 축구 길라잡이서.
신국판 / 280쪽 / 8,500원

마라톤, 그 아름다운 도전을 향하여
빌 로저스 · 프리실라 웰치 · 조 헨더슨 공저
오인환 감수 / 지창영 옮김
마라톤에 입문하고자 하는 초보 주자들을 위한 마라톤 가이드서. 올바르
게 달리는 법, 음식 조절법, 달리기 전 준비운동, 주자에게 맞는 프로그램
짜기, 부상 예방법을 상세하게 설명하고 있다.
4×6배판 / 320쪽 / 15,000원

퍼팅 메커닉 이근택 지음
감각에 의존하는 기존 방식의 퍼팅은 이제 그만!!
저자 특유의 과학적 이론을 신체근육 운동학에 접목시켜 몸의 무리를 최
소한으로 덜고 최대한의 정확성과 거리감을 갖게 하는 새로운 퍼팅 메커
닉 북. 4×6배판 변형 / 192쪽 / 18,000원

아마골프 가이드 정영호 지음
골프를 처음 시작하는 모든 아마추어 골퍼를 위해 보다 쉽고 빠르게 이해
할 수 있도록 내용이 구성된 아마골프 레슨 프로그램서.
4×6배판 변형 / 216쪽 / 12,000원

인라인스케이팅 100%즐기기 임미숙 지음
레저 문화에 새로운 강자로 자리매김하고 있는 인라인 스케이팅을 안전
하고 재미있게 즐길 수 있도록 알려주는 인라인 스케이팅 지침서. 각단계
별 동작을 한눈에 알아볼 수 있도록 세부 동작별 일러스트 수록.
4×6배판 변형 / 172쪽 / 11,000원

배스낚시 테크닉 이종건 지음
현재 한국배스스쿨에서 강사로 활약하고 있는 아마추어 배스 낚시꾼이
중급 수준의 배스 낚시꾼들이 자신의 실력을 한 단계 업그레이드 시킬 수
있도록 루어의 활용, 응용법 등을 상세하게 해설.
4×6배판 / 440쪽 / 20,000원

나도 디지털 전문가 될 수 있다!!! 이승훈 지음
깜찍한 디자인과 간편하게 휴대할 수 있다는 장점 때문에 새로운 생활필
수품으로 자리를 잡아가고 있는 디카 · 디캠을 짧은 시간 안에 쉽게 배울
수 있도록 해놓은 초보자를 위한 디카 · 디캠길라잡이서.
4×6배판 / 320쪽 / 19,200원

스키 100% 즐기기 김동환 지음
스키 인구의 확산 추세에 따라 스키의 기초 이론 및 기본 동작부터 상급
의 기술까지 단계별 동작을 전문가의 동작사진을 곁들여 내용 구성.
4×6배판 변형 / 184쪽 / 12,000원

태권도 총론 하웅의 지음
우리의 국기 태권도에 관한 실용 이론서. 지도자가 알아야 할 사항, 태권
도장 운영이론, 응급처치법 및 태권도 경기규칙 등 필수 내용만 수록.
4×6배판 / 288쪽 / 15,000원

건강하고 아름다운 **동양란 기르기** 난마을 지음
동양란 재배의 첫걸음부터 전시회 출품까지 동양란의 모든 것 수록. 동양
란의 구조 · 특징 · 종류 · 감상법, 꽃대 관리 · 꽃 피우기 · 발색 요령 등
건강하고 아름다운 동양란 만들기로 구성. 4×6배판 변형 / 184쪽 / 12,000원

수영 100% 즐기기 김종만 지음
물 적응하기부터 수영용품, 수영과 건강, 응용수영 및 고급 수영기술에
이르기까지 주옥 같은 수중촬영 연속사진으로 자세히 설명해 주는 수영
기법 Q&A. 4×6배판 변형 / 248쪽 / 13,000원

애완견114 황양원 엮음
애완견 길들이기, 애완견의 먹거리, 멋진 애완견 만들기, 애완견의 질병
예방과 건강, 애완견의 임신과 출산, 애완견에 대한 기타 관리 등 애완견
을 기를 때 반드시 알아야 할 내용 수록. 4×6배판 변형 / 228쪽 / 13,000원

건강을 위한 **웰빙 걷기** 이강옥 지음
건강 운동으로서 많은 사람들의 관심을 모으고 있는 걷기운동을 상세하
게 설명. 걷기시 필요한 장비, 올바른 걷기 자세를 설명하고 고혈압 · 당
뇨병 · 비만증 · 골다공증 등 성인병과 관련해 걷기운동을 했을 때 얻을
수 있는 효과를 수록하여 성인병을 예방하고 치료할 수 있도록 하였다.
대국전판 / 280쪽 / 10,000원

우리 땅 우리 문화가 살아 숨쉬는 **옛터** 이형권 지음
우리나라에서 가장 가보고 싶은 역사의 현장 19곳을 선정, 그 터에 어린
조상의 숨결과 역사적 증언을 만날 수 있는 시간 제공. 맛있는 집, 찾아가
는 길, 꼭 가봐야 할 유적지 등 핵심 내용 선별 수록.

대국전판 올컬러 / 208쪽 / 9,500원

아름다운 **산사** 이형권 지음
우리나라의 대표적인 산사를 찾아 계절 따라 산사가 주는 이미지, 산사가
안고 있는 역사적 의미를 되새겨 본다. 동시에 산사를 찾음으로써 생활에
찌든 현대인들이 삶의 활력을 되찾는 시간을 갖게 한다.
대국전판 올컬러 / 208쪽 / 9,500원

골프 **100타 깨기** 김준모 지음
읽고 따라 하기만 해도 100타를 깰 수 있는 골프의 전략 · 전술의 비법 공
개. 뛰어난 골프 실력은 올바른 그립과 어드레스에서 비롯됨을 강조한 초
보자를 위한 실전 골프 지침서. 4×6배판 변형 / 136쪽 / 10,000원

쉽고 즐겁게! 신나게! 배우는 **재즈댄스** 최재선 지음
몸치인 사람도 쉽게 따라 하고 배우는 재즈댄스 안내서. 이 책에 실려 있
는 기본 동작을 익혀 재즈댄스를 하면 생활 속의 긴장과 스트레스를 털어
버리고 활력을 되찾을 수 있으며, 다이어트 효과도 얻을 수 있다.
4×6배판 변형 / 200쪽 / 12,000원

맛과 멋이 있는 낭만의 **카페** 박성찬 지음
가족끼리, 연인끼리 추억을 만들고 행복한 시간을 보낼 수 있는 서울 근
교의 카페를 엄선하여 소개. 카페에 대한 인상 및 기본 정보, 인근 볼거리
등도 함께 수록하여 손안의 인터넷 정보서가 될 수 있게 했다.
대국전판 올컬러 / 168쪽 / 9,900원

한국의 숨어 있는 아름다운 **풍경** 이종원 지음
우리 나라의 숨어 있는 아름다운 풍경을 찾아 소개하는 여행서. 저자의
여행 감상과 먹거리, 볼거리, 사람 사는 이야기가 담겨 있어 안내서라기
보다는 답사기라고 할 수 있다. 서정과 사진이 풍부하게 담겨 있는 그곳
에 가고 싶다 시리즈 4번째 책. 대국전판 올컬러 / 208쪽 / 9,900원

사람이 있고 자연이 있는 아름다운 **명산** 박기성 지음
산을 좋아하는 사람들을 위한 산 안내서. 한번쯤 가보면 좋을 산을 엄선
하여 그 산이 갖는 매력을 서정성 짙은 글로 풀어 놓았다. 가는 방법과
둘러 보아야 할 곳도 덤으로 설명. 대국전판 올컬러 / 176쪽 / 12,000원

마음의 고향을 찾아가는 여행 **포구** 김인자 지음
일상 생활에서 벗어나고 싶다면 우리 국토의 진정한 아름다움을 느끼게
해주는 포구로 가보자. 그 곳에서 사람냄새, 자연이 어우러진 역동성에
삶의 의욕을 되찾을 수 있을 것이다. 시인이자 여행가인 김인자 님이 소
개하는 가볼 만한 대표적인 포구 20곳 수록. 볼거리, 먹거리와 함께 서정
성 넘치는 글로 포구의 낭만, 삶의 현장을 소개.
대국전판 올컬러 / 224쪽 / 14,000원

골프 **90타 깨기** 김광섭 지음
90타를 깨고 싱글로 진입할 수 있게 해주는 실전 골프 테크닉서. 스트레
칭, 세트 업, 드라이버 스윙, 샷, 어프로치, 퍼팅, 벙커 샷 등의 스윙 원리
를 요점을 짚어 정리해 놓았으므로 골퍼 자신의 잘못된 스윙을 바로잡는
데 많은 도움이 될 것이다. 또한 연습장에서 스윙 연습을 하는 방법도 수
록해 골프의 재미를 한층 더 배가시켜 즐길 수 있게 하였다.
4×6배판 변형 / 148쪽 / 11,000원

생명이 살아 숨쉬는 한국의 아름다운 **강** 민병준 지음
물놀이를 하는 아이들, 재첩을 잡는 사람들, 두물머리에 서 있는 연인들.
이 모습은 우리 나라의 강변에서 볼 수 있는 정겨운 장면이다. 우리 나라
의 대표적인 강 15곳을 엄선하여 찾아가는 법, 먹거리, 잘 곳 등을 함께
수록. 또한 강과 연관 있는 인근의 볼거리를 수록하여 가족이나 연인 사
이에는 추억을 만들고, 자녀와는 역사공부도 할 수 있게 내용을 아기자기
하게 꾸민 강 여행서. 대국전판 올컬러 / 168쪽 / 12,000원

틈나는 대로 **세계 여행** 김재관 지음
다른 나라를 알고 다른 문화를 알고자 하는 노력은 결국 내 자신의 정신
세계를 풍요롭게 하는 일이다. 그리고 여행이 정신세계를 풍요롭게 하는
데 좋은 도구가 될 수 있다. 이 책에는 도전과 모험을 꿈꾸는 사람이라면
한 번은 가보아야 할 세계의 오지에 대한 이야기가 실려 있다. 저자가 엄
선한 28개국의 오지에 대한 감상, 교통편, 알아두면 편리한 상식 등이 수
록되어 있으므로 여행지에 대한 사전 지식을 쌓는데 많은 도움이 될 것이
다. 4×6배판 변형 / 376쪽 / 20,000원

틈나는 대로 세계 여행

2005년 9월 20일 제1판 1쇄 발행

지은이/김재관
펴낸이/강선희
펴낸곳/가림출판사

등록/1992. 10. 6. 제4-191호
주소/서울시 광진구 구의동 57-71 부원빌딩 4층
대표전화/458-6451   팩스/458-6450
홈페이지 http://www.galim.co.kr
e-mail   galim@galim.co.kr

값 20,000원

ISBN 89 - 7895 - 209 - 7 13900